公的資格試験 **ビジキャリ**®

ビジネス・キャリア検定試験® 標準テキスト

経営戦略

高山 誠・小林 康一 監修
中央職業能力開発協会 編

2級

第3版

発売元 社会保険研究所

ビジネス・キャリア検定試験 標準テキストについて

　企業の目的は、社会的ルールの遵守を前提に、社会的責任について配慮しつつ、公正な競争を通じて利潤を追求し永続的な発展を図ることにあります。その目的を達成する原動力となるのが人材であり、人材こそが付加価値や企業競争力の源泉となるという意味で最大の経営資源と言えます。企業においては、その貴重な経営資源である個々の従業員の職務遂行能力を高めるとともに、その職務遂行能力を適正に評価して活用することが最も重要な課題の一つです。

　中央職業能力開発協会では、「仕事ができる人材（幅広い専門知識や職務遂行能力を活用して、期待される成果や目標を達成できる人材）」に求められる専門知識の習得と実務能力を評価するための「ビジネス・キャリア検定試験」を実施しております。このビジネス・キャリア検定試験は、厚生労働省の定める職業能力評価基準に準拠しており、ビジネス・パーソンに必要とされる事務系職種を幅広く網羅した唯一の包括的な公的資格試験です。

　2級試験では、課長、マネージャー等を目指す方を対象とし、担当職務に関する幅広い専門知識を基に、グループやチームの中心メンバーとして、創意工夫を凝らし、自主的な判断・改善・提案を行うことができる人材の育成と能力評価を目指しています。

　中央職業能力開発協会では、ビジネス・キャリア検定試験の実施とともに、学習環境を整備することを目的として、標準テキストを発刊しております。

　本書は、2級試験の受験対策だけでなく、その職務のグループやチームの中心メンバーとして特定の企業だけでなくあらゆる企業で通用する実務能力の習得にも活用することができます。また、企業の要として現在活躍され、あるいは将来活躍されようとする方々が、自らのエンプロイアビリティをさらに高め、名実ともにビジネス・プロフェッショナルになることを目標にし

ています。

　標準テキストは、読者が学習しやすく、また効果的に学習を進めていただくために次のような構成としています。

　現在、学習している章がテキスト全体の中でどのような位置付けにあり、どのようなねらいがあるのかをまず理解し、その上で節ごとに学習する重要ポイントを押さえながら学習することにより、全体像を俯瞰しつつより効果的に学習を進めることができます。さらに、章ごとの確認問題を用いて理解度を確認することにより、理解の促進を図ることができます。

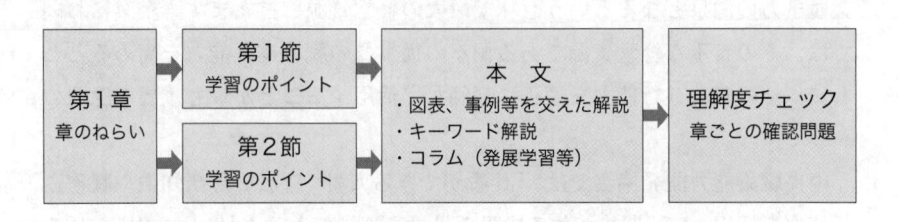

　本書が企業の人材力の向上、ビジネス・パーソンのキャリア形成の一助となれば幸いです。

　最後に、本書の刊行に当たり、多大なご協力をいただきました監修者、執筆者、社会保険研究所編集部の皆様に対し、厚く御礼申し上げます。

中央職業能力開発協会
（職業能力開発促進法に基づき国の認可を受けて
設立された職業能力開発の中核的専門機関）

目次

ビジネス・キャリア検定試験　標準テキスト
経営戦略 **2級**〔第3版〕

※関係法令、会計基準、JIS等の各種規格等に基づく出題については、原則として、前期試験は試験実施年度の5月1日時点、後期試験は試験実施年度の11月1日時点で施行されている内容に基づいて出題されますので、学習に際し、テキスト発刊後に行われた関係法令、会計基準、JIS等の各種規格等改正の有無につきましては、適宜ご確認いただくよう、お願い致します。

経営戦略と組織の理論

経営戦略の定義

この章のねらい

　本章では、まず経営戦略論のこれまでの足跡をたどり、その形成過程と背景を理解する。もともと「戦略（Strategy）」という言葉が経営学の概念として登場したのは1960年代のアメリカである。その後、経営戦略論は分析型戦略論としてPPMやSBU等の手法や概念とともに体系化された。そして、新たな視点として戦略策定・実行のプロセスに着目したプロセス型戦略論へと発展を遂げている。

　経営戦略は「市場の中の組織としての活動の長期的な基本設計図」、あるいは「企業や事業の将来のあるべき姿とそこに至るまでの変革のシナリオを描いた設計図」と定義される。本章では経営戦略の体系を解説する。

第 1 節　経営戦略の概要

学習のポイント

◆経営戦略は「市場の中の組織としての活動の長期的な基本設計図」、あるいは「企業や事業の将来のあるべき姿とそこに至るまでの変革のシナリオを描いた設計図」と定義できる。

◆技術革新やグローバル化、規制改革等、昨今の経営環境の激変に伴い、経営戦略の意義は増大している。

元来、軍事用語であった「戦略（Strategy）」という言葉が、経営学の概念として登場したのは、1960年代のアメリカである。その後、経営戦略に関する議論は、経営計画や戦略計画の理論、条件適合理論（コンティンジェンシー理論）、戦略経営論、競争戦略論、資源ベースの観点（RBV：Resource Based View）へと幅広く展開されている。経営戦略論の展開過程において、**全体戦略** Key Word 、**事業戦略** Key Word あるいは製品戦略、財務戦略、組織戦略、人事戦略、R&D（Research & Development）戦略といった職能レベルでの戦略や対象、範囲等、その用法が複

Key Word

全体戦略──企業戦略（Corporate Strategy）や全社戦略とも呼ばれ、企業全体にかかわる戦略を指す。事業領域（ドメイン）の決定や多角化戦略の策定に関する戦略である。

事業戦略──全体戦略と比較して下位レベル、つまり各事業に関する戦略である。一方、複数の事業領域や職能分野を包含した戦略は、競争戦略（Competitive Strategy）と呼ばれる。

雑化し、多様になった。しかも、このような用法の混乱は、「戦略」という概念の定義がいまだ確固たるものとして確立していないことに起因する。そこで、まず戦略の概念と内容について体系的な理解を深めることが求められる。そのために、本節では、戦略に関する研究の足跡を概観していく。

1 経営戦略の定義

伊丹・加護野（2003）は、経営戦略を「市場の中の組織としての活動の長期的な基本設計図」、あるいは「企業や事業の将来のあるべき姿とそこに至るまでの変革のシナリオを描いた設計図」と定義している。

このうち、基本構想として戦略が持つべき要素は、「市場の中の組織としての活動の長期的な基本設計図」の中に示される、次の5つが経営戦略のポイントである。

① 「市場の中の」は、戦略にとって、市場競争において競合相手と戦い、顧客を獲得することが重要であることを意味している。

② 「組織としての」は、戦略にはその組織に所属する構成員の行動を引き出すような内容であることを意味している。

③ 「活動」は、戦略が単なるスローガンではなく、実行するための現実的な一連の行動に関する構想になっていなければならないことを意味している。

④ 「長期的な」は、戦略は短期的な利益最大化をねらうものではなく、組織の長期的なあり方を規定する内容であることを示している。

⑤ 「基本設計図」は、戦略が詳細に細部まで決定するものではなく、大枠を語るものであることを意味している。

同様に、経営戦略は、「企業や事業の将来のあるべき姿とそこに至るまでの変革のシナリオを描いた設計図」であるから、図表1-1-1に示されているように、企業活動の方針を「あるべき姿」と「変化へのシナリオ」という形で決定するものである（伊丹・加護野、2003）。

図表1-1-1 ● 企業目標と経営戦略

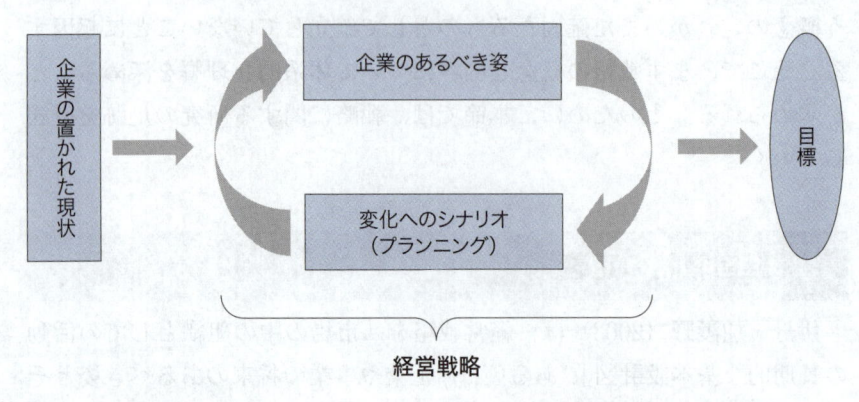

次に、戦略と戦術との区別についても、ある程度の合意がなされている。戦術は戦略よりも下位レベルの概念である。戦略は、短期的な状況の変化にかかわらず一貫して追求されるべき方向を示している。一方で、戦術は、その時々の状況に応じて臨機応変に変化させる必要がある。すなわち、長期的・構造的な環境の流れに対しては戦略で対応し、短期的・一時的な変化に対しては戦術のレベルで対処することとなる。

2　優れた経営戦略の必要性

経営戦略は、現代企業においてますますその重要性が増している。組織が外部環境とどのようにかかわるのか、つまり、交換関係を含むやりとりをどのように行うのかという基本的な枠組みを規定したものが、すなわち経営戦略である。特に、めまぐるしく変化する経営環境と厳しい生存競争の中で、長期にわたって企業を存続させることは決して容易なことではない。それに加え、環境変化や技術進歩は時代とともにますます変化のスピードを増しており、複雑化している。経営環境において企業経営に関する一定の指針を持ち持続的な成長を確保するために、経営戦略は不可欠であるといえよう。

　技術革新の進展、国際化のさらなる拡大、規制緩和の進行、消費者の嗜好やニーズの激しい変化、情報通信技術（ICT：Information and Communication Technology）の急速な進歩による社会環境の変化等、企業を取り巻く経営環境はますます不透明さを増している。こうした状況下において企業が長期的に存続するためには、急変する環境に有効に適応しなければならない。そのカギになるのが、経営戦略である。

　しかし、注意を要するのは、経営戦略の優劣が、企業の業績格差、その結果としての企業の長期的存続に大いに影響を与えているということである。今日のような苛烈な競争の中で、旧態依然とした戦略、他社の単純な追随や模倣といった平凡な戦略では、企業が長期的に生存していくことは難しい。まったく異質の経営戦略、既存の考え方や枠組みを超越した戦略的発想、画期的な経営戦略等、高度なレベルの経営戦略が必要とされる。

　経営戦略論研究において、かつて日本でも注目を集めた著作として、ピーターズ＆ウォータマン『エクセレント・カンパニー』(1982) あるいは大前研一『企業参謀』(1985) 等が挙げられる。前者は、企業の戦略的な卓越性は、行動主義、現場主義、人間主義、インクリメンタリズムといった従来の経営戦略論で語られていた定石とは異なる要素、すなわち、合理主義と管理によらず、小さな組織の俊敏さを維持し、社員が仕事に熱狂するように動機づける企業文化を持つことからもたらされると主張している。後者は、きわめて実務に即した内容であり、当時は非常にもてはやされた。経営戦略でも時代に沿って新たな要素が取り入れられ、新しい経営戦略が提唱されるのは、いつの時代でも同じである。

　その後、経営戦略論は、従来のいわゆる物的資源、財務的資源、分析主義だけでなく、企業を取り巻く企業間ネットワーク、企業内に蓄積された知識やノウハウ、実行プロセスを重視したもの等さまざまな視点・側面からの分析が加えられ、その知見を深めている。ただし、一方で、それは経営戦略の主テーマが個別のミクロな問題へと分散化することにつながり、近年では、経営戦略の本筋が何であるのか、即答できなくな

ってきている。たとえば、タイムベースの戦略論、資源ベースの観点、コア・コンピタンス論、ケイパビリティ論、組織学習論、ブルーオーシャン戦略、プラットフォーム戦略、キーストーン戦略等、さまざまな戦略論が派生している。

　また、近年においては、特にイノベーションや新製品開発に着目した経営戦略論が実務家の間でも注目を集めている。クリステンセン『イノベーションのジレンマ』（1997）では、既存の大企業が破壊的な技術に対応できず衰退していくプロセスを示している。また、長内・榊原『アフターマーケット戦略』（2012）では、莫大な投資を経て生まれた新製品の急速なコモディティ化を防ぐために市場に出て売った後の戦略、すなわちアフターマーケット戦略について触れている。

　経営戦略論が近年では百家争鳴状態になっていることは、多くの企業にとってダイナミックに変化している経営環境の中で、どのような新しい戦略をとったらよいのか悩んでいるということを意味する。万が一、誤った経営戦略を策定したり、その実行に失敗したりした場合には、企業の存続そのものを危うくしてしまう。経営戦略は、それほど企業経営にとって重要なものなのである。今後の企業経営においてもなお、経営環境に有効に適応するための経営戦略の重要性がますます高まっていくことになる。

第 2 節 | 経営戦略論の流れ

学習のポイント

◆1960年代にアメリカで経営戦略という経営学の概念が提唱された後、実際の企業活動の変遷と相まってさまざまな視点から経営戦略論が展開されてきた。

1960年代、アメリカでは企業が事業を急速に多角化させていった。その際の製品や市場の選択にあたり、企業経営の指針としての「戦略」概念が生まれ、重要な意味を持つようになった。当時の諸研究の中で、戦略という概念を最初に提示したのは、チャンドラーの『経営戦略と組織』(1962) である。チャンドラーは、経営戦略の概念を「企業の基本的長期目標・目的の決定、とるべき行動方針の採択、これらの目標の遂行に必要な諸資源を配分すること」と定義している。

さらに、チャンドラーは、「量的拡大」「地域的分散」「垂直統合」「多角化」という4つの戦略のタイプに識別し、それぞれの戦略的特徴を分析している。ただし、チャンドラーにおける研究上の関心は、経営戦略の探究というよりはむしろ経営戦略の変化に伴って、それを実行するための組織構造がどのように変わっていったのかを歴史的に考察することであった。そして、多角化戦略とそれを管理するために用いられた事業部制という組織構造との関係に注目し、「組織は戦略に従う」という命題を残したことで有名である。この命題は、先述した4つの戦略のタイプに従って組織構造も変化するという意味である。

その後、より実践的な立場から体系的な理論を展開したのが、アンゾフの『企業戦略論』(1965) である。彼は、企業における意思決定の種類

を「戦略的決定」「管理的決定」「業務的決定」の3つに分類した。このうち、戦略的決定とは、企業と環境の関係を確立する決定であり、その核心をなすのは、どのような製品・市場を選択すべきかに関する決定、つまり多角化の決定である。アンゾフは、戦略を構成する要素として、次の4つの基準を提示している。

① **製品・市場の領域**
自社の製品と市場のニーズから進出分野を示すこと

② **成長ベクトル**
現在の製品と市場の関連において、企業の成長する分野（市場浸透、製品開発、市場開発、多角化）を示す

③ **競争優位性**
企業が他社と比べて競争上の優位性を生み出すための製品・市場の特性

④ **シナジー**
製品・市場間の相乗効果

1960年代の経営戦略の研究において、その核心をなしていたのは企業成長の基本的な方向、つまり「どのような事業を行うか」の指針の決定である。それは、当時のアメリカ企業が急速に事業を多角化させていった時代背景を反映した結果でもあった。

1 経営戦略論の体系化

1970年代に入ってから、ようやく本格的な経営戦略の体系的な研究が現れた。その代表的な研究としては、SWOT分析等を生み出したハーバード大学の一学派であったアンドリュースの『経営戦略論』（1976）が挙げられる。ただし、初期の彼の業績は、経営政策（Business Policy）寄りであった。

アンドリュースは、経営戦略を「"会社はどのような事業に属しているのか"あるいは"どのような事業に属すべきか"、"どのような種類の会

社なのか"あるいは"どのような種類の会社であるべきか"を明確にするように表明された会社の主要目的、意図あるいは目標ならびにこれらの目標を達成するための基本的な諸方針と諸計画等からなる構図である」としている。そして、企業戦略の策定（Formulation）の面と戦略の実行（Implementation）する局面に二分し、それぞれを次のように説明した。→図表1-2-1

戦略形成には、企業環境における機会と脅威を確認し、判別できる代替案に対するリスクをある程度予測することが含まれている。一定の選択を行う前に企業の強みと弱点とを評価しておかなければならないし、すでに確認された市場の要求に対応して、それに伴うリスク負担に耐えうる会社の現状の能力や潜在能力をできるだけ客観的に評価しておかなければならない。そして、リスクを負担しうる水準において、機会と企業の能力を合致させようとするための戦略代替案こそ経営戦略であるとするプロセスが提示された。

他方、戦略実行の局面においては戦略的な計画策定がその主要な一面として位置づけられている。つまり、達成されるべき課業は、行動プログラムあるいは目標スケジュールからなる時系列関係を考慮して配列さ

図表1-2-1 ●経営戦略の形成と実行のプロセス

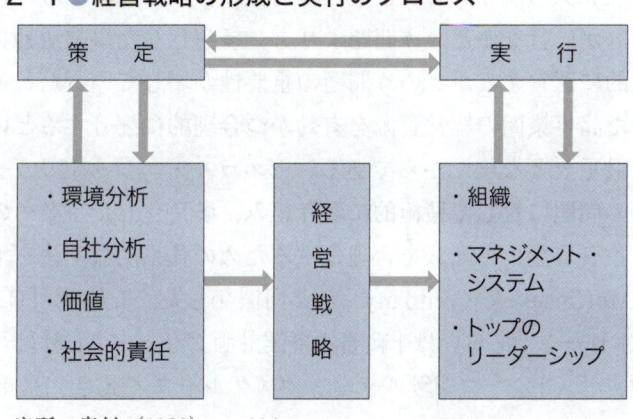

出所：奥村（1989）、p. 114

れなければならない。長期計画が無視されていない場合には、その策定活動は特別のスタッフ組織に委任されるべきであり、戦略実行の過程は、詳細な計画として策定されるべきであると述べている。また、このような戦略実行の面では組織構造との相互関係にも注目し、配分された職務と情報伝達システムが明確に確立されると同時に、戦略実行のための行動、つまり目標達成のための行動を支える組織プロセスに注目しなければならないとしている。そして、アンドリュースは、測定、評価、動機づけ、統制および啓発がその組織プロセスを構成する要素とし、これらの要素が目標達成の行動を前進させ、方向づけると指摘している。さらに、目標達成に不可欠なリーダーシップも見逃すことができない要素としている。

このように、経営戦略論が整備されるとともに、体系化された戦略的計画化の構図に基づいて戦略計画策定のプロセスが提示されるようになり、その後は、策定プロセスで適用させるためのさまざまな手法が開発されるようになった。

2　分析型戦略論の展開

1970年代に入ってからは、企業の多角化がさらに進展するとともに、多角化をいかに行うかという問題よりも、多角化した事業活動をいかにして全社的に運営するかという問題の重要性が増していった。それは、多角化した諸事業間の経営資源を有効かつ合理的に配分するという問題の解決が最重要となったからである。ゼネラル・エレクトリック（GE）社は、この問題に対して積極的に取り組み、多角化した事業への経営資源（特に投資資金）の配分を合理化するための体系的な手法をマッキンゼー社（McKinsey & Company）と共同開発した。これは、「GEのビジネス・スクリーン」あるいは「戦略的事業計画グリッド」と呼ばれている。

同じ頃、ボストン・コンサルティング・グループ（BCG：Boston Consulting Group）では、PPM（Product Portfolio Management）と

呼ばれる手法を開発した。企業を複数の事業からなるポートフォリオ（Portfolio）と考え、企業の成長と存続を事業ポートフォリオの更新とその内部における資源配分の問題としてとらえようとしたものである。PPMは最も単純な場合、年間市場成長率と市場における相対的シェアという2つの基準をもとに、個々の事業に対する投資戦略を決定するための指針を与えるものである。年間市場成長率は、事業の資金ニーズの代理変数であり、相対的市場シェアは、事業の資金供給の代理変数である。PPMによって全事業を「金のなる木」「問題児」「花形商品」「負け犬」の4つに分類する。この分類に基づいて戦略的計画を立案する。

　ところで、PPMの考え方の根拠となっているのは、経験曲線（Experience Curve）である。経験曲線は、累積生産量の増加とともに平均生産費用が逓減することを示す経験則である。競争相手に対する相対的市場シェアを高めることによって、累積生産量の差を拡大することができれば、費用面での優位性を構築することができ、高い利益を上げることで、多くの資金供給を実現できるのである。

　PPMの開発により、経営戦略論は、その内容をより充実させることが可能となった。というのは、このPPMをきっかけにして新たな戦略策定の手法が次々と開発されたからである。その中で最も注目を浴びたのが、PIMS（Profit Impact of Market Strategies）プログラムである。PIMSの示唆するところを端的にいえば、ROI（Return On Investment＝投資収益率）に最も大きな影響を与える要因が市場シェアであるという経験的な命題である。また、市場シェア上昇の規定要因として、PIMSでは、製品の品質、売上高新製品比率、マーケティング費用等を提示している。

　このように、PPMの出現によって、1970年代には分析型戦略論が全盛期を迎えたのである。そこで、もう1つ注目される研究の流れが、競争戦略論である。個々の事業分野の競争にかかわる問題は、もともとマーケティングにおいて中心的な研究がされてきた。しかし、競争手段の多様性と製品開発競争の激化に伴って、マーケティングだけでなく、製造

や研究開発等の複数の職能分野における競争優位性の確立という観点から統合されるようになった。そうした中で、個々の事業分野の競争にかかわる競争戦略をより具体的に体系化したのが、ポーターの『競争の戦略』（1995）である。

　以上、戦略計画策定のプロセスに適用するためのさまざまな手法の中で、その代表的な研究について概観してきた。これらの理論に共通する特性は、戦略の合理性、すなわち企業の目的達成のためには経営資源をいかに合理的に展開すべきかを課題としている点である。また、そういった経営戦略論の視点において組織は、緻密な計画によって策定された経営戦略と一致した合目的的行動が要求される。この点も分析型戦略論の特徴の1つである。

3　プロセス型戦略論の展開

　しかし、戦略は実行されて初めてその意味を持つものであることを忘れてはならない。すなわち、いくら緻密な戦略的計画を策定することができたとしても、その戦略的計画が実行されなかったり、あるいは実行の段階で戦略的計画が変更されたりした場合には、計画の成果はほとんど期待されないか、あるいは低下してしまうのである。したがって、経営戦略の有効性においては戦略の策定プロセスだけでなく、実行のプロセスも同様に重視される必要がある。

　戦略の実行にはヒトや組織の問題がかかわってくる。したがって、戦略実行のプロセスにおいては、組織の動態的要素の重要性を認識しなければならない。このような問題意識から「戦略経営（Strategic Management)」という考え方が生まれるようになった。

　戦略経営とは、組織の企業家的活動、組織の革新と成長、より具体的には、組織の諸活動を導くべき戦略の開発と実行にかかわるプロセスと定義される。戦略を有効に実行させ、目的を達成する（成功を収める）ためには、戦略の開発のみならず、組織のかたち（組織構造および権限

構造）とその動態的要素（リーダーシップ、コミュニケーション、評価・コントロールシステム、動機づけ等）をより重視すべきであるという考え方である。

企業は、環境の不確実性を削減するための戦略の計画化プロセスと、その戦略的計画を実行するプロセスを統合することによって、激変する環境に対して、より有効に、より俊敏に、より的確に対応することができるのである。このような戦略経営という考え方の台頭とともに、戦略と組織についての議論が活発になり、その結果、SBU（Strategic Business Unit：戦略的事業単位）等の多くの戦略組織が現れるに至った。

前述したように、経営戦略論の展開において主流をなしてきた分析型戦略理論は、戦略的計画システムとして操作化されたため、スタッフ部門の計量的分析の過大重視や実行力の弱体化等の欠陥が指摘され、それを背景として戦略経営の考え方が生成された。しかし、戦略経営の考え方も戦略の実行プロセスを重視したものの、経営戦略に適合した組織構造や管理システム等をいかにつくり上げるかを究明することにしか着目できず、多くの戦略実行上の課題を残したのである。そして、その後の経営戦略の理論展開においては、組織の動態的要素がより一層強調され、経営組織論的なアプローチが加えられるようになっていった。

クイン（1980）、バーゲルマン（1983）、ミンツバーグ＆ウォータース（1985）等による一連の研究は、組織の有機的性格ならびに動態的要素を重視し、経営戦略が組織内のさまざまな人々の相互作用の中から形成されるものとみなしている点で共通している。さらに、その特徴としては、公式的な戦略的計画以外から発生する偶発的・創発的戦略を重視する点が挙げられる。

以上のように、経営戦略における理論的な変遷とともに、経営戦略の概念そのものも変化し続けている。

第1章　理解度チェック

次の設問に、○×で解答しなさい（解答・解説は後段参照）。

1 戦略経営とは、経営資源の配分や多角化等への戦略を分析的に策定するアプローチを重んじる経営のことである。

2 経営戦略とは、変化する環境に対して組織体が創造的に適応するための長期的な基本構想である。

3 今日のような苛烈な競争下では、無難で安全、リスクをなるべくとらない経営戦略を策定することが必要である。

解答・解説

1 ×
戦略経営とは、戦略を有効に実行させ成功を収めるために、組織の形態や動態的要素をより重視すべきである、という考え方であり、戦略実行のプロセスに焦点を当てた考え方である。

2 ○
経営戦略とは、企業と環境とのかかわり方に関する基本方針を示すものである。ここでは特に、「創造的な適応」と、「長期」の「基本」的「構想」であるという点が重要である。

3 ×
現代のように変化が激しく、苛烈な競争にさらされる環境の中では、積極的にリスクをとり、果敢に環境へ働きかけるような創造的な経営戦略が必要である。

経営戦略の構造

この章のねらい

　組織に階層構造があるのと同様に、経営戦略にも階層構造が想定できる。高度に多角化している企業には、全体戦略、事業戦略、職能別戦略の3つの戦略のレベルが考えられる。全体戦略は、企業全体にかかわる戦略であり、ドメインの決定、ビジョンや経営理念の策定等が含まれる。事業戦略は、特定事業にかかわる戦略であり、その事業の競争戦略を指す。職能別戦略は、研究開発（R&D）や生産、マーケティングといった企業における各職能の戦略を指す。

　本章ではそれぞれの戦略レベルについて詳しく解説を行っていく。重要なことは、各戦略レベルはバラバラに機能するのではなく、それぞれの戦略レベルからなる構造的なシステムととらえなければならない点である。このシステムが有機的に機能して初めて実効的な経営戦略の遂行が可能になる。

第 1 節 戦略の階層構造

学習のポイント

◆経営戦略とは、戦略の階層（ヒエラルキー）と戦略項目という２つの軸から理解することができ、そのレベルには全体、事業、職能分野の３つがある。それぞれのレベルや項目における戦略が有機的に機能して初めて実効的な経営戦略が成立する。

1 戦略のヒエラルキー

　組織に階層（ヒエラルキー）が存在するのと同様に、経営戦略にもヒエラルキーを想定することができる。高度に多角化している企業では、基本的には３つの種類の経営戦略が存在する。それは、企業全体、事業、そして職能のそれぞれの階層の戦略である。

　図表２-１-１に示されているように、企業全体レベルの戦略は、企業戦略（全体戦略）（Corporate Strategy）と呼ばれ、文字どおり企業全体にかかわる戦略を指している。ドメインの決定（事業領域の選択）や多角化戦略の決定が、その主要な構成要素となっている。

　事業レベルの戦略は、１つの特定事業の戦略にかかわるもので、事業戦略（Business Strategy）と呼ばれ、その事業の競争優位にかかわる戦略を意味する。製品・サービスの市場や競争相手に目を向け、いかに競争するかということが中心的な課題となる。

　最後に、職能レベルの戦略は、職能別戦略（Functional Strategy）Key Word と呼ばれ、生産、マーケティング、研究開発（R&D）、財務、

図表2-1-1 ● 経営戦略のレベル

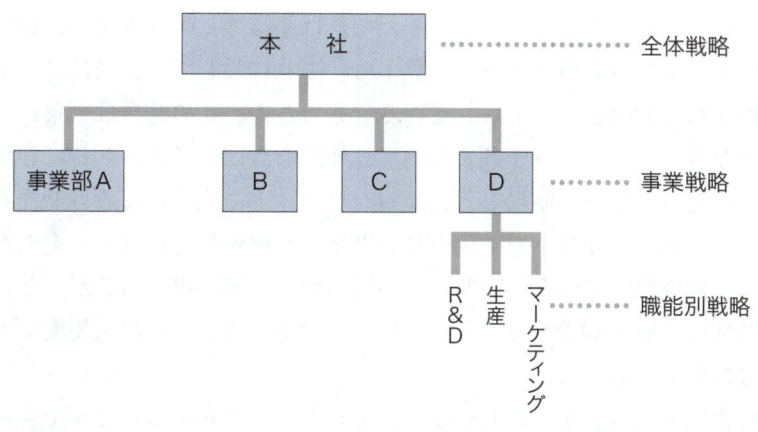

出所：奥村（1989）、p.50を一部加筆修正

人事等といった職能ごとの戦略のことである。

2 戦略のレベルと戦略項目

　経営戦略の3つの階層は、あくまでも概念上の区別にすぎない。現実の企業経営においては、この3つの階層を縦断する重要課題が生じることが多い。たとえば、海外戦略や技術戦略を考えてみると、海外戦略は、本来は組織全体の課題であるが、事業部の戦略とも深くかかわることがあり、企業によっては事業部単独の課題にもなり得る。技術戦略もまた全体戦略と事業戦略の両方の戦略にかかわることがあり得る。

　以上のことを考慮すると、経営戦略は図表2-1-2のように、マトリ

Key Word

職能別戦略──職能別戦略（Functional Strategy）とは、生産やマーケティング、人事、財務、研究開発等といった組織内の職能別の戦略である。事業横断的に策定されることで、企業全体で統合された戦略を遂行する上で重要となる。

ックス状の構造として理解することができる。

縦軸には経営戦略の階層があり、それは組織のヒエラルキー、ひいてはマネジメントの階層とほぼ一致する。これに対して、横軸は経営全体にかかわる戦略的項目を示している。もちろん、この構造は企業によって異なり、ほかにもさまざまな中・長期的な課題も考えられる。しかも、その課題は、縦軸の階層ごとに違ったウエイトや内容になる可能性もある。たとえば、リストラクチャリングという戦略的課題は、一定の水準に達した成熟企業の全体戦略においては最大の関心事であるが、それが事業戦略や職能別戦略といった下位にシフトすると、その重要度は下がるものと考えられる。

経営戦略とは、1つの大きなシステムとしてとらえることができる。しかもこのシステムは、有機的につながったサブ・システムから構成される。有機的につながっているということは、部分と全体の関係が相互依存的であることを意味する。それは、部分（職能別戦略）だけでは成立できないし、かつ全体（全体戦略）だけでも成立できない。お互いが有機的に機能したときにのみ、有効な経営戦略となるのである。

図表2-1-2 ●戦略レベルと戦略項目

戦略項目 / 階層	リストラ	海外	技術	情報
全体戦略	◎		○	
事業戦略	○		○	
機能別戦略	△		○	

◎大変重要　○かなり重要　△さほど重要でない

出所：奥村（1989）、p. 51

第 2 節　全体レベルの戦略の概要

学習のポイント

◆全体戦略とは、企業全体の成長を図るための戦略であり、主にドメイン定義や企業のビジョンやミッションの策定、それを踏まえた製品・市場戦略、資源ポートフォリオ戦略が重要な構成要素となる。

全体戦略とは、事業のバランスを取りながら企業全体の成長を図るための戦略であり、企業のドメイン定義や企業のビジョン、ミッションを策定すること等が含まれる。全体戦略において重要となるのは、事業それぞれについて事細かな戦略を策定するよりも、企業の置かれた環境や企業の持つ経営資源を的確に分析し、そこから導き出される今後の方向性や企業のあり方を組織内外に明確に打ち出すことである。いわば、企業全体の経営戦略の基盤の整備を行うことが、全体戦略の重要な目的といえるであろう。

1　ドメインの定義

全体戦略の策定において最も重要かつ最初のアプローチとなるのが、ドメインを定義することである。企業が成長するためには、環境に適応しながら限られた経営資源を活用することが重要であり、効率的な資源配分を行うためには、特定のドメインに集中して企業活動を行うことが望ましい。

そして、ドメインには「現在の事業領域」に加えて将来のまだ事業化

されていない「潜在的な事業領域」または「戦略領域」も含まれる。つまり、**ドメインの定義**とは、現在だけでなく将来を含めた形での企業の長期の構想を描くことであり、その他の経営戦略の決定のための基礎を決定し、組織の内外に表明する基本的手段である。環境の激しい変化の中で、企業の長期的な存続と成長のためにどのようなドメインを定義し、伝えていくかが経営戦略の第1の構成要素となる。

　ドメイン定義の決定を受けて、次に全体戦略において考えるべき課題として挙げられるのが、企業全体の方向性を示す経営理念、ビジョン、ミッションの策定である（→図表2-2-1）。経営理念やビジョンは、企業が掲げたミッションを普遍的な形で表した基本的価値観の表明といえる。そして、これらの上位概念を具現化するため、現在の姿とのギャップを埋める具体的な方法を示したものが経営戦略である。経営理念やビジョン、ミッションは互いに重なり合う部分が多いため、ある企業では経営理念とされているようなことが他社ではビジョンあるいはミッションとして位置づけられていることもある。

図表2-2-1 ●経営理念、ビジョン、ミッション

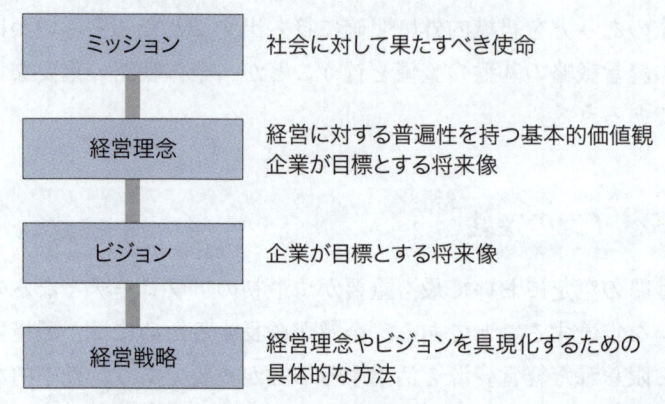

ミッション	社会に対して果たすべき使命
経営理念	経営に対する普遍性を持つ基本的価値観 企業が目標とする将来像
ビジョン	企業が目標とする将来像
経営戦略	経営理念やビジョンを具現化するための 具体的な方法

2　ミッション

　ミッションは、内外に対して公表している職業的・社会的使命感であり、その組織の存在意義である。営利企業を含めた組織は、ミッションを果たすために存在する。このミッションこそが人を動かし、組織が社会に価値を創造する源泉となる。しかし、ミッションは抽象的なものが多いため、組織に浸透・徹底することは容易ではない。組織構成員がそれぞれの立場で理解し、行動することができて初めて組織のミッションは機能する。トップ・マネジメントの仕事の1つとして、こうしたミッションの翻訳や伝達が挙げられる。

3　経営理念

　経営理念とは、ミッションのもとでどのような経営姿勢を貫くかという基本的なスタンスを明確化したものである。

　短期的にいかに成長を遂げ繁栄していたとしても、顧客や従業員、株主、取引先といったステークホルダーに共感を得られるような企業の信念と実践がないと、長期的な存続・成長は望めない。長期的な視点に立ち、ステークホルダーに受け入れられる経営理念を採用することが企業の存続につながるのである。

　バブル経済の崩壊以降、不正融資や多額の損失補填、不正な利益供与など、経営理念を無視した不祥事が多数発生し、その後、経営理念を改変した企業が散見される。いかにすばらしい経営理念を掲げてもトップ・マネジメントみずから経営理念にもとる行動をしたのでは、企業の存在意義（パーパス）そのものを疑われかねない。経営理念は、その信念に則った行動をして初めて意味あるものとなる。経営理念は、企業の存在意義、使命、信念等の対外的に実現したい姿と、経営姿勢、行動指針等の組織の基本方向・共通の価値について定めたものであり、経営目標や経営活動の基本方向を定める礎となるものである。

（1）経営理念の内容

　経営理念の内容は、企業によってさまざまである。企業目的、経営基本方針、社是、社訓、行動指針等の表現で、単独あるいはこれらの組み合わせによって設定している企業が多く見られる。経営理念を分類すると、①企業そのものの基本目的・基本目標を表明するタイプ、②出資者、顧客、従業員、地域といったステークホルダーに対する基本姿勢を約束するタイプ、③社員の行動基準を示すタイプ、に分けることができる。望ましい経営理念としては、これらの要素を包括したものといえよう。

（2）経営理念の意義

　企業が長期にわたり安定的な利益を確保し、永続的な存続・成長を図ろうとすればするほど、企業経営の基本的な考え方、そして、事業に関する基本的な考え方や目的を確立することが不可欠の条件となる。企業側の論理だけでは、利益を長期的に確保することが難しくなった現代の経営環境においては、経営理念を確立し、外部に公表して共感を得ようとすることは時代の要請であるといえる。また、経営理念の確立により、社内共通の価値基準・行動基準をつくり上げることができる。組織構成員1人ひとりに経営理念が浸透することによって、次のような意義が生まれる可能性がある。

① 　従業員間のコミュニケーションを容易にする
② 　組織の公式的な規則がなくても個々の行動の調整が可能となる
③ 　経営理念に基づくことで意思決定が早くなる
④ 　従業員に理念的なインセンティブを与えることによりモチベーションが高まる

4　ビジョン

　経営に対する基本的なスタンスを明確化した経営理念に対し、企業が目指す将来の具体的なあるべき姿を従業員や顧客、社会に対して表明し

ているのが**ビジョン**である。

　経営戦略の決定の根幹は、企業組織のビジョン、それも高い水準のビジョンにある。高い水準のビジョンは、企業を構成するメンバーにある種の高揚をもたらし、人々のロマンをかき立てる。しかし、高い水準のビジョンは、通常の発想による手段では達成できないため、常に革新的・創造的な発想・手段が要求される。この革新的達成の手段こそが経営戦略であるといえる。

　全体戦略の根幹となるのは、将来にわたってどのような方向へ成長を目指すのか、そのために必要なものは何か、といった将来構想としての戦略策定である。また、同時にそれは、何を提供する企業なのか、何を目指しているのか、といった企業のアイデンティティに強く影響される。全体戦略とは、将来構想的な経営戦略のグランド・デザインと同時に、企業のアイデンティティの確立においても、非常に重要な役割を果たしているのである。ただし、外部環境が変わることによってドメイン、ミッション、経営理念も更新することが求められる。

第 3 節 事業戦略の概要

学習のポイント

◆個々の事業分野において競争に勝ち抜くための戦略が事業戦略（競争戦略）であり、自社の地位を認識し、他社に対する競争優位性を確立することが主要課題である。

1 事業戦略（競争戦略）

　企業全体の成長を目的とする全体戦略に対し、個々の事業分野において競争に勝ち抜くための戦略を「事業戦略」あるいは「競争戦略」という。事業戦略の策定とは、個々の事業分野で蓄積・配分された経営資源をもとに、いかにして競争優位性を確立するかを決定することである。事業戦略は、過去の研究に鑑みるとマーケティングをルーツとする経営戦略の中心テーマの1つであった。産業ならびに市場セグメントにおける競争の状態と、自社の地位についての基本的な認識を確認・共有し、それをもとにした経営戦略の組み合わせを通じて競争相手に対して競争優位性を確立するための指針を得ることが事業戦略の基本的な課題である。

2 市場と競争優位性

（1）市場競争環境の構造

　われわれは、日常生活をする中で自動車事業、コンピュータ事業、ビール事業といったようにさまざまな事業を区別している。そうした各企業の事業が集まって競争する場を市場競争環境と呼ぶ。われわれの日常

用語に合わせれば、そこに同種の技術が集積しているという観点からは「産業（あるいは業界）」であり、そこが顧客という購買力を持ったニーズの集積という観点からは「顧客需要」と言い換えられる。そして、それらの交差するところに市場がある。ここでは、産業・需要・市場という3つの次元で市場競争環境への理解を試みる。

図表2-3-1では、実態としての技術集合（産業）と顧客集合（需要）を前提とする。そして、市場という場があり、そこで早く移動したいという欲求には、自動車という製品が対応するといった具合に、製品と顧客ニーズが出会う。もちろん早く移動したいという欲求には、鉄道や飛行機といった別のサービスでも対応できるであろうし、自動車という製品には、社会的地位の高さを示したいという欲求にも対応できる。自動車業界や鉄道業界、航空業界と呼ばれたり、政府が産業分類を設けたりしているために、はっきりと区分された「市場」があると考えがちであるが、このようなマトリクスでとらえるとそれほど明確な境界があるわけではないといえよう。

一方で、経済学では、価格弾力性をもとにして市場の境界を区分する。2つの製品間で価格弾力性が高ければ、その2つの製品は、代替性が高

図表2-3-1 ●市場競争環境の概念

		産業（技術）			
		製品1 （自動車）	製品2 （鉄道）	製品3 （飛行機）	製品…
需要	欲求a （移動）	市場1a	市場2a	市場3a	…
	欲求b （社会的地位）	市場1b			
	欲求c	市場1c			
	欲求…	…			

出所：石井ほか（1996）、p.20を一部加筆修正

いうことで同一の市場を構成するものとみなされる。形式的にはこれでよいのかもしれないが、実際に各企業の事業を価格弾力性の概念のみで市場に割り当てるのは、非常に難しいといえる。その意味では、市場というのは、実際には客観的な定義が困難な概念である。各企業の異質な事業の重なり合いの中に、市場という1つのまとまりらしき場が浮かび上がるといった類のものである。そうした各企業の事業が最も色濃く重なり合う部分、つまり集中して競争が起こっている部分が存在すると考えてよい。さしあたって、それが市場なのである。

市場の境界が定義できるとして、その購買力に裏づけられた欲求を求めて、各社の事業が集まり、そして競争を展開する。この業界における各企業間の競争のありようが業界全体の収益性（投資収益率）を決定する。その業界の平均投資収益率の上限は、競争状況を反映する次の3つの要因によって分けられる。

① その産業にどれだけの数の競争者（プレーヤー）がいるのか、そしてそれらの間にどれだけの規模格差があるのか。

② その産業への参入を虎視眈々とねらっている潜在的参入者がどれだけいるのか。

③ それぞれの競争者が提供する製品・サービスが、どの程度同質的（あるいは差別的）なのか。

よく似た規模で同質的な製品・サービスを持った多数の競争者が存在し、さらに潜在的参入者が多数いる状況は、経済学でいう「完全競争」と呼ばれる状態である。その状態では、すべてのプレーヤーは「特別の」利潤を上げることはできない。

（2）競争優位

以上のように、市場では、生物界の生存競争に似た激しい競争が企業間で行われている。そして、当然競争には勝者と敗者が存在する。市場では、同種の製品・サービスを提供する企業間で大きな収益性の差が生じることは少なくない。それは、企業間で競争優位性が存在するためで

ある。

　同一業界で競争する企業であっても、いろいろな点で戦略上の違いが見られる。主要なマーケティング戦略に沿ってそれらを整理したものが図表２-３-２である。

　これらの特徴を用いれば、企業間の事業戦略の違いを主張できる。もちろんこれですべてを言い尽くせるものではない。ただ、ここで重要な

図表２-３-２ ● 事業戦略の諸特徴

	事業戦略の諸特徴
流通	流通業者の利用程度 流通ルートの閉鎖性 流通業者への指導・情報提供の程度 流通業者へのマージンの大きさ 流通業者への人的資本援助の程度 流通業者の価格・在庫決定への影響力 流通業者からの情報入手の程度 流通業者の専売性
価格	低価格志向か高価格志向か コスト上積式か競争者志向的か リース販売の比重
販売促進	プルかプッシュか 広告量 セールスマン数 見本市・展示会の開催頻度 機能説明型広告かイメージ広告か
製品	品質レベル ソフトサービスの程度 製品の複合機能性 製品のシステム性 ブランド力の強さ アフターサービス・メンテナンスの程度 新製品の導入頻度 モデルチェンジの程度 需要創造（生活提案・使い方提案）の比重

出所：石井ほか（1996）、p. 23

ことは、図表2-3-2に挙げた戦略の諸特徴が相互関連的という点である。特定の企業について見れば、これら戦略の諸特徴は、内部的に首尾一貫したパターンとして形成されるはずである。この戦略的な特徴の違いが、すなわち競争上の差異となって現れ、競争優位の源泉となるのである。

第4節 職能分野レベルの戦略の概要

学習のポイント

◆職能分野レベルの戦略とは、生産、マーケティング、研究開発等の職能別に策定される戦略であり、経営資源の展開と組織間関係の定義が重要な課題となる。

　職能分野レベルの戦略（職能別戦略）とは、生産戦略、マーケティング戦略、研究開発戦略、財務戦略、人事戦略等の職能分野別に策定された経営戦略である。職能別戦略において最も重要な課題となるのは、資源展開（経営資源の蓄積と配分）と組織間関係である。

　全体戦略、事業戦略との関係においては、次のように考えることができる。全体戦略は、企業全体の方向づけや資源配分等、経営戦略のグランド・デザインとしての戦略である。事業戦略（競争戦略）は、そのグランド・デザインのもとで企業の個々の事業がそれぞれの活動する市場において、いかに他社と競争をし、利益を得るかについての戦略である。一方、事業戦略とは別に、企業の中には活動に必要ないくつかの職能が内包されている。当然、それらの職能は全体戦略のもとで、目的をもってそれぞれの役割を果たすべく活動を行っている。これらの職能についての戦略が職能別戦略である。多角化した企業においては、こうした事業戦略と職能別戦略が全体戦略のもとで整合性をもって運用されることが望ましい。以下では、職能別戦略の代表的な例として生産戦略、マーケティング戦略、研究開発戦略についての概要に触れる。

1 マーケティング戦略

（1）マーケティング戦略とは何か

　近年のマーケティング戦略においては、大量生産による単一製品が市場全体に受け入れられるというマスマーケティングの考え方ではなく、消費者の細かいニーズに応えようとする考え方へと変化している。STPマーケティングと呼ばれるこの考え方は、市場を細分化し（Segmentation）、その中からターゲットを選定し（Targeting）、そのターゲットに対して適合する製品を提供する（Positioning）、という方法をとる。

　具体的には、セグメンテーション（Segmentation）は、(1)地理的要素、(2)人口統計学的要素、(3)心理的要素、(4)行動的要素、等から消費者を分類する。ターゲティング（Targeting）は、(1)単一の市場セグメントのみを対象にする場合、(2)複数のターゲットを対象にする場合、(3)最初に決めたターゲットから事後的に他のセグメントを広げて結合する場合、がある。ポジショニング（Positioning）は、他の製品と比べて自社の製品をどのように位置づけるのか、2つ以上の評価軸をもとに設定することが挙げられる。

　加えて、マーケティングの4Pと呼ばれる、以下の個別計画を打ち出すことが必要である。これはマーケティング・ミックスと呼ばれる。

① 製品戦略（Product）……どの市場でどのような製品を販売するか
② 価格戦略（Price）……製品の価格をどのように設定するか
③ 立地・流通経路（販売チャネル）計画（Place）……どのような経路と方法で流通するか
④ 販売促進計画（Promotion）……プロモーションや広告宣伝、差別化をどのように行うか

いうまでもなく、STPと4Pの間で整合性がとられるべきである。

（2）マーケティング戦略の重要性

　企業が成長するためには、適切な利益を得ながら企業活動を行う必要

がある。企業が市場シェアをとりながら製品・サービスを販売することによって利益はもたらされるが、単にモノをつくって市場に投入すれば売れるというわけではない。供給が需要を上回るような状態が継続すると、企業は収益を上げることが難しくなる。そのため、企業は、市場の需要を適切に把握し、顧客の欲しいものを、必要とする顧客に、適切な価格で、適切な販売チャネルで提供して初めて、顧客は製品・サービスを購入することができる。このように企業が顧客に製品・サービスを購入してもらうしくみをトータルで考えるのが、マーケティング戦略である。

(3) マーケティング戦略の諸要素

マーケティング戦略の基礎として、マーケティング・ミックスに対応した (1) 製品戦略、(2) 価格戦略、(3) 立地戦略、(4) プロモーション戦略、等がある。これらについては、『経営戦略3級』第14章を参照のこと。

2 生産戦略

(1) 生産戦略とは何か

生産とは、製品を生産して顧客に届けるまでの一連のプロセスを指す。このプロセスは、需要予測から始まり、調達、生産、流通、販売といった段階を経るきわめて長い機能横断的なプロセスである。企業活動として行われる生産活動は、市場の需要に適合する形で行われ、利益の創出に貢献しなければならない。生産活動においては、①どのような品質の製品を (Quality)、②いかなるコストで (Cost)、③いつまでに提供するか (Delivery)、が重要な課題であり、この品質、原価、納期の3つをそれぞれ管理する必要がある。

生産計画とは、市場が要求する品種・数量について、「いつ (When)、どの職場で (Where)、何を (What)、どれだけ (How many)、いかにして (How) つくるか」を定義することである。より具体的には、需要予測に基づいて需要を定め、その需要に対応しうる工場で生産能力計画

を作成し、販売予測・受注に基づいて決定された生産数量・生産スケジュールを経済的かつ適応的に達成できるように各種の生産方式を決定し、日程計画、購入計画、在庫計画、工程計画等を作成する。基本的には、品質（Quality）、原価（Cost）、納期（Delivery）を目標とするが、一方で常に自社の生産能力を考慮しながら最適な計画を決定する。このような生産管理を戦略的に設計し、市場のニーズに応えて自社のポジションを築くことを生産戦略と呼ぶ。

生産計画は、期間によって主に次の3つの計画に分けられる。長期計画で長期的な調達計画を立てつつ、それをブレークダウンした中期・短期計画を実際の需要に応じて調整しながら生産計画を作成する。

① 長期生産計画（年次計画）

長期生産計画とは、1年ないし半年の期間にわたる生産活動の計画である。経営計画で期待された利益を確保するための生産活動の諸方法、工場の生産能力を十分に活用するための稼働水準、そのために必要とされる資材・人員、補充・更新すべき機械・設備等を不確定な市場情報のもとで明らかにする。この長期計画に基づいて、資材購入計画、在庫計画、外注計画、人員計画、資金計画等が作成される。

② 中期生産計画（月次・週次計画）

中期生産計画とは、長期生産計画のもとで、より確定的な市場情報に基づいて、四半期別あるいは月別、週別等に品種別の生産量・生産時期、各工程の能力を最適利用するための生産方法、必要とされる機械・設備、治工具、材料・部品の品種仕様・数量・納期、外注品や購入品の品種別納入量・納入時期等を決定し、発注するために用いられる。

③ 短期生産計画（日次計画）

短期生産計画とは、受注情報等の品種・数量に関する確定的情報に基づいて、各工程に対する負荷配分を最適化し、工程の遊びや遅れを防ぎ、納期を守るために作業の開始・終了時期等を決定する。この短期生産計画に基づいて、作業指図書、出庫票、移動票、検査票等が発行される。

（２）生産戦略の重要性

生産業務は、企業経営を支える屋台骨であり、競争力を大きく左右する。いかに優れた経営戦略を立てようとも、業務レベルで適切に実行されなければ効果は発揮できない。かつての高度成長期という恵まれた市場環境の中では、他社との差別化ということを深く考えなくとも企業が生き残ることができた。しかし、市場競争が激化するにつれ、経営戦略のみで差別化を図るのは困難となっている。ICTの普及やグローバリゼーションが進んだ結果、競争戦略そのものの持続性や独自性がどんどん低下している。すると、次は戦略を実行する業務レベルでの競争力の構築が、差別化の要因となる。

画期的なイノベーションを伴った技術であれば、その優位性を確保し続けることは多少なりとも可能であるが、それでもいつかは他社に模倣されてしまう。また、いかにすばらしい戦略を採用したとしても、他社に模倣されたり、その戦略が想定どおりに実行されなかったりしては意味がない。つまり、経営戦略だけで優位性を維持するのは、難しい時代となっている。企業の目指す目標と戦略が一致し、それを着実かつ迅速に遂行できるか否かが企業の競争力に違いをもたらす。たとえば、同じ顧客機能の製品をＡ社とＢ社が提供しているとして、そのうちＢ社がより低コストで納期どおりに提供できるとしたら、Ｂ社はＡ社に対して優位性を持っているといえる。

ムダの少ないスリムでスピード感のある組織体を一朝一夕につくることは難しい。しかし、いったんそのような体質をつくった企業は、簡単に模倣されることもなく大きな強みとなる。地道な毎日の積み重ねこそが業務上での競争力につながるのである。その業務の最たるものが戦略的な生産管理であり、企業の優位性を生み出すもととなる。モノづくりに強い日本企業の生産にかかわるオペレーションのレベルはきわめて高く、特に、「すり合わせ型」であった家電、半導体、携帯電話、液晶パネルなど製品の分野で競争優位（藤本、2004）を持っていた。

3 研究開発戦略

（１）研究開発戦略とは何か

　研究開発とは、R&D（Research and Development）とも呼ばれる。「研究（Research）」とは、新しい知識を得るための理論的・実験的研究である「基礎研究」と、基礎研究を応用して実用化の可能性を探索する「応用研究」の２つを総合したものである。「開発（Development）」とは、研究の成果を利用して新しい実際の製品や材料等を創造したり、既存の製品や材料を改良したりといった活動を指す。基礎研究の結果がシーズ（種）となり、応用研究によって商業的実用性が確かめられ、そして、開発によって生まれた実際の製品や材料が市場に投入される。その過程には、技術の探索や経済性・定性評価、予算の検討、開発組織の設計、スケジュール設定等が含まれる。企業の優位性は、新製品開発によってつくられるため、R&Dは企業競争力の源泉であり、戦略的な意思決定が必要となる。→図表２-４-１

図表２-４-１●研究と開発（R&D：Research and Development）

研究（Research）〈基礎研究〉知識を得るための理論的・実験的研究〈応用研究〉基礎研究を活用した実用可能性を探索		開発（Development）研究の成果を利用した・新製品の創造・既存製品の改良

（２）研究開発戦略の課題と重要性

　今日の変化の激しい経営環境の中では、革新的な技術やアイデアを用いた製品・サービスを適切な時期に適切な形で市場に投入することによって、競合他社に対する優位性を保ち続けることができる。製品はひとたび市場に投入された後は次第に陳腐化が進み、一方で、競合他社による模倣製品も出てくるために利益率が下降するからである。よって、継続的に新製品を開発して市場に投入していかなければ、一般的に企業の

収益率は低下する。逆にいえば新製品比率の高い企業は、好業績を享受することができる。つまり、R&Dは、企業の収益の源泉なのである。

　しかしながら、これまでR&Dは、基礎的であればあるほど経営管理において改善対象とならなかった。その理由として、R&Dの現場は、基礎的であるほど創造性が重視されるため、無理にコントロールするよりも現場の技術者の好きにやらせたほうがよいと考える風潮があり、生産現場で用いられるような定量評価による効率化の追求は、創造性を阻害しマイナスになると考えられていたこと等が挙げられる。しかし、効率化の追求によるマイナスの影響がゼロであるとはいえないものの、創造性を必要としない部分でのR&D業務を改善して効率性を向上させ、迅速に市場に製品・サービスを投入することは、今日のような変化の激しい環境の中では重要な戦略となる。

（3）研究開発戦略の諸要素

　研究開発は、近年では大きく変わりつつある。企業の研究開発は、企業内の活動から、企業外の組織も活用する**オープン・イノベーション**（チェスブロウ、2004年）の時代となった。今後は、企業内で解決できない問題を他の企業や大学、政府関連研究機関等も含めて解決する傾向がますます増えていくであろう。

　オープン・イノベーションを前提とした場合に、企業内の研究開発部門に求められるのは、以下の点である。

① 企業外にある知識を見つけて、理解したうえで企業内に使えそうなものを選ぶこと

② 企業外にある知識だけでは不十分な場合には、それを補う知識を企業内で生み出すこと

③ 企業外にある知識と企業内にある知識を統合し、新しい体系や構造を生み出すこと

④ 研究による企業内の成果を他の企業へ売り出すことにより、利益を得ること

　また、研究開発活動は、漫然と蓄積していればよいというわけではない。より効果的な製品開発のためには、研究開発活動もその基礎的な技術がどのように製品・サービスにつながるのか、という構想を持つことが重要である。イアンシティ（1995）や長内（2007）は、基礎研究側がいかに将来の製品の構想を持ってシーズ（種）の研究に取りかかるか、効果的な製品開発の成否につながることを明らかにしている。技術統合論の分野では、いかに基礎研究を製品開発につなげていくのか、という研究が進んでいる。

　最後に、注意すべき点は、技術のレベルの高さを過信しないことである。技術が高くても、顧客がその価値を理解できない程度でしか、製品に反映できないのであれば、差別化はできない。延岡（2011）が指摘するように、顧客が認知できる価値をどのようにつくることができるのかという視点から、研究開発戦略を練るべきであろう。同じく、コモディティ化あるいは汎用化された後の戦略は異なる。

第5節 経営戦略のサブ・システムとその統合

学習のポイント

◆経営戦略とは、下位のレベルを構成するサブ・システムからなる1つのシステムと考えられる。そして、全体的な経営戦略の整合性は、そうしたサブ・システムをいかにバランスよく整合化するかによって大きく左右される。こうした経営戦略の整合化を内部の視点と外部の視点から検討していく。

1 内部戦略の統合

経営戦略は、さまざまな**サブ・システム**から構成される1つのシステムである。そのため、経営戦略の整合化は、サブ・システムの整合化という形を通して行われる。前述のように、経営戦略をサブ・システムに分割する基準として使用されてきたのは、事業分野と機能の側面であった。図表2-5-1に示したように、職能による分割では、経営戦略を、生

図表2-5-1 ● 職能による経営戦略の分割

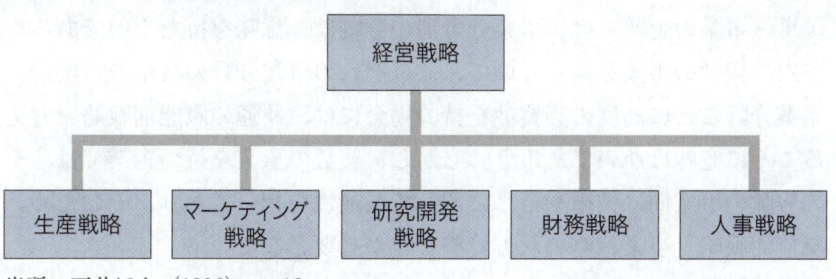

出所：石井ほか（1996）、p. 12

39

産戦略、マーケティング戦略、研究開発戦略、財務戦略、人事戦略等の職能分野別に分割している。この職能別戦略において重要な構成要素となるものは、経営資源の蓄積および配分と組織間関係である。

　事業分野による分割では、図表2-5-2に示しているように、それぞれの事業分野を1つの単位として分割する。事業分野ごとに経営戦略を分割すると、その事業戦略においては、競争戦略が重要な構成要素となる。

図表2-5-2 ● 事業分野による経営戦略の分割

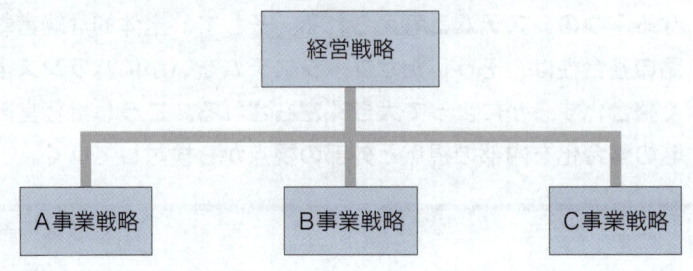

出所：石井ほか（1996）、p. 12

　全体戦略は、これらのサブ・システムを統合する役割を果たしている。その核心をなしているのは、ドメイン定義と経営資源の展開についての決定である。

　図表2-5-3は、職能別戦略、事業戦略、全体戦略の関係を示しており、全体戦略によって、事業戦略と職能別戦略が統合されていることを示している。この2つの軸のうちどちらの軸により重点を置くかについては、それぞれの企業が置かれた状況によって違いが生じる。

　単一事業の企業では、事業分野別の分割は、意味を持たないであろう。また、複数の事業を持っていて、それぞれの事業分野の技術や市場が、事業分野ごとに高度の異質性を持つ場合には、共通の職能別戦略を考えることに意味はないであろう。しかし、複数の事業を持つ企業では、その複数の事業間に技術や市場に関して共通性を持っており、そのため、職能別戦略と事業戦略の双方で整合化が必要となる。

図表2-5-3 ● 内部戦略の統合

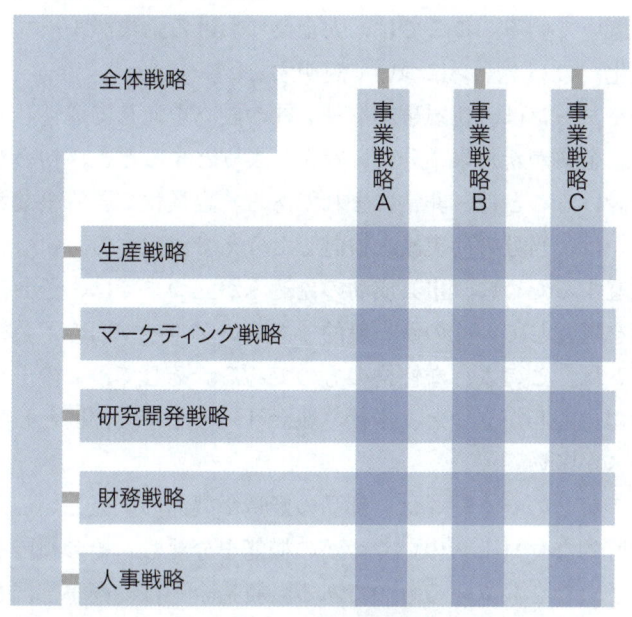

出所：石井ほか（1996）、p.12を一部修正

　さらに、企業によっては、その組織構造や計画のシステムが異なるがゆえに、整合化がどのように行われるのか異なる。そして、経営戦略の中身も、その整合性の程度も異なるのである。

2　外部戦略の統合

（1）分社化

　長期にわたって成長し続ける企業は、製品や事業を多角化し、複数の事業体を運営するようになる。また、大企業の多くは、その事業活動を合理化するために下請け化や系列化を進めることとなる。いずれの場合においても中核となる主要な事業の生産、販売活動部門以外は、下請け会社、系列会社といった自律的な外部企業との業務提携関係に置くか、

あるいは100％出資の子会社として自律的に運営させながら同一資本の支配下に置いている。ここでは、大企業における企業グループの子会社化（分社化）のパターンについて説明する。

第1のパターンは、新規事業を子会社の設立を通じて運営していくものである。企業が新規事業分野に参入しようとするとき、初めから新事業部門を設けることは、非常にまれである。企業化できる事業となりうるかどうかは、当分の間実績を検討したうえで決定する。すなわち、リスクを回避するために、事業成功の見込みが立つまでは、子会社として新規事業を運営していくのが一般的である。グループ内の子会社の第1のパターンは、このような性格のものである。そして、この子会社の事業に成功の見通しが立つと、本社（親会社）の1事業部門として吸収されるケースが多い。

分社化の第2のパターンは、部品の製造や製品の販売といった、事業活動の垂直的なプロセスのいくつかの機能を分離し、その機能を事業目的とした子会社を設立するものである。製造企業は、商事部門を分離・独立させ、すべての製品についての販売を行う子会社を設立する。また、運搬・運送機能を集約し、別の子会社として運営する。事業プロセスのいわゆる川上から川下に至る主な機能で、事業として十分なニーズや活動の見込みがあるような場合には、子会社として運用することもある。この場合、親会社は、機能上においては実質的に何の変わりもないが、財務上または人事上の都合等で別会社として運営することは、しばしば見られる。

第3の分社化のパターンは、下請け、系列および関連会社の中で、親会社から資金援助を受けていた会社が吸収・合併されて子会社として運営されるようになったものである。この場合、それらの会社は、親会社にとって必要不可欠な事業を営んでいるケースが多い。というのは、下請け、系列の会社は、親会社にとって部品・半製品を優先的に納入し、しかも比較的低廉な価格で提供し、経済変動にあたっては生産量の調節を引き受ける緩衝体の役割が期待されているからである。子会社として

吸収し、管理していくには、それ相応の必要性がなければならないのである。

第4のパターンは、独立した企業が特有の製品技術やブランドを持ってはいるものの、経営上の破綻によって他の企業に合併され、従来どおりの社名やブランド等で運営されるケースである。この場合には、親会社は、この子会社を技術関連もしくは非関連多角化の拠点として考えることが多い。また、現地法人として海外市場において事業活動を行っている海外子会社等も増加している。

（2）グループ戦略

以上のように、高度に多角化した企業は、事業部門とは別に、いくつかの子会社・別会社を所有している。日本企業は、欧米企業と比較して、事業部門は相対的に少なく、むしろ子会社を多く抱えている。それゆえ、親会社となる企業は、財務的・人事的に弾力的な運営が可能になった。

日本企業では、制度的には自律的な子会社を戦略的に運用するために、主として役員派遣、技術指導、そして、財務によるコントロール方法を用いている。役員派遣は、特に重要な関係にある子会社への出向という形で行われており、そのほとんどは親会社との連結を密にすることをねらいとしている。これにより、親会社は、子会社の協力をできる限り引き出すと同時に、親会社の指示も受け入れやすい状態をつくり出すことが可能となるのである。

部品や半製品の製造を事業とする子会社に対しては、品質の向上、納期の厳守、コスト低減のために技術指導や生産管理等の指導を密にして、技術者の交流や情報の交換を進める。その場合、子会社の自律性や創意を制約するのではなく、むしろ子会社の努力に期待するような関係づくりでなければならない。つまり、親会社の管理者や技術者は、指導の名のもとで子会社に対する監督を強化するのではなく、子会社との協力関係をより一層深めるような役割を果たすことが大切なのである。

さらに、親会社は、すべての子会社群を連結して企業グループの全体

的な損益および経営成果を確認するとともに、各子会社の財政状態、事業成果を評価し、指導を行う。そのため、各子会社の決算期を親会社の決算期と同一にすることによって、企業グループの期間損益の確定と、同一時点での財政状態の結果を比較しやすくしている。このようにして親会社は、各子会社の経営活動を損益計算によって財務的に把握することができるため、子会社の経営全般に対して問題点を指摘し、アドバイスを与えることも可能となっている。資産状況についても、それらの残高表を通じて資産の有効的かつ効率的な運用を指導することができる。こうした改善のためには、年次決算時よりもむしろ四半期ごとにいち早く問題点を把握することが重要となるであろう。

　財務的なアドバイスや指導においては、ともすれば統制的な行為につながりやすいが、子会社の自律性と創意を阻害することのないよう、十分に配慮したうえで指導・勧告すべきである。指導・勧告の度がすぎると、柔軟性・自律性・創意性といった、子会社として存在させる利点を失わせるおそれがある。企業グループであるからこそ、情報も入手できるし、指導・勧告もできるのである。今日においては、こうした子会社を活用した、自律的な柔軟さと創意を生かすための企業グループ戦略が必要とされるであろう。

（3）戦略提携

① 戦略提携とは

　昨今、業界再編の波の中で企業買収や企業統合といった企業の統廃合活動が活発に行われている。こうした企業買収や統合においては、結果として被買収企業や統合される企業は、その独立性を失うことになる。それに対して、企業の独立性を維持したまま、企業間に緩やかで柔軟な結びつきを形成する方法や協調関係を総称して「戦略提携」という。戦略提携には、資本参加、技術提携、ライセンス供与、共同研究開発、共同生産、合弁事業の設立、販売委託、生産委託等、さまざまな形態が存在する。

　戦略提携によるこのような協調関係には、同一産業で競争している企業間ではもちろんのこと、異業種の企業間で行われることもあれば、企業とサプライヤー、企業と顧客の間で行われることもある。最近では、こうした協調関係の中に、大学や研究機関が参加することも多くなる等、さまざまな分野で戦略提携が活発に行われるようになってきている。

② **戦略提携のねらい**

　前述したように、戦略提携は、さまざまな分野で、さまざまな形態で、さまざまな意図のもとに行われている。しかし、多様な戦略提携の背後には、共通した意図が認識される。戦略提携は、基本的には経営資源の不足を補うことをねらいとしている。不足している経営資源を補う方法には、経営資源を市場で買う方法もあれば、企業買収によって手に入れる方法もある。戦略提携は、ちょうどその真ん中に位置する方法である。市場や組織統合によっては獲得することのできない、中間的な結びつきのメリットが存在するのである。

　戦略提携は、次のようなメリットを持っている。

① 　市場取引との比較で見ると、市場での取引は、自分自身に最も有利な条件を出してくれる人々としか、しかも一時的にしか取引を行わない。それゆえ、特殊な取引をすることや無理な要求等を聞いてもらうことは基本的にできない。これに対して、戦略提携は長期的で継続的な取引を保証することで、こうした市場取引の限界を克服することができる。

② 　市場取引では、知識やノウハウといった情報的経営資源まで買うことはできないが、戦略提携では、一緒に協働する場を通して獲得することができる。

③ 　企業買収のように1つの組織として統合してしまうと、今度はあまりにも安定した関係がつくられてしまい、従業員が一生懸命に働こうとするモチベーションが低下してしまう。これに対して、戦略提携は、完全な保証を与えないことによって、健全な緊張関係を維持することができる。

　このように、戦略提携では、純粋な市場取引でもなく、組織的な統合でもない関係を形成することによって、さまざまなメリットが得られる。安定的でもなく、かといって不安定でもない関係、継続的でありかつ固定的でない関係という微妙な関係こそ、戦略提携の根本的なメリットが認識されうるのである。

　しかし、その一方で、そうしたきわめてあいまいな関係を維持し続けることが難しい、という問題もある（→詳細については第14章第2節を参照）。共通の目的や利害関係が一致している場合には、戦略提携関係は比較的長期にわたって維持されるが、一度その方向性がずれると、提携関係は解消されることになる。その場合、提携先企業に依存した状態に陥ってしまっていると、解消に対する損失や反動が大きくなる。また、そうしたことに対する注意や警戒をしていては、それに対する監視コストが発生し、資源の有効活用もできず、戦略提携関係を結ぶ意味がなくなってしまう。そうしたことから、戦略提携を結ぶ企業同士が長期の提携を経て合併・買収したり、包括的な経営統合を図ることが多いのは、必然的といえよう。場合により、下請企業に買収されることもある。戦略提携は、知識や資源の獲得競争でもあるからである。

第2章　理解度チェック

次の設問に、○×で解答しなさい（解答・解説は後段参照）。

1 経営戦略の階層構造は、経営戦略を大きな1つのシステムと考えた場合のサブ・システムに該当し、それぞれが相互依存的に機能する。

2 全体戦略は、企業全体の大きな方向性を決定するものであり、主な内容としてドメインの定義やビジョン、ミッションの策定等が挙げられる。

3 企業の競争戦略において重要となるのは競争優位性であり、確固たる競争優位を築くことができれば、それだけで長期的な成長が可能である。

4 生産戦略において重要なのは、品質と原価であり、どのような製品をいくらでつくるか、というのが生産戦略を策定する際の中心的課題となる。

5 内部戦略の統合とは、事業戦略と職能別戦略という2つの戦略のサブ・システムの整合化を図ることによって行われる。

6 戦略提携のメリットとして挙げられるのは、安定した企業間の関係によって長期的に知識の共有が図れる点である。

第2章　理解度チェック

解答・解説

1 ○
全体戦略、事業戦略、職能別戦略は、それぞれが相互に依存し有機的に機能するサブ・システムと考えられる。これらが一体となることで、1つの経営戦略として機能するのである。

2 ○
全体戦略は、企業全体の戦略的意思決定を行うことであり、主な内容としてドメインの定義、企業の方向づけを行うためのビジョンやミッション、経営理念の策定が挙げられる。

3 ×
企業の競争戦略において重要となるのは、競争優位性とタイミングである。市場がいまどういった段階にあるのかを市場ライフサイクルから分析し、ライフステージによって適切な戦略を策定することが重要である。

4 ×
生産戦略では、品質とコストに並んで納期が重要な検討課題であり、どういったスケジュールで生産を行うかは、企業にとっても他の職能別戦略とかかわる大きな課題である。

5 ○
内部戦略の統合は、事業戦略と職能別戦略をそれぞれ縦軸、横軸にとり、企業戦略（全体戦略）をもとにマトリックス上でそれらの整合化を図るプロセスである。企業の規模や構造、企業戦略の内容によって、整合化の程度は異なってくる。

6 ✕
戦略提携のメリットは、むしろお互いが完全な保証がない関係によって、健全な緊張感の中で知識や資源の共有が図れる点であり、長期の安定した関係は、従業員のモチベーション低下につながるおそれがある。

経営戦略と組織との関係

この章のねらい

　経営戦略は、経営組織と密接な関係を持っている。経営戦略を外部環境適応の基本的枠組みとすれば、その枠組みに基づいて実際に戦略を実行するのが経営組織である。

　古くから、戦略と組織の関係については、多くの議論がなされてきた。チャンドラーによる「組織は戦略に従う」という命題、またアンゾフによる「戦略は組織に従う」という命題等は、その代表的なものである。

　本章では、こうした分析型戦略論とともに、組織と戦略を相互に浸透する統合型戦略の発想に基づいたプロセス型戦略論を紹介する。経営戦略を固定化された計画でなく実行していくプロセスとしてとらえるプロセス型戦略論は、その柔軟性やダイナミクスから、特に今日の不確実性の高い経営環境においてその有効性が強調されている。

第 1 節　経営戦略の策定と実行の関係性

学習のポイント

◆経営組織は、経営戦略を実行する。ここで重要となるのは、組織か戦略かという議論ではなく、環境と戦略に適合する組織づくりに注力することである。

1　戦略と組織の適合

　経営戦略は、経営組織と密接な関係を持っている。経営戦略は、企業の外部環境適応の基本構図であり、企業の将来への方向性と資源展開の指針を定めるものである。そして、この経営戦略を実行するのが、経営組織である。

　経営戦略がどんなに優れていても、経営組織がうまく機能せず、戦略が実行されなければ、経営戦略は何の意味も持たない。逆に、経営戦略を持たない企業は、その資源配分が思いつきで整合性がとれないために組織として機能を果たせず、激変する外部環境に長期的に適応し続けることが難しくなる。

　以上のことを踏まえると、経営戦略と経営組織との関係は図表3−1−1のように示すことができる。このように、企業が長期的な成長と存続を続けるためには、戦略と組織は適切な相互補強関係を持たなければならない。

図表3-1-1 ● 戦略と組織の適合関係

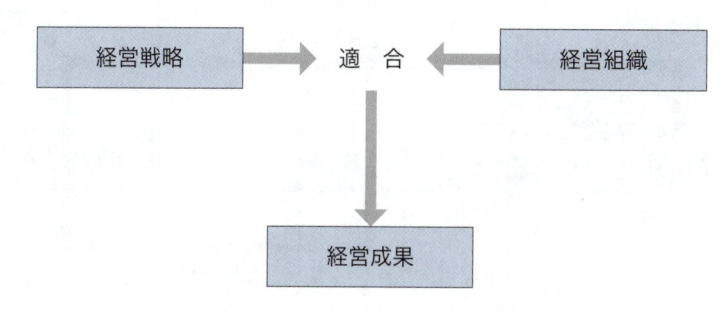

2　組織は戦略に従う

　伝統的に、戦略と組織の関係は、二分法的にとらえられてきた。トップ・マネジメントが戦略を策定し、組織がそれを実行するという考え方である。チャンドラー（1962）は「組織は戦略に従う」という有名な命題を提唱しているが、これはまず戦略が先に策定され、次いでこれを最も有効に遂行できるような組織構造をつくるという考え方である。

　このような二分法的アプローチは、多くの経営戦略論の研究で見ることができる。アンドリュース（1971）は、戦略策定と戦略実施を二分化し、それぞれの内容を明確にしている。戦略策定では、①環境（脅威と機会）分析、②自社能力（強みと弱み）分析、③社会的責任、④経営者の価値観、といった要因を考慮して、経営戦略を策定する。他方、戦略実施は、①組織構造、②マネジメント・システム（組織プロセスと行動）、③トップのリーダーシップ、から成り立っている。

　この二分法の目的は、企業の意思決定プロセスにおいて、戦略的な意思決定と業務的な意思決定を明確に区分することにあった。この区分があいまいであると、日常的決定が長期的・戦略的決定を駆逐するおそれがある。結果として、しばしば現業の意思決定を意図された戦略より重視してしまい、短期的な問題に目を奪われ、長期的な戦略的意思決定が忘れられてしまう。そこで、戦略策定に携わる組織と、その執行に携わ

図表３-１-２●戦略進化のプロセス

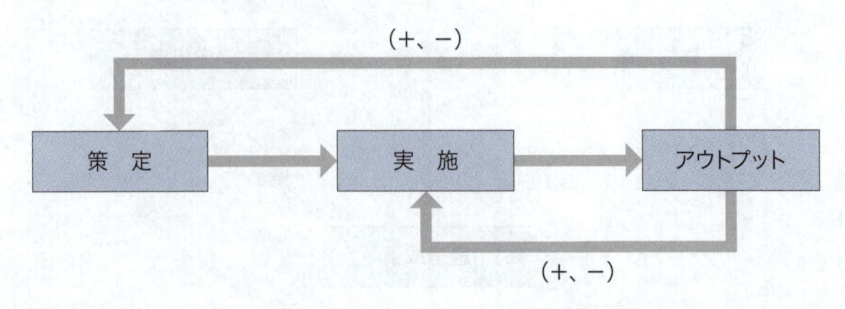

出所：奥村（1989）、p. 115

る組織を明確に分けておく必要があると考えているのである。

　概念的には、この戦略策定と実施の二分法による考え方は、明快であるように思われる。しかし、経営戦略は「一連の意思決定の累積的結果」でもある。過去の戦略の流れとして今日の戦略があり、それが将来へとつながっている。つまり、図表３-１-２に示されているように、戦略を策定し、それが実施に移され成果が出ると、結果としてフィードバックがあり、何らかの学習が行われるという戦略の進化プロセスが存在するということである。そして、この学習によって、次の戦略があみだされるのである。

　たとえば、企業がある戦略を策定し、それが実施に移される。そこで、もし初期の目的が達成されなかったとすると、その企業は、何としても次期の目標だけは達成しようと考え、目標が達成できなかった原因を分析し、それを修正する。目標を達成できなかった原因を分析し直すプロセスが学習である。経営戦略は、一連の意思決定の累積的な学習の結果であり、さまざまな要因の相互作用から成り立っているのである。

3　戦略は組織に従う

　このように、組織は、単に経営戦略を実行する機械ではなく、その内

部に人間が存在し、その人間が引き起こすさまざまな活動が、戦略の形成プロセスや実行プロセスに深く関与する。その意味で組織は、知識の創造・処理・蓄積の場であり、「**学習システム**」にほかならない。組織は、戦略の策定と実施のループを何回も反復することによって、さまざまな知識を吸収し、蓄積するのである。

　企業の経営戦略は、一体どこから生み出されるのであろうか。創業期のベンチャー企業やオーナー型の中小企業では、ある特定の個人の頭の中から生み出されることも考えられるが、今日の大企業では、むしろ戦略は、組織の集合的な意思決定の産物として考えられている。企業の経営戦略は、決して一時的・短期的なものではなく、かなり長い期間にわたって蓄積された歴史的な産物である。そこから、アンゾフ（2007）は「戦略は組織に従う」というチャンドラーとは逆の命題を提唱した。

　本質的には、戦略と組織の関係は相互依存的であって、どちらが先でどちらが後という問題ではない。アンゾフが主張するのは、戦略形成のためには、有効な戦略を生み出す組織をつくることや、激変する環境に的確に対応するための組織をいかにしてつくるか、という問題により注意を払うべきである、というきわめて本質的な論点なのである。

第 2 節　戦略と組織の相互浸透性

学習のポイント

◆戦略は、策定のみでなく実行されて初めて意味を持つ。戦略の策定と実行の両面が相互に浸透するように管理された組織の具体例が、SBU（戦略事業単位）である。

1　戦略経営の台頭

　戦略は、実行されて初めてその意味を持つものである。したがって、経営戦略の有効性においては、戦略の形成プロセスだけでなく、実行のプロセスも同様に重視されるべきである。戦略の実行には、人や組織の問題がかかわってくる。そこで、組織の動態的要素の重要性を認識しなければならない。このような問題意識から、「戦略経営（Strategic Management）」という考え方が生まれるようになった。戦略経営という考え方の台頭とともに、戦略と組織についての議論が活発になり、その結果、SBU（Strategic Business Unit＝戦略事業単位）等の多くの戦略組織が現れるようになった。

2　戦略と組織の相互浸透

　新しい組織形態として、ごく初期にゼネラル・エレクトリック（GE）社がSBUの組織を導入した。それは、1970年から71年にかけてのことであった。その契機となったのは、長年続いた同社の利益なき成長であ

った。1962年を基準とすれば、1970年に売上高は1.8倍に上昇したのに対し、経常利益率は0.6倍に低下したのである。旧来の事業部制の限界がさまざまな問題を生み出した。そして、GEは組織改革を行い、新しい組織を導入するようになった。SBUは、その新しい組織の中心的な存在であった。

SBU（戦略事業単位）とは、次の条件を満たすように再編成された事業単位であり、その事業単位に関して、長期・短期の全経営責任を負う管理者（SBU長）が任命された。その条件とは、

① 独立の事業ミッションを持つ
② 明確な競争相手を持つ
③ 市場において一人前の競争者となりうる
④ 製品、市場、設備、組織に関して、他のSBUとは独立した統合的な戦略計画を立てうる
⑤ 管理者が、その事業分野の成功にとって決定的に重要な技術、製造、マーケティングに関して計画の範囲内で自由に対処しうる

の5つである。

SBUによる組織管理により、多数の事業部門に代わって、より少数のSBUについてのみ管理を考えればよくなった。そのため、本社の経営者に課せられる情報処理の負荷は、大幅に軽減されることとなった。また、GEにおいては、マネジメント・コントロールと業務効率という観点から、既存の組織構造は維持され、SBUは、それにオーバーラップする形で横断的に設定された。その結果として、戦略策定の組織と戦略実行の組織からなるマトリクス型の組織が生み出されたのである。つまり、SBUは、戦略の形成と実行が合体した組織であるといえる。

また、図表3-2-1で示しているように、マイナー＆スタイナー（1977）も早くから戦略的計画が戦略実行と結合されるプロセスを発見しており、そのタイプを、

① 集権的プロセス
② 分析的計画化プロセス

図表3-2-1 ●戦略形成と実行の相互浸透

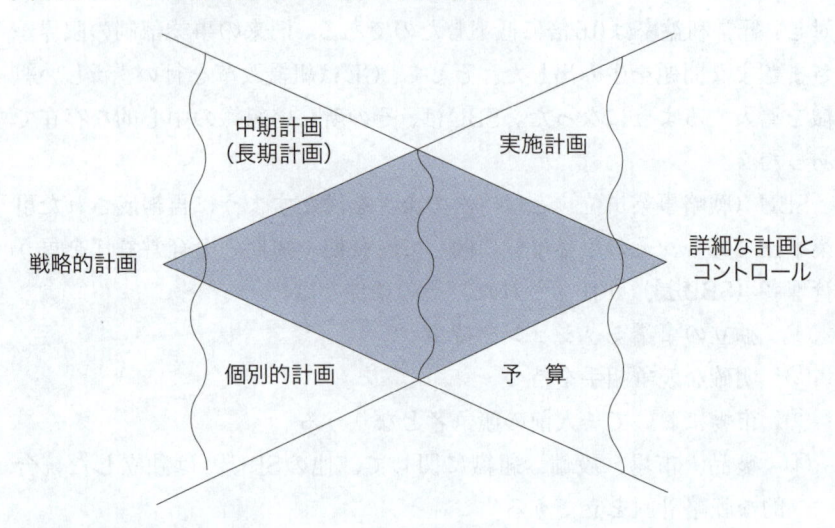

出所：マイナー＆スタイナー（1977）、p. 106

③　戦略計画化プロセス

の３つに分類している。集権的プロセスは、戦略の概念を決定するプロセスに近いものである。分析的計画化プロセスは、個々の事業部門がそれ自体の計画を立てることはできるが、財務的な面で中央の本社にコントロールされるという特徴を持つものである。戦略計画化プロセスは、事業部の戦略計画化プロセスそのものを指す。すなわち、戦略的計画と実行計画（戦略実行を含む）が相互浸透しており、その具体的な例としてSBUが考えられるのである。つまり、この図はSBUの理論的根拠を提示しているといえる。

第 3 節｜戦略の統合的システム（7Sモデル）

学習のポイント

◆ 7Sモデルは、組織を7つの要素の相互作用により環境適応的に行動する主体とみなす。激動の時代で企業が存続するためには、環境変化に対し、より柔軟に即応できるような組織モデルが提唱されている。

1 7Sモデル

ピータース（1984）は、「構造イコール組織ではない」として、組織の概念がただの構造というよりは、むしろそれよりも包括的な概念であると提唱した。→図表3-3-1

すなわち、組織とは、

① 戦略（Strategy）
② 組織構造（Structure）
③ 管理システム（Systems）
④ 人材（Staff）
⑤ 共有価値（Shared Value）
⑥ 行動特性（Style）
⑦ 技能・技術（Skills）

の7つの要素からなるとした。これが**7Sモデル**である。7Sモデルに従うと、組織は、むしろ組織体と称したほうがより適切であろう。なぜなら、組織は、この7つの要素が相互作用し合って環境適応行動を行うか

図表３-３-１ ● ７Ｓモデル

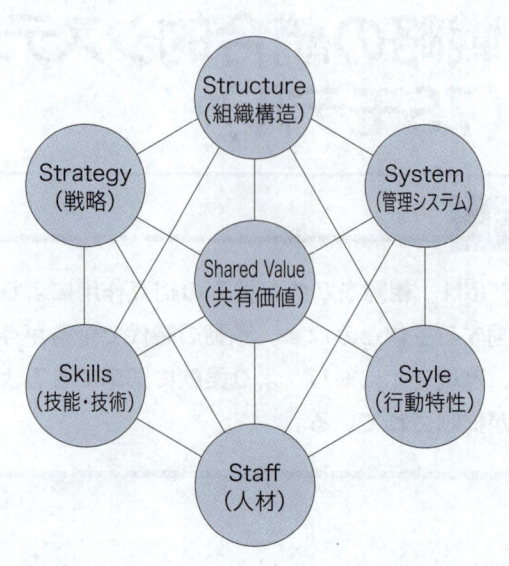

出所：ピータース（1984）、p. 111

　らである。この７Ｓモデルが示唆するのは、経営戦略と経営組織、つまり戦略の形成と実行という二分法的な考え方を乗り越え、両者をもっと包括的で、相互作用的なものとしてとらえようとしたことである。

　このように、戦略経営の考え方に基づいた戦略的計画の策定システムが整備されるにつれて、戦略実行の問題がより強調されるようになり、戦略の実行を重視した組織が生み出されてきた。その結果、人や組織の問題の重要性がますます認識されるとともに、経営戦略についての議論が組織についての議論と緊密なかかわりを持つようになったのである。

　近年では、経営戦略の議論に組織論的アプローチが取り入れられるようになり、プロセス型戦略論 **Key Word** という視点で展開されるようになった。以下では、この組織論的アプローチの代表的な研究についての洞察を行い、プロセス型戦略論の生成と展開について考察する。

2 統合的戦略論の展開

　前述のように、戦略論の展開において主流をなしてきた分析型戦略論は、戦略的計画システムへと展開されたが、それによりスタッフの計量的分析の過大重視（分析麻痺症候群）や実行力の弱体化等の欠陥が指摘され、戦略的経営の考え方が生成する背景となった。しかし、戦略的経営の考え方も、戦略の実行プロセスを重視したものの、経営戦略に適合した組織構造、管理システム等をいかにつくり上げるかを究明することにしか着目できず、多くの戦略実行上の問題を残したといえる。

　そして、その後の経営戦略理論の展開においては、組織の動態的要素がより一層強調され、組織論的アプローチが加えられるようになった。クイン（1980）、バーゲルマン（1983）、ミンツバーグ＆ウォータース（1985）等による一連の研究は、組織の有機的性格および動態的要素を重視し、戦略は、組織内のさまざまな人々の相互作用から形成されるものとみなすという共通認識に立っている。そしてこれらは、公式的な戦略計画以外から発生する偶発的・創発的な戦略を重視するという特徴を持っている。

　たとえば、クインは、実際の経営戦略では企業内のさまざまな意思決定が相互に作用しながら、企業行動の新しいコンセンサスを積み重ねる過程の中で、漸進的（Incremental）に形成されると述べている。このように、統合的な戦略理論において、戦略は、組織内のさまざまな意思決定やリーダーシップ等の組織過程から形成されるものと考えられているのである。

　一方、バーゲルマン（1983、1987）は、米国における業界のリーダー

Key Word

　プロセス型戦略論——緻密な環境分析から戦略を導き出す分析型戦略論に対して、戦略の実行過程を含めた戦略の動態的要素に着目した一連の戦略研究である。主に戦略形成、戦略の実行、そのための経営組織の構造や行動に焦点を当てている。

的な中央演算処理装置（CPU）製造企業をつぶさに観察し、戦略の策定と実行を本質的に相互作用しながら漸進的に進化するプロセスとみなし、また、計画された戦略と実現された戦略とは違ったものになることがよくあると指摘した。

そして、図表3-3-2に示したような、戦略行動、コンテクスト、戦略コンセプトの相互作用の考察を通じて、戦略プロセス（Strategic Process）のモデルを構築した。

戦略コンセプトは、共有されたフレームワークを提供し、事業ポートフォリオや資源配分による企業の目標設定の根本となるものを呈する。戦略コンセプトによって誘導された戦略行動、すなわち誘導的戦略行動（Induced Strategic Behavior）は、戦略的計画における既存のカテゴリーや外部戦略に対して適合的である。

構造的コンテクストは、トップが操作する管理のメカニズムであり、誘導的戦略行動のフローにおける選択のメカニズム、すなわち多様性削減のメカニズムとして作用する。誘導的戦略行動における「誤り」は、構造によって削減され、システムは、戦略コンセプトと一貫性を保ちながら作用し続ける。

図表3-3-2 ● 戦略プロセスのモデル

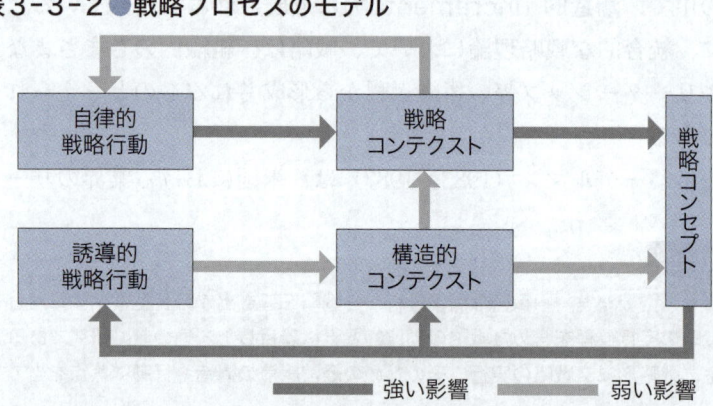

出所：バーゲルマンほか（1987）、p. 172

　他方、現場レベルからの**自律的戦略行動**（Autonomous Strategic Behavior）は、行動者側からは目的に適っているかもしれないが、戦略的計画の既存のカテゴリーにおいては適合的ではない。すなわち、戦略コンセプトから逸脱しているのである。自律的戦略行動を通じて多様性がもたされ、新しい環境セグメントが創造され、さらに企業の環境が再定義される。自律的戦略行動は、企業家精神（Entrepreneurship）に基づいたものであり、企業の革新的イノベーションの源泉となる。また、自律的戦略行動は、構造的コンテクストから逸脱した形で起こるのであるが、成功するためには、最終的に自律的戦略行動が組織に受け入れられなければならず、同時に戦略コンセプトに統合されなければならない。これらの相矛盾する状態を満たすプロセスが、**戦略コンテクスト**のプロセスである。

　戦略コンテクストは、ミドル・マネジャーが戦略コンセプトを問い直す政治的メカニズムであり、またトップ・マネジメントに対して、成功した自律的戦略行動を事後的に理論化する機会を与える。そして、成功した自律的戦略行動は、事後的な理論化のプロセスを通じて戦略コンセプトに統合される。このように自律的戦略行動に基づく多様化が戦略コンセプトに組み入れられ、新しい秩序が形成されるのである。このように、現場からトップまでの各レベルが連携して新しい戦略を形成し、実行していくプロセスが協調されている。

　ミンツバーグ＆ウォータース（1985）も、**図表３-３-３**に示したように計画された戦略と実現された戦略を識別し、**熟考的戦略（Deliberate Strategy）**と**創発的戦略（Emergent Strategy）**という２つの概念に基づいた戦略プロセスモデルを導き出している。

　最初に計画された戦略が存在するが、これは、組織としての統一的計画、あるいは組織全体の目的を表す。その目的を実現するために熟考的戦略による戦略計画が形成される。熟考的戦略が計画どおり実行されれば、戦略は実現されたことになる。しかし、現実には計画が完全に実行されることは不可能である。戦略が完全に実現されない場合、計画には

図表3-3-3 ● 戦略プロセスにおける学習

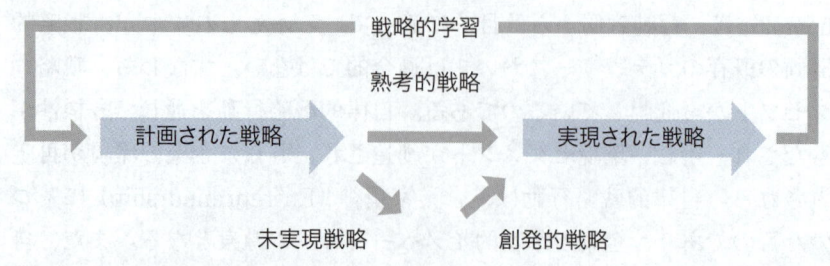

出所：ミンツバーグ＆ウォータース（1985）、p. 271

基づかない行動が形成する創発的な戦略によって戦略が実現される。

　戦略策定において、分析的なモードにおいては、熟考的戦略が特に強調され、一方で創発的なモードにおいては、創発的戦略が特に強調されると考えられるが、ミンツバーグ＆ウォータースは、どちらか一方の戦略だけを完全な形で実行することは不可能であると主張する。さらに、ミンツバーグ＆ウォータースは、創発的戦略そのものが組織の学習を意味すると指摘している。創発的戦略は、計画せざる秩序であり、熟考的戦略を変化させる手段である。組織においては、創発的戦略、つまり自律的行動による戦略形成の実験や試行錯誤を通じて学習が促進され、また、それによって得られた知識に基づいて必要に応じて計画が変更され、新しい秩序が形成される。

　このような戦略プロセスにおける戦略学習行動は、組織体に柔軟性を持たせる。すなわち、大きな変化が現れる前に、あるいはすべてのことが十分に理解される前に、実験や試行錯誤によって蓄積された知識に基づいた行動を管理することが可能となる。特に不安定な環境においては、こうした戦略学習行動は、重要性を増すことが考えられる。

第 4 節 | 分析型 vs. プロセス型戦略

学習のポイント

◆環境の不確実性が顕著な今日においては、分析・予測可能な環境を前提とする分析型戦略論の長所と短所を理解し、プロセス型戦略論の有効性を活用することが求められる。

1 分析型戦略論の限界

　分析型戦略論は、長い間、経営戦略論の中心に位置してきた。そして、経営戦略の形成プロセスに役立つさまざまな戦略モデルとより精緻な手法が開発されてきた。

　しかし、実務家の間からは、「戦略計画は役に立たない」「所詮PPMのいっていることは、非現実的で単なる数字合わせである」という声が聞かれ、分析型戦略論の限界が指摘されるようになった。そこには、こうした手法や理論の誤用もあるが、理論自体に内包される限界が存在することもまた事実である。

　その限界とは、

① パラダイムの問題

② 意思決定の仕方の問題

③ 理論の前提条件そのものの問題

④ 組織慣性の問題

⑤ モチベーションの問題

の5つの側面において考えられる。

（1）経済的合理性のパラダイム

　分析型戦略論を支える基本的な考え方は、経済的合理性の追求である。すなわち、いかにして投入を少なく、産出を最大化するか、というものである。この経済的合理性の効率（Efficiency）重視のパラダイムに従うと、経営戦略は常に計算されたリスク回避志向になってしまう。

　しかし、戦略とは、資源の有効な配分にその本質がある。戦略的に重要な部門や資源の投入が必要とされる部門には、他の犠牲も覚悟しつつ限られた資源を集中することが必要となる。それは、効率的ではないかもしれないが、「有効性（Effectiveness）」があるといえる。経営戦略では、これまでにない戦略的逸脱を図ることが重要となるが、分析型戦略に従うと、この逸脱は除去されてしまうこととなる。そして、結果的に効率に重きが置かれることで、創造性に目が向かなくなってしまうのである。

（2）問題発見より問題解決

　分析型戦略論では、伝統的な意思決定プロセスがあり、それは、代替案の探索－列挙－評価－選択という流れである。この場合には、目標は常にコスト最少化・収益極大化というように固定され、この目標達成にとっての問題が与えられる。たとえば、ROI（投資収益率）を極大化する投資代替案を選択せよというものである。その意味において、分析型戦略論は、問題解決型の理論であるといえる。

　しかし、現実に企業が最も困難であると感じることは、問題解決よりむしろ「何が問題なのか」ということである。特に、意思決定すべき対象が大きく複雑なものになればなるほど、問題そのものの探索の意義が高まる。分析型戦略では、「どうあるべきか」「何をなすべきか」を追求し、未知の問題を探索するには限界がある。

（3）安定的環境条件

　分析型戦略論は、環境が相対的に安定的であり、長期予測が可能であ

るという前提に立っている。そして、環境の構造的変化を読むよりは、表層的な変化のみに注目していればよい。しかし、今日のように環境が極度に不安定で予測不可能になると、分析型戦略の出発点である環境分析そのものが無力になってしまう危険性がある。

（4）組織の人的側面・組織慣性力の軽視

　分析型戦略論においては、あたかも1人が市場の中の1個の点としての企業を代表し、経営戦略を決定しているかのように見える。しかし、現実には、企業は複数の成員からなる組織であり、戦略的意思決定は、まさに組織のダイナミクスによってもたらされる組織的な産物である。分析型戦略を適用しすぎると、組織の硬直化を招く。分析型戦略は、通常トップダウン形式で策定・指示されるため、戦略策定を担当するスタッフにパワーが集中したり、スタッフの人数が肥大化したりしてしまい、意思決定の際にそのつどトップやスタッフの指示を受けなければならない。そのため、現場の実情に則した的確な意思決定ができなくなり、分析重視による組織硬直の傾向が見受けられるようになる。

（5）組織メンバーの動機づけの欠如

　分析型戦略論が組織のダイナミクスに配慮が低いことは、組織を構成するメンバーにも配慮が低いということになる。分析型戦略では、戦略がトップやスタッフによって策定されると、そのほかの組織メンバーは、あたかも戦略を自動的に実行するだけの部品のようにみなされる。しかし、実際には、経営戦略を策定し、実行するのは、組織メンバー全員の作業である。個々人が戦略に参画しコミットしたとき、組織は初めて有効な戦略行動がとれる。分析型戦略論では、メンバーの参画意識やモチベーションが減退し、個人の創造性も無視されているのである。

2　プロセス型戦略論の構造

　さきの分析型戦略論に対して、プロセス型戦略論は、戦略プロセスそのものを対象としている。それには、戦略が生み出されるプロセス、戦略経営計画として具体的に形成されるプロセス、そして実行されるプロセスおよび学習のプロセスが含まれる。以下では、図表３-４-１に示した経営戦略の形成および実行のプロセスに基づき、プロセス型戦略論の内容を詳細に検討する。

図表３-４-１ ● 経営戦略の形成および実行のプロセス

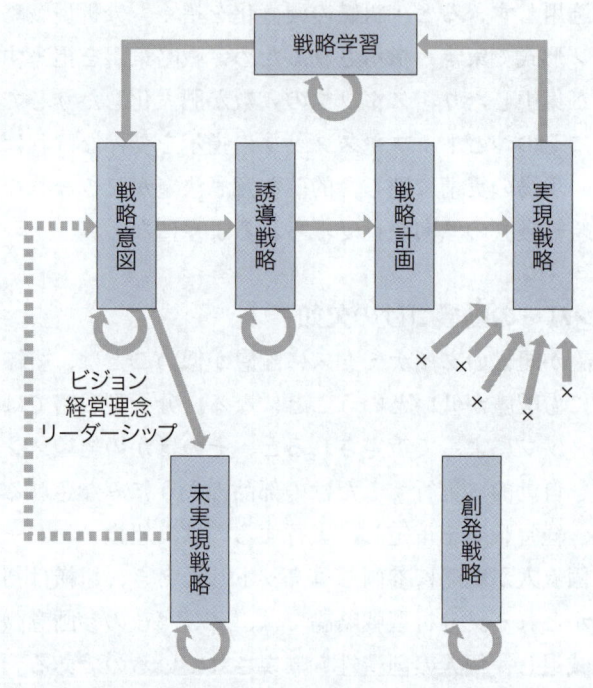

出所：奥村（1989）、p. 148 を一部改変

（1）戦略意図

　戦略形成のプロセスの最初のステップは、企業のトップが意図的に描き出すミッションやビジョンである。あるいは、その企業がそれまでの進化のプロセスから生み出してきたドメインに対する意思である。戦略意図とは、つまり、企業が「こうありたい」という将来のあるべき姿を描いたものである。戦略意図の形成もまた相互作用的なものであり、ダイナミックなプロセスである。図表3-4-1に示されているように、ビジョン、経営理念、リーダーシップの相互作用の中からビジョンへのコンセンサスができあがり、戦略意図が形成されるのである。

（2）未実現戦略

　戦略が意図したとおりに動かなかった場合、それは一般的には失敗とみなされる。ここでは、これを未実現戦略と称する。実際のところ、企業には数多くの失敗がある。失敗の主な原因としては、戦略の設計そのものに誤りがあったり、タイミングを失ったり、あるいは実施段階でのコンセンサスができていなかったこと等が挙げられる。

　未実現戦略の最大の課題は、失敗をどのように処理するかにある。失敗を隠したままにするか、あるいは失敗を次の成長の糧とするかによって、大きな違いが出てくる。前記のように、失敗にはさまざまな原因があるが、最も大きな失敗は、失敗を失敗と認識できずに同じ失敗を何度も繰り返すことである。失敗を繰り返す理由は、それが密かに撤回されたり、隠されたりするからである。

　未実現戦略を意味あるものにするためには、それを次の成長の糧とし、戦略学習のループへとつなぐことである。失敗の経験は、成功の経験よりも教訓に富むものである。

（3）誘導戦略・戦略計画

　戦略意図やビジョンの形成を受けて、それを実現するための戦略が策定される。通常、それは経営方針、あるいは長期戦略計画という形で具

現化される。しかし、プロセス型戦略論の視点からは、戦略の創発（本来意図していない偶発的な戦略行動）を促すようなガイドラインが望ましい。これを誘導戦略と呼ぶ。この誘導戦略を受けて、それを具体化していくのが戦略的計画である。

　誘導戦略を形づくる中核は、ドメインの定義とドメインの合意である。ドメイン定義は、戦略形成において最も重要なものと考えられる。なぜなら、それは企業がどこに経営資源を集中し、どのような企業になろうとしているか、ということを組織内外に伝達しているからである。こうしたドメイン定義に従って、企業は、戦略的計画を立てる。戦略的計画で必要なことは論理的・分析的なアプローチである。論理なき戦略は決して成功することはなく、偶然は続かないからである。

（4）創発戦略

　戦略を実施していくプロセスの途中で、企業はもともと意図していなかった出来事に遭遇し、それがその後の戦略に大きな影響を与えることがある。そう考えると、事前にこうした偶発的な事態を戦略に組み込むようにしておいたほうが、戦略はより環境適応的になる。このように、もともと意図しておらず戦略計画にもない創発的な戦略行動を創発戦略という。たとえば、戦略計画に含まれない非公式のテーマのもとに自主的・自発的に研究活動を行い、それが画期的な新技術や新製品の開発に結びつく場合等が例として挙げられる。

　創発戦略には、次のような2つの意義が考えられる。第1の意義は、偶然性の取り込みである。企業が戦略行動を展開する際に、さまざまな予期せぬことが発生する。そのような偶発的な出来事の中には、企業の戦略にとってきわめて重大な影響を与えうるものが少なくない。しかし、戦略的計画に偶発的な事象への対象活動を事前に盛り込むことは非常に難しい。こうした場合に、創発戦略はきわめて有効である。

　第2の意義は、組織下部からの企業家精神の発揮である。組織内部の人々は、決して単なる戦略の実行を担当するだけの部品ではない。彼ら

は、市場の奥深い情報を持つ戦略の立案者でもあり、現場を熟知している実行者でもある。人々がみずからの意思で能動的に戦略的行動をとることで、全体の戦略が完成され、組織がより活性化するようになるのである。

日本企業の場合には、現場の多くの人々が一緒になって議論し、改善活動を行い、アイデアを共有しようとする。また、さまざまな会議体により、戦略形成に巻き込まれていく。そこには、現場を巻き込むことで組織メンバーが戦略を「自分のもの」とするというきわめて重要な場が存在しているのである。

（5）実現戦略

実現戦略に至るには、企業は、誘導戦略と創発戦略の間で絶え間ない相互作用が必要となる。この相互作用のプロセスこそが、戦略が実りあるものになるのか、単なるスローガンに終わるのかといった境界である。このプロセスは、オープンな議論のプロセスである。相互作用を活性化させるためには、全員が情報を開示して十分に議論することが必要である。徹底した議論は、視点の転換も促す。組織メンバー全員が情報を共有することで、組織は、ますますその戦略の意味解釈を増幅させることが可能となる。

伝統的戦略論では、この実現戦略は、単なる目標の達成、あるいは売上高や利益の達成ととらえている。しかし、プロセス型戦略論では、それは企業のビジョンを達成するための1つのマイルストーンとなる。

（6）戦略学習

企業は、経済的活動の場であると同時に社会的活動の場でもある。企業は、社会システムとして生き物のように成長し、進化または退化する。これまで述べてきた戦略の形成および実行のプロセスもまた、社会的活動から得られる戦略学習のフィードバックによって完成される。戦略学習は、組織体が知識を吸収し、蓄積する過程でもある。

　戦略学習の最も重要なことは、経験を制度化することにある。それは、どのようなことを実行すればよいのか、どのようなことが望ましくないのかを組織メンバーが肌で知ることであり、組織文化となって体現化され、人々の日常の行動を律するものとなる。つまり、人々の日常の知識を獲得する方法となるのである。このように、組織メンバーの考え方、行動様式、態度が形成されていくことを通して、組織文化が組織学習を促進し、強化していくメカニズムとして機能するのである。

　戦略学習には、知識の蓄積だけでなく、知識の意識的な棄却（アンラーニング：Unlearning）も存在する。過去の成功体験は、学習をプラスの方向にもっていくが、それは次第に固定化するという問題を生み出す。環境が激変してしまうと、固定化された知識がかえって障害となってしまうのである。このような場合には、企業は、企業革新というきわめて難しい局面を迎えることになる。企業革新に必要な組織学習が、学習棄却である。すなわち、これまでの知識体系の前提条件を変えることで、新しい知の体系をつくり出すことが必要なのである。

3　プロセス型戦略論の有効性

　プロセス型戦略論は、今日のように環境の不確実性・不透明性がますます高まっている中で、その有効性が強調されている。プロセス型戦略論の成否は、プロセスのマネジメントにかかっている。プロセスが的確に機能できるようにすれば、多くの有効性が発揮される。その有効性とは、主に以下のものが挙げられる。

（1）あいまい性への対応

　今日、企業を取り巻く環境は、あいまい性に満ちている。先が読みにくい時代には、予測に基づく緻密な戦略的計画は、きわめて無力である。環境のあいまい性は、本質的にどのように予測しても取り除くことは不可能である。あいまい性に対処するための積極的な方法は、環境の変化を

受動的に待つのではなく、みずから環境を創造（エナクトメント：En-actment）することである。戦略の形成および実行のプロセスを通じて、環境を主体的に組み替えていくことで、そのあいまい性を克服することができる。

（2）偶発性への対応

プロセス型戦略論は、創発戦略により戦略行動にとって障害となる偶発的事象に対処することができる。組織の知恵を総動員して、偶発性そのものを組織に内包してしまうのである。日本企業は、現場の創発性が活発に働き、偶発的事象に対して有効に対処しているといえる。

（3）戦略の柔軟化

戦略が長期的に環境への適応能力を高めるためには、内部に柔軟性を必要とする。プロセス型戦略論では、ビジョンや誘導戦略は、しばしば緩やかな形で定義される。ルーズな戦略定義は、多義性を有するため、組織内に多様な解釈を生み出す。その解釈が広く相互に作用し、解釈を深めていくと、戦略の質は高まる。そして、その質が高まるほど、戦略の環境への適応能力が高まるのである。

（4）イノベーションの創発

プロセス型戦略論は、分析型戦略論よりはるかにイノベーション志向的である。分析型戦略論が演繹的でリスクを回避しようとしているのに対して、プロセス型戦略論は、むしろ当初よりイノベーションの創発をねらいとしている。イノベーションは元来、創発的なものである。企業家精神にあふれた個人が、既存の枠組みにとらわれず、リスクをかけて挑戦するところからイノベーションは生まれるのである。

（5）現場の戦略化

プロセス型戦略論は、もともと現場からの戦略の創発を目指している。

このことは、現場が必然的に戦略を自分のものと感じ、高いコミットメントと強い動機を持つことを意味している。日本企業はこれまで、この現場の戦略化には、きわめて成功してきたといえよう。現場の創意工夫による品質の向上やコスト・ダウンは、日本企業の強い競争力の源泉となっていたのである。最も現実的・実践的な情報を有するのは、現場である。現場が戦略化されれば、より高い質の戦略が湧き上がってくるのである。

以上で見たように、少なくとも現在の変化の激しい、不安定な経営環境においては、プロセス型戦略論の視点は、戦略を理解するうえで不可欠なものであるといえよう。もちろん、同時に分析型戦略論による戦略の理解も重要である。大事なのは、分析型戦略の長所と短所を理解し、そのうえでプロセス型戦略の有効性を活用する経営戦略の策定を行っていくことである。

第3章　理解度チェック

次の設問に、○×で解答しなさい（解答・解説は後段参照）。

1 | 戦略と組織の関係について考えるとき、チャンドラーのいう「組織は戦略に従う」という命題に則って検討するべきである。

2 | 戦略的計画が戦略実行と結合されるプロセスが見られるのは、たとえば戦略を集権的に策定する場合等である。

3 | 組織とは、単に構造を指すだけでなく、戦略や管理システム、理念や行動特性といった要素を包括的に指した概念である。

4 | プロセス型戦略の有効性とは、経済的合理性に基づく定量的で緻密な戦略を策定できる点にある。

第3章　理解度チェック

1 ×
「組織は戦略に従う」という一方で、戦略は一連の意思決定の累積的結果であり、その意味では「戦略は組織に従う」という考え方もできる。実際には、戦略と組織は相互に浸透し、相互依存的に機能すると考えるべきであろう。

2 ○
戦略的計画と戦略実行が結合されるプロセスをマイナー＆スタイナーは集権的、分析的計画化、戦略計画化の各プロセスで発見している。この場合には、集権的プロセスの例として考えることができる。

3 ○
ピータースによって提唱された７Ｓモデルによると、組織は単に構造だけではなく、戦略、組織構造、管理システム、人材、共有価値、行動特性、技能・技術の７つの要素を含んだ包括的な概念としての「組織体」と考えられる。

4 ×
プロセス型戦略の有効性として挙げられるのは、あいまい性への対応、偶発性への対応、戦略の柔軟化、イノベーションの創発、現場の戦略化等である。この場合の定量的で緻密な戦略策定は、むしろ分析型戦略における戦略策定であり、プロセス型戦略では、より動的かつ定性的な戦略策定において有効性が高い。

第 II 部

経営戦略の策定

事業領域の決定

この章のねらい

　本章では、企業戦略を考えるうえで、最初に行わなければならない事業領域の決定について説明する。事業領域を決定するということは、ドメインを定義することである。どのような視点からドメイン定義を行うかはいくつかの考え方があるが、主として2つのアプローチを紹介する。

　1つは市場と技術による定義であり、もう1つは顧客層・顧客機能・技術による定義である。次に将来的な方向性を示すドメインの機能的定義と、ドメイン・コンセンサスについて検討する。さらに、企業成長と資源展開に着目した成長ベクトルに基づくドメインの定義も解説する。

　戦略を策定するうえでもドメインの定義は重要であり、企業が持つビジョンとの整合性を意識しなければならない。企業理念としての固定化されたビジョンとは異なり、ドメインは常に環境に合わせて変化していくものであるという視点で、空間的・時間的・意味的な広がりを持たせることが必要である。

第 1 節　ドメインとは何か

学習のポイント

◆ドメインとは、企業が将来的に実現しようと考えているみずからの社会的使命や価値を表明する手段である。

　元来、領土、範囲、領域等を意味する「ドメイン」という言葉は、経営学では「諸環境の中で組織体がやりとりする特定領域」と定義される。つまり、企業が行う事業活動の展開領域のことである。第2章で見たように、ドメインを定義することで企業は競争を行う自分の土俵を定める。それにより、企業は自社のアイデンティティ（同一性、基本的性格）を規定することが可能になる。企業のアイデンティティが定まれば、意思決定者たちの焦点が定まり、組織としての一体感がつくられるという効果がある。

　また、経営学で使用するドメインという言葉には「現在の事業領域」に加えて、将来のまだ事業化されていない「潜在的な事業領域」という意味も含まれている。これは「戦略領域」とも呼ばれるが、ドメインを規定することにより、企業は自分の現在の生存領域を明確にし、将来の進むべき方向性をも示すことになる。すなわち、ドメイン定義とは、現在と将来を通じて企業がどのような社会的使命や社会的価値を実現しようと考えているかを、社内外に表明する基本的手段なのである。

第 2 節 ドメインを定義する次元

学習のポイント

◆ドメインを定義する方法には、市場および技術の2次元によるものと、顧客層・顧客機能・技術による3次元によるものとがある。

　では、具体的にどのような枠組みでドメインを定義すれば、経営戦略を策定するうえで有効となるのであろうか。ドメイン定義を分析的に導き出すにはどうすればよいのか。ドメイン定義の分析的導出のアプローチには2つあると考えられる。

1　市場と技術による定義

　ドメインの定義をより分析的に導出させるアプローチとして、事業領域を市場と技術の2次元で決める方法が挙げられる。

　市場あるいは顧客の軸による定義とは、共通の顧客を軸にして、その顧客に対する総合的なサービスの提供をドメインとしたものである。顧客をグループ化する次元としては、地理、社会経済階層、ライフスタイル、人口統計等がある。たとえば、日本の鉄道会社の多くは、電車を利用する沿線住民に焦点を合わせて、デパート、劇場、娯楽、住宅開発、不動産、タクシー等の事業に進出しているが、これは地理的にグループ化した共通の顧客を軸にして事業の範囲を限定しているものといえる。

　他方、技術あるいは能力による定義とは、企業の中核となる技術・能力をもとに将来のドメインを定義する方法である。多くの電機メーカー

は、自社の中核となるデバイスや製品化への技術を持っており、そのデバイスを利用できるような事業に限定した製品展開を目指している。

　ここで注意しなければならないのは、ドメインを限定された固定的な概念として定義するよりも、自社の生存領域の幅と深さを絶えず広げられる可能性を持たせたほうがよいということである。図表4-2-1に示したように、ドメインの深耕可能性は、市場の奥行き（潜在的な規模、顧客の価値・嗜好の多様性および変化の可能性）と、技術の奥行き（技術の革新および高度化の余地、関連技術の創造、他の技術との融合可能性）の組み合わせによって、さまざまに規定されることが考えられる。

図表4-2-1 ● ドメインの深耕可能性

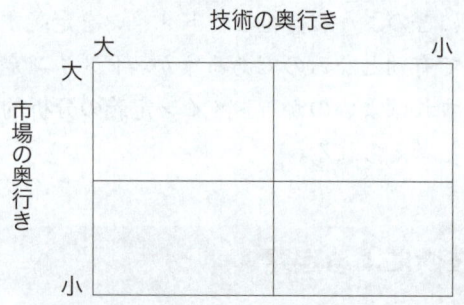

出所：石井ほか（1996）、p. 25より作成

2　3次元による定義

　エイベル（1980）は、ドメイン定義の方法として、顧客層（市場）・顧客機能・技術による3次元で事業を定義する方法を提示している。具体的には、図表4-2-2に示しているように、「どの顧客層に焦点を当てるのか」「どのような独自の経営資源や技術・ノウハウで対応するのか」「どのような顧客機能ないしニーズ（顧客が求める機能・ニーズ）に焦点を当てるのか」の3つの次元による定義である。このように事業を定義することによって、誰に（Who）、何を（What）、いかにして（How）

提供するのかという3つの軸からなる戦略領域を策定することができる。

さらに、3つの軸のうちの各2軸を見ることで、対応すべき戦略要素を規定することができる。たとえば、「顧客機能（What）」の軸と「顧客層（Who)」の2軸から、戦略的ターゲットを設定することができる。また、「顧客機能（What）」の軸と企業の「技術（How)」軸によって、製品・価格・プロモーション等を中心とする市場戦略（マーケティング戦略）を、そして「顧客層（Who)」の軸と「技術（How）」の軸との組み合わせにおいては、流通戦略をそれぞれ策定することができる。

図表4-2-2●3次元による「ドメインの定義」

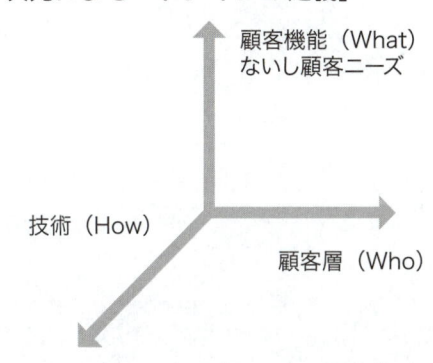

顧客機能（What）
ないし顧客ニーズ

技術（How)

顧客層（Who)

出所：石井ほか（1996)、p. 28を一部修正

このように、3次元による「ドメインの定義」を採用する場合には、顧客機能・顧客層・技術のそれぞれの次元について、競争優位性を確保するためのさまざまな戦略を展開することが可能となる。

現代のように、市場が成熟化し顧客ニーズが多様化すると、2軸によるドメイン定義では適応が難しい場合もあるが、3次元によるドメイン定義においては、1つの次元を増やすことで、その市場の複雑性や多様性に対応できるメリットがある。また、顧客層の次元を追加することによって、自社の提供するサービス・製品を利用するユーザーの顔が見えてくる。それによって市場変化への対応も迅速になり、さらに企業にと

っても自社の責任やビジョンを明確化できるといったメリットを挙げる
こともできる。

第3節 機能的ドメインの定義

学習のポイント

◆ドメインは将来にわたる展開方法を示しながら機能的に定義される。

◆ドメインは経営側と顧客・株主の間で共有され、また、環境変化に応じて再定義される。

1 機能的ドメイン定義の必要性

　ドメイン定義の重要な意義は、前述のように、現在の事業領域だけを示しているのではなく、将来の潜在的事業領域をも示していることである。したがって、企業には自社が進むべき方向を表明するようなドメインを設定することが求められる。ドメイン定義の考え方には、次の2つの方法がある。

　① 物理的定義…製品・サービスそのものの視点からなされたドメイン定義。現在の事業領域の羅列。

　② 機能的定義…製品・サービスや技術が持つ機能の視点からなされたドメイン定義。将来にわたる展開方向を示すことが可能。

　レビット（1960）によれば、製品や技術はいずれ陳腐化する可能性があり、そのため長期的に持続する市場の基本的なニーズに関連させて事業を定義する必要がある。こうした製品の陳腐化に伴って斜陽産業になる現象を「マーケティング近視眼」と呼ぶ。そのようにならないためには、ドメインの定義を物理的な定義でなく機能的な定義を用いる必要がある。ドメイン定義に必要なものは、将来的な事業の方向性であり、深

耕可能性を持つドメインの機能的な定義づけが挙げられる。

2 ドメイン・コンセンサス

ドメイン・コンセンサスの重要性を指摘したのはトンプソン（1967）であり、ドメイン・コンセンサスを次のように定義している。

「ドメイン・コンセンサスとは、組織が何をし、何をしないかということについて、組織メンバー並びに彼らと相互作用の関係にある人々の双方の期待集合を規定する」

経営者側のドメイン定義という集合と、組織構成員（顧客や株主等を含む外部環境）がそのドメインについて持っている「認識」という集合が重なり合う部分がドメイン・コンセンサスである。この重なる部分が大きいほど企業のドメインは社会的に認知されていることを示し、小さければ両者の認識に隔たりがあるというわけである。→図表4-3-1

1980年代後半より、製品ラインの拡張や多角化の推進が急激に行われた結果として、企業のドメインが見えにくくなってしまった。これを克服するために、組織構成員とのコンセンサス形成から経営理念の見直し

図表4-3-1 ●ドメイン・コンセンサス

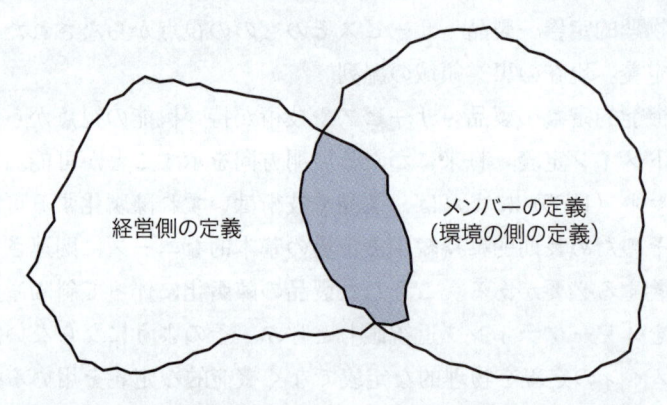

経営側の定義

メンバーの定義
（環境の側の定義）

出所：石井ほか（1996）、p. 88

や中長期経営計画の策定、ビジョンの作成等が推し進められた。つまり、企業内に漠然と共有されていたイメージを明文化し、企業像を確定するようになったのである。また、外部環境のコンセンサス形成としては、顧客や株主の認識不足や誤解を是正し、自社の企業像やドメインを正しく理解してもらうCI（Corporate Identity）活動が展開された。こうした活動を通して、自社のドメインを明確な形で表明し、社会におけるアイデンティティを確立した企業も見られた。

3 事業定義のための代替戦略

　ドメインの定義において考慮しなければならないのは、前述のようなドメイン定義のための次元において、広がり（Scope）と差別化（Differentiation）の２つの側面である。「広がり」では、どの範囲までを事業領域とするかを決定し、「差別化」では、製品やサービスの差別化をどの程度行うかを決定することが必要である。差別化では、さらに、製品・サービスそのもののバリエーションやマーケティング戦略のバリエーションという側面でも定義づけを行うこととなる。

　事業定義のための代替戦略として考えられるのは、さきのエイベルによる３つのドメイン定義の次元（顧客層・顧客機能・技術）に対して、以下の３戦略を検討することにある。

① 　特化戦略……特定の細分化されたセグメント事業に焦点を絞る。

② 　差別化戦略……事業に焦点を絞ることよりも事業内での差別化に重点を置く。

③ 　非差別化戦略……無差別アプローチをとる。

事業定義について３次元の枠組みを使って行う場合には、顧客層（市場）・顧客機能・技術のそれぞれの次元について、特化・差別化・非差別化をどのように組み合わせるかを検討することが中心課題となる。

4 ドメインの再定義

　ドメイン・コンセンサスの考えをもとにすると、環境の変化に応じてドメインも変化しなければならないことがわかる。ドメイン定義は一度行えば済むのではなく、外部環境との相互作用に応じてダイナミックに進化・革新していくものであるととらえるべきである。ドメインを再定義する際には、現在のドメイン、将来のドメインの代替案を適切に評価する必要がある。

　ドメイン評価の視点としては、以下の３つの広がりについて検討することができる。

　① 空間的広がり……狭いか広いか

　② 時間的広がり……静的か動的か（現状か将来か）

　③ 意味の広がり……特殊的か一般的か（固有か普遍か）

　空間的広がりの視点では、企業の活動領域が限定された領域にとどまっているか（狭い）、多岐にわたっているか（広い）を検討する。ここでも、機能的定義のほうがドメインの空間的広がりは大きくなる。時間的広がりでは、企業活動が現状の事業構成のみを表すものなのか（静的）、将来の事業展開の方向まで示すものなのか（動的）を検討する。意味の広がりでは、企業活動が特定の経営者に固有のものなのか（特殊的）、社会に共有されるような普遍性があるのか（一般的）を検討する。普遍性や一般性の高いドメインは、意味の広がりが大きいドメインと考えられている。

　長期的存続と成長を可能にする優れたドメインは、各次元においてある程度の広がりを持っており、空間的・時間的・意味的な発展性を内包している。しかし、これらの広がりが広すぎても適切とはいえない。なぜなら、空間的広がりが広すぎると無計画かつ非合理な多角化に陥る危険性があり、時間的広がりが広すぎると現在の事業の優位性を損なう危険性があり、意味的広がりが広すぎると企業独自の価値や存在意義が失われる危険性があると考えられるからである。

　環境変化に応じてドメインを再定義することは、言い換えれば、企業
の基本理念を保持・追求していくことでもある。企業の基本理念と成長
への意欲は、外部環境と共存し、相互に力を与え合うことにある。

第 **4** 節

資源展開としての ドメイン

学習のポイント

◆企業は、ドメインの範囲内で市場浸透、市場開発、製品開発、多角化の4方向のベクトルに向けて成長していく。

1 成長ベクトル

　次に、企業の成長という観点からドメインをとらえてみる。企業はドメインの範囲の中で事業拡大を目指し、いろいろな方向に成長しようとする。その方法として、製品・サービスの種類を増やす、市場を深耕する、拡大する等が挙げられるが、それらは基本的に企業の経営資源を背景にそれらの方向が決定される。そこで、「最適な資源展開とはどのようなものか」を念頭に置きながら具体的な成長戦略を説明する。

　アンゾフ（1965）が提唱した**成長ベクトル** Key Word では、企業成長の方向は、①市場浸透、②市場開発、③製品開発、④多角化、の4つに分類される。→図表4-4-1

Key Word

　成長ベクトル──アンゾフ（1965）によって提唱された、最適な経営資源の展開を考えるための類型モデル。市場と製品の2軸からなり、市場浸透戦略、市場開発戦略、製品開発戦略、多角化戦略の4つに分類され、それぞれにおいての戦略的指針が提示されている。

図表4-4-1●成長ベクトル

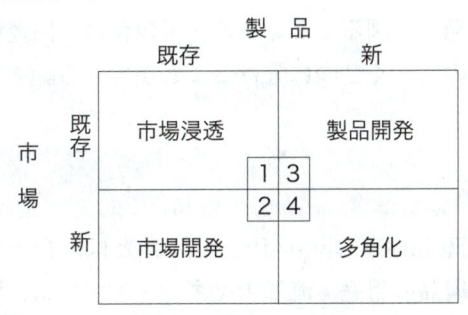

出所：石井ほか（1996）、p. 109

① **市場浸透**は、市場も製品・サービスも変えることなく成長機会を
とらえることであり、
・現在の顧客が製品・サービスを購入する頻度と量を増大させる
・競争相手の顧客を奪う
・現在製品・サービスを購入していない人を顧客として獲得する
といった方法によって成長できる。

② **市場開発**は、既存製品・サービスを新市場に導入して売上げを伸
ばすことで、
・従来、販売対象ではなかった地域に製品・サービスを投入する
・既存製品・サービスを多少手直しして新市場セグメントに投入する
等で成長を目指す。

③ **製品開発**は、現在の市場に新製品・新サービスを導入して成長す
ることで、
・新しい特徴を付け加える
・異質の製品・サービスを創造する
・大きさや色の異なる追加機種や機能を開発する
等の方法がある。

④ **多角化**は、新製品・新サービスを新市場に導入すること、新製品・
新サービスによって新市場を開拓することである。つまり、企業の

経営資源を新たな製品・サービスや市場へと拡大し、既存の経営資源の拡充・発展を図ることである。多角化は、関連型多角化と非関連型多角化の大きく2つに分けることができる。

2 多角化

関連多角化（Related Diversification）とは、企業を構成する各事業が開発技術、製品の用途、流通チャネル、生産技術、管理ノウハウ等を共有しているような多角化であり、知識やスキルを各事業間に移転することができる。一方、非関連多角化（Unrelated Diversification）は、企業を構成する各事業間にきわめて一般性の高い経営管理スキルと財務資源以外の関連性が稀薄な多角化のことである。

関連多角化の利点は、各事業の経営にさまざまなスキルを共有でき、流通システムや生産設備、研究開発の成果等の既存の経営資源を有効に活用できる点である。一方、非関連多角化の場合、共有するのは一般性の高い経営管理スキルであり、有効利用できるのは企業が保有する資金ということになる。

なお、多角化対象の事業の関連性にかかわらず、それらの事業が定義されたドメインの範囲に収まっていることは重要である。既存の経営資源のほとんどを共有できないような非関連多角化においても、明確に定義されたドメインの中で事業の位置づけがなされていることで、企業の成長や資源獲得に大いに貢献しうる事業はある。他方、関連多角化により既存の経営資源の多くを共有できるが、ドメインに含まれることのない事業を行うことで、結果として企業のドメイン自体を不明瞭にしてしまい、成長の方向性が失われてしまった企業もある。このことからも、多角化の基準は既存の経営資源ではなく、あくまでもドメインを中心に考えるべきであることが理解できる。

第4章　理解度チェック

次の設問に、○×で解答しなさい（解答・解説は後段参照）。

1 | ドメインとは「現在の事業領域」という意味であり、将来的な事業領域や潜在的事業領域は意味に含まれない。

2 | ドメインの具体的な定義方法としては、市場・顧客機能・技術の3つの次元から事業を定義する方法がある。

3 | ドメイン・コンセンサスの手段としては、主に組織内部の構成員に向けたCI活動等が挙げられる。

4 | 市場開発戦略において重要なのは、マーケット・シェアの増大であり、競争相手の顧客を奪う戦略をとることである。

第4章　理解度チェック

解答・解説

1 ✕
経営学におけるドメインとは、現在の事業領域に加えて将来的に含まれる可能性があるような潜在的な事業領域という意味も含まれる。ドメインの定義とは、こうした将来を含めた企業の方向性を企業内外に明示する基本的手段である。

2 ◯
エイベルによるドメイン定義とは、顧客層（市場）・顧客機能・技術という3次元によって、誰に、何を、どのように提供するかを明確にすることである。これにより、それぞれの機能において競争優位性を確保する戦略の策定が可能になる。

3 ✕
ドメイン・コンセンサスの手段としてのCI活動は、企業内部に向けたものにとどまらず、企業外部の利害関係者に向けた自社の企業像やドメインの正しい理解のための情報や知識の提供でもある。

4 ✕
マーケット・シェアの増大や競争企業からの顧客奪取は、主に市場浸透戦略において重要な役割となる。市場開発戦略においては、むしろ既存製品を新たな市場に投入することで、新たなセグメントの顧客を獲得することが重要な役割として考えられる。

コア・コンピタンスの決定

この章のねらい

　本章では、企業の中核能力であるコア・コンピタンスについて考えていく。コア・コンピタンスの概念に先立ち、まず企業における経営資源とは何かを解説する。特に、見えざる資産としての知識やナレッジ・マネジメントについて、その理論の成り立ちを詳細に検討する。そして、経営資源の中でも資源展開に関する議論として、PPMについてその概念を整理する。

　次に、こうした分析的手法では測ることのできないプロセスや創発的行動に着目した能力ベース経営、さらに企業の中核能力として注目されるコア・コンピタンスについて詳細を取り上げる。コア・コンピタンスとは、「企業の持続的な競争優位の源泉であり、他企業によって模倣・複製・代替されにくい企業特有の資源や能力」と定義される。優れた業績を示す企業の多くは、自社の資源にコア・コンピタンスを確立している。さらにそうしたコア・コンピタンスに変わる近年の新たな概念として、ダイナミック・ケイパビリティについても解説していく。

第 1 節　経営資源とは何か

学習のポイント

◆経営資源には人的資源、物的資源、財務資源、情報的資源の
４つが挙げられるが、なかでも情報的資源が重要である。

　経営戦略の基本的なプロセスとして、環境分析と自社分析を行うことが挙げられる。まず環境分析を行うが、これは一般的には人口・経済的・技術的・社会文化的・政治的要因等がどのように変動するかを分析し、予測することである。

　環境分析の次に自社能力の分析、つまり自社の経営資源、強みや弱みの分析を行う。具体的には自社の経営資源とスキルを検討し、有効な経営戦略の基礎となる強みと競争相手につけ込まれそうな弱みの克服法を考える。その際に必要となるのが、経営資源の分析である。経営資源には可変的資源と固定的資源の２つのとらえ方がある。

①　可変的資源とは、必要に応じて市場から調達できる資源
②　固定的資源とは、保有量を増減させるのに時間がかかり、その調整に相当のコストがかかる資源

さらに、固定的資源には次の４種類が挙げられる。

①　人的資源……研究者、エンジニア、熟練工等
②　物的資源……ビル、工場、設備等
③　財務資源……自己資金、負債能力、含み資産等
④　情報的資源…のれん、スキル、ノウハウ等

　これら４種類の経営資源のうち企業の個性の源泉ともなる情報的資源は、重要である。情報的資源は、市場取引の可能性がきわめて小さく、

戦略の展開とともに生み出され、この生み出された資源は、既存の情報的資源と組み合わされて新しい能力を形成するというダイナミズムを生じさせる。

第 2 節 | 見えざる資源

学習のポイント

◆情報的資源は評価の難しい「見えざる資源」である。

◆情報的資源の中の環境情報と情報処理特性は「知識」として
企業に蓄積され、さまざまなレベルやタイプに分類できる。
それらは商品となって価値や利益を生み出すことにつながっ
ている。

　4つの経営資源の中で評価することが難しいのは情報的資源といえる。
これは一般に「見えざる資源」と呼ばれ、企業の独自性がきわめて高い
資源である。見えざる資源と呼ばれる情報的資源は、事業活動によって
いままでになかった情報が蓄積されるという意味で、まさに生み出され
る資源であり、こういった情報の蓄積がその後の事業展開の基盤を形成
するという意味で、非常に重要である。

　情報的資源の性質には次の3点が考えられる。

① 自然蓄積性があり、戦略の実行により経験効果が生まれ学習能力
　 が向上する。

② 多重利用可能性があり、資源ダイナミズムを生み出せるかどうか
　 が企業の成長にかかってくる。

③ 消去困難性があり、アンラーニング（学習棄却）の難しさが焦点
　 となる。

　経営資源の活用において、その利用能力が企業のコンピタンス（能力）
となる。一方、経営資源が負債となってしまう可能性も考えられる。た
とえば、かつてメーカー等が持っていた販売系列店は、ある時期まで貴

重な経営資源であったが、流通革命によって重荷になってしまった。こうしたことから、経営資源をうまく利用する能力には、不利な経営資源を有利な資源・資産に転換する能力や、資源を持たないことを生かす能力等も考えなくてはならない。

　情報的資源には、環境情報、企業情報、情報処理特性の3種類がある。環境情報とは、市場や技術についての企業の日常的活動を通じて得られるもの、企業情報とは、ブランド・イメージ、信用、ノウハウ等といった企業のよい情報（グッドウィル）、情報処理特性とは、メンバーの志向、価値観、モラールの高低、企業家精神の大小等が考えられる。これら3つの情報のうち、環境情報と情報処理特性は「知識」となって「蓄積」されると考えられる。知識と行動様式の体系は、企業の直接影響下にある経営資源である。組織は、蓄積と改善を通して学習し、これが組織学習となり経験効果やシナジーとなって現れる。

　「知識」は、「知識資源」として情報的資源や人的資源と重なる部分が少なくないものの、これらとは異なる質のものとして位置づけられる。たとえば、情報的資源はフロー型の資源管理が基本である。同じ情報システムであっても情報的資源の場合には、データ収集や処理を目的とした情報システム費用（ソフトウェア費用等）を計上する。しかし、情報的資源を知識資源として考えた場合、ストックあるいは知的資産としての情報システムの価値に注目することになる。

　組織内の知識には、いくつかのレベルやタイプがあり、相互に関連している。

① イノベーション……独創的技術開発（革新的技術）における知識
② 製品開発等における価値・概念（コンセプト）としての知識
③ ソフトウェア、サービスをはじめとする知識としての製品（商品）
④ パテント等の知的財産（知財）
⑤ 製品・サービスの創造にかかわる広範な知識（開発技術、特定ノウハウ等の知的資産の蓄積）
⑥ 組織体が環境を認識し、情報を獲得・処理し、意思決定する「知

的基盤」としての知識

⑦　顧客の有する知識の共有と共同創出される新たな知識

⑧　企業間の連携に基づく知識の共有と共同創出される新たな知識

　企業活動は以前から知識と深くかかわってきた。たとえば、商品の本質は知識であり、それが以下の例に示されるように具現化されてきた。

①　薬品の治療処方は、伝統的知識だけでなく、科学的な研究に基づく知識を具現化している。

②　アイロンは、「磨いた金属板を熱して布にあてるとしわが消える」という知識を道具化した。

③　コンピュータのソフトウェアは、情報処理手順についての知識をコード化・プログラミングした。

④　製品レシピやサービスマニュアル等は、記述可能な商品の製法知識である。

⑤　ホテル等のサービス業は、サービス行為（ホスピタリティ）そのものが人間的知識に裏づけられた知識・ノウハウの体系である。

　すべてが利益に還元される知識であるが、知識は本来、無形・不可視の存在であり、人間の内部に属する。そこで製品やサービス、または情報が媒介となり、企業と顧客の間で伝達・交換・共有されるようになった。知識の運び手である商品によって、価値や利益を生み出す事業活動もさまざまな知識に支えられて成立している。経営活動は、こうした「知識の集合体」として理解することができる。

第3節 ナレッジ・マネジメントと知識創造理論

学習のポイント

◆知識の創造・移転・活用といったプロセスを組織的かつ戦略的にマネジメントするという考え方や、そのためのしくみ・経営手法をナレッジ・マネジメントという。

◆知識とは、新しい経験や情報を評価し、自分のものとするための枠組みを提供するものである。

◆実践共同体とは、あるテーマに関する関心や問題、熱意などを共有し、その分野の知識や技能を持続的な相互交流を通じて深めていく人々の集団である。

1 ナレッジ・マネジメント

本章第2節で見たように、「知識（Knowledge）」は経営戦略においてきわめて重要な経営資源と考えられている。経営学において知識という概念に明示的に着目した先鞭となる研究が、野中・竹内（1996）による「知識創造企業」である。野中らは、情報と比べより属人的かつ内在的で、顕在化することが難しい知識に焦点を当て、その知識を創造するプロセスこそが企業の持続的な競争優位を生み出す源泉であることを明らかにした。

知識という観点から企業を考えてみると、これまでの生産母体や利益集団などといったものとは違った企業の解釈が可能となる。コグート＆ザンダー（1992、1996）は、知識社会における企業とは「よりすばやく

効率的に知識を創造・移転させることに特化した社会的コミュニティ」と定義されるべきであるとし、そうした知識創造のコミュニティとしての企業の経営において最重要課題となるのは、いかに効率的かつ有効に組織内に点在する個人の知識を共有化し、新たな知識を創造するプロセスを駆動させるかという点である、と指摘している。

このように知識という観点から企業経営や組織を理解し、知識の創造・移転・活用といったプロセスを組織的かつ戦略的にマネジメントするという考え方、またそのためのしくみ・経営手法が、**ナレッジ・マネジメント（Knowledge Management）**である。

ナレッジ・マネジメントが重要となってきた背景として挙げられるのが、情報技術のめざましい進歩である。過去においても、業務における情報技術の利用は、たとえばエキスパートシステムなどといったさまざまな形で実践されてきたが、その多くは有効に活用されてはこなかった。それは、システム自体が技術的に未成熟であったことに加え、システムに集積されたデータや情報が実際に経営の現場で必要とされているものではない、単なるデータや情報の集合にすぎなかったからである。ナレッジ・マネジメントはこうした問題に対して、「知識の集積と利用」という新しいアプローチを提示した。それにより企業は、自社にある膨大なデータや情報を自社にとって重要となる知識の体系化（知識モデル）という視点から解析し、さまざまな情報技術によってその知識を処理・蓄積・利用できる機能を提供するという、知識を核とした情報システムの再構築が試みられるようになったのである。情報技術の進歩はそうした知識の集積を飛躍的に高速化・低コスト化し、現在ではより完成度の高いナレッジ・マネジメント・システム（Knowledge Management System）の開発が進められている。

2　知識創造理論

本節**1**で述べたように、ナレッジ・マネジメントへの関心の契機とな

った研究が、野中らによる知識創造理論である。知識創造理論において、知識とは「正当化された真なる信念（Justified True Belief）」と定義される。すなわち、内省により身についた体験や価値観、専門的な洞察（insight）など個人に深く根ざした全人的なものであり、「新しい経験や情報を評価し、自分のものとするための枠組みを提供するもの」と考えられる。そうした個人的・主観的な信念が、社会的・客観的な組織との間で行われる相互作用を通して正当化されていくプロセス、それが知識創造活動である。

知識の形態は、大きくとらえて暗黙知と形式知（明示知）の２つの次元に分けられる。暗黙知とは、個人的かつコンテキスト依存的で明示することや伝達が難しい、経験に根ざした主観的なものである。一方の形式知とは、いわばコード化された知識であり、形式上の体系的言語で伝達しうる知識である。具体的にいうと、暗黙知とは信念やものの見方、熟練、ノウハウなどであり、形式知はドキュメントや資料といった情報技術を活用して参照や蓄積が可能な言葉や文章で表現されうるものである。

暗黙知と形式知は相互補完的な関係にあり、人間の創造的活動において相互作用し、相互循環する。この相互のダイナミックな働きを「知識変換」と呼び、知識変換を通して知識は創造され広がっていく。知識変換には、何が何に転換するかに応じて４つのモードがある。それをモデル化したものが「SECIモデル」である。→図表５−３−１

共同化（Socialization）とは、同じ空間や時間を共有化し、共体験を通してある人の暗黙知が他者の暗黙知へと転換される、共有されたメンタルモデルなどの暗黙知を創造するプロセスである。具体的には、OJTなどによって先輩社員の仕事のやり方を観察・模倣・訓練することで、新人社員が仕事を体得するプロセスなどの事例が挙げられる。暗黙知を形式知へと変換し、暗黙知を明確なコンセプトや言語で表現するプロセスを表出化（Externalization）と呼ぶ。現場の熟練労働者が体得している技術をマニュアルに落とし込もうとするプロセスなどが例として挙げられる。連結化（Combination）は、形式知を組み合わせるプロセ

図表5-3-1●知識変換のSECIモデル

出所：野中・竹内（1996）より作成

スでコミュニケーションなどを媒介として行われる。例として、従業員が個人的に持つ情報をデータベース化し、組織全体で共有するプロセスなどが挙げられる。形式知を暗黙知へと変換し、形式知を行動による学習（learning by doing）などで体化するプロセスが内面化（Internalization）である。企業における社訓や社則の読み合わせなど、徹底的に繰り返すことで当たり前のこととして物事に取り組むことなどが内面化の典型的な事例である。このSECIモデルの4つのモードからなる知識変換の連続的な相互作用（知識スパイラル）が繰り返されることによって知識が創造され、さらに個人から集団、集団から組織へと広がりを持つことで、その創造活動が促進されていく。

　知識創造のプロセスが明らかになったことで、知識は初めてマネジメントされうる経営資源として認識されるようになった。この点こそが企業経営に対する知識創造理論の最大の貢献であり、その後のさまざまなナレッジ・マネジメントに関する研究や手法の布石となる重要な理論と位置づけられる理由と考えていい。

3 実践共同体

　ナレッジ・マネジメントにおいて重要となるのは、知識そのものの管理ではなく、知識を創造し共有するためのしくみづくりである。特に暗黙知の共同化などにおいては、組織内のメンバー間の緊密なコミュニケーションや対話を促進するしくみが必要不可欠である。そうした「人々がともに学ぶしくみ」として注目されたのが、ヴェンガーら（2002）によって提唱された実践共同体（Communities of Practice）である。実践共同体とは、あるテーマに関する関心や問題、熱意などを共有し、その分野の知識や技能を持続的な相互交流を通じて深めていく人々の集団、と定義される。こうした集団自体は多くの企業において目にすることができる。だが、その一方でそれを積極的に活用しようとする企業は決して多くはない。実践共同体の考え方は、こうした組織に点在する集団を知識創造のための社会的枠組み・共同体として見直し、それを育成し発展させることで企業の組織能力を高めていくという、組織戦略的な視点による共同体の役割の重要性を示唆している。

　実践共同体には多様な形態が見られるが、基本構造として、①一連の問題を定義する知識領域、②領域に関心を持つ人々の共同体、③人々が知識領域内で効果的に仕事をするために生み出す共通の実践（手法や基準）、の３つが挙げられる。この３つの要素がそろうことで、実践共同体は知識を創造する集合として機能するのである。

第4節 PPM（プロダクト・ポートフォリオ・マネジメント）

学習のポイント

◆PPMは、経営資源の効率的な利用のためのツールである。資金的資源配分についての指針を示し、組織構成員のとるべき行動をわかりやすいものにするといった利点もあるが、欠点もある。

　経営資源の効率的な利用のための事業策定ツールとして、PPM（Product Portfolio Management）、あるいは戦略策定のためのポートフォリオ・アプローチが考え出された。企業の保有する事業は、ライフサイクルの段階、属する業界の魅力度、および相対的マーケット・シェアによってそのキャッシュ創出能力が異なる。今日の多角化企業は、異なる事業を多く持っており、全社的にそれらの異なる事業の組み合わせのもとで、いかにキャッシュフロー最適化を生み出すかが戦略上の大きな課題となる。つまり、どの事業の投資を拡大し、どの事業を現状維持とするのか、またどの事業から撤退するのかといった事業の組み合わせが重要である。そのため、企業は選択的に自社の保有する事業をスクリーニングし、資源の重点配分を図る。こうした資源の重点配分という戦略課題に対して、分析的な最適解を求めるための手法がPPMモデルである。

1 PPMモデル

　PPMモデルでは、事業あるいは製品・サービスに関する資金の流出は「年間市場成長率」、資金の流入は「相対的マーケット・シェア」の組み合わせによって決まるとされる。PPMモデルにおける基本概念は、SBU（Strategic Business Unit）である。さきに述べたように、SBUであるための条件としては、

① 単一事業であること
② 明確に識別されるミッションを持つこと
③ 独立した競争相手を持つこと
④ 責任ある経営管理者を持つこと
⑤ 一定の資源をコントロールすること
⑥ 戦略計画から恩恵を被ること
⑦ 他事業と独立して計画ができること

等が挙げられる。

　PPMの分析ステップは、大きく分けて次の2段階である。

① 主要事業を識別する。
② 各SBUを収益性、成長性、資金フローの点から評価して、資源配分する。

　「花形」に位置づけられる事業は、利益率が高く大きな資金流入が見込めるが、その一方で成長のための先行投資も大きい。「花形」となっている事業は、いずれ「金のなる木」になりうる可能性を持っている。それと同時に、「金のなる木」に位置づけられる事業の利益は、次の「花形」事業となる「問題児」育成のための資金源でもある。「金のなる木」は、実際に資金の流入があり、企業を支える重要な資金源となる。強い「金のなる木」に位置づけられる事業は、主要な競合他社に対し、通常1.5以上の相対的マーケット・シェアを持つことが必要とされる。「問題児」は、投資して「花形」にするか、放置して「負け犬」にするか、いずれかの選択を迫られる事業である。「問題児」を「花形」事業とするためには、シ

図表5-4-1 ● PPM

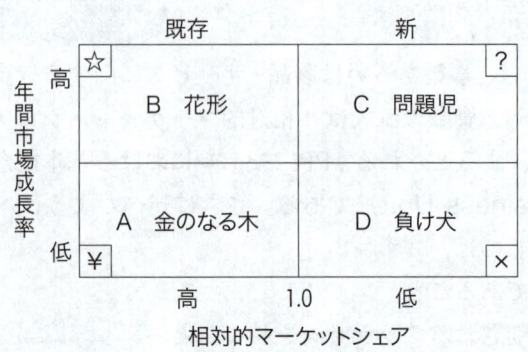

出所：石井ほか（1996）、p. 103

ェア拡大や競争優位性をいかに改善できるかにかかっている。「負け犬」は、収益性も低いが資金流出も少ない事業である。→図表5-4-1

　この場合、4つの事業は一般に次のようなプロダクト・ライフサイクルが描ける。つまり、「金のなる木」は成熟期にあって高マーケット・シェアを有し、「花形」は成長期にあって高マーケット・シェアを持ち、「問

図表5-4-2 ● 4つの事業とPLC（プロダクト・ライフサイクル）の関係

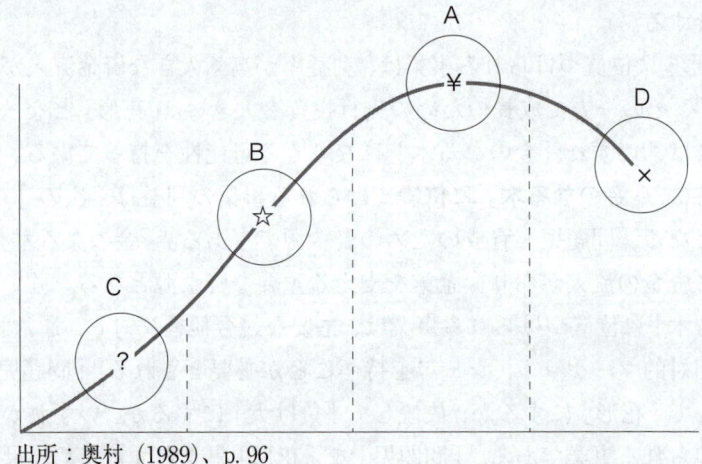

出所：奥村（1989）、p. 96

題児」は新規事業に見られるもので高成長分野であるが、まだ相対的市場シェアは低い状況にある。そして「負け犬」は衰退期の低マーケット・シェア事業と考えられる。→図表5-4-2

2 ポートフォリオ・マネジメント

　ポートフォリオの基本的な概念とは、安全性や収益性を考えた資金（限られた資金）の集中と選択的分散投資を行うことである。PPMに置き換えて考えると、「金のなる木」を資金源とし、資金配分において「花形」や「問題児」に資金を集中する一方、「負け犬」や有望ではない「問題児」を切り捨てる選択を行うことである。このような考え方によると、SBUのとるべき選択肢は4つある。

① 拡大せよ（Build）……「問題児」を「花形」にする。シェア拡大
② 維持せよ（Hold）……「金のなる木」の維持。シェア維持
③ 収穫せよ（Harvest）……短期資金の流入。弱い「金のなる木」「問題児」「負け犬」
④ 撤退せよ（Divest）……「負け犬」「問題児」

　PPMモデルによる企業戦略策定のカギは、「金のなる木」から十分な資金を得て、「問題児」を「花形」事業へと育成することにある。資金がなければ「花形」は「負け犬」になってしまい、「花形」がなければ「金のなる木」は、いずれ「負け犬」となってしまう。企業がコンスタントに成長しようとし、かつ同時にその成長のために経営資源を最適に配分するためには、「金のなる木」から資金を「問題児」へ集中的に投入し、その「問題児」を「花形」へと移行させる必要がある。そして、「花形」はシェアを維持するために絶えず利益を自己還流させることで、市場の成熟化に備える。成熟化の段階の「花形」は、「金のなる木」へと移行し、新たな資金供給源として企業を支える柱の事業となる。この循環は、「今日の商品（金のなる木）」→「あさっての商品（問題児）」→「明日の商品（花形商品）」と呼ばれることもある。こうした循環ができれば、

図表5-4-3 ● PPMのライフサイクル

(1) 成功の循環

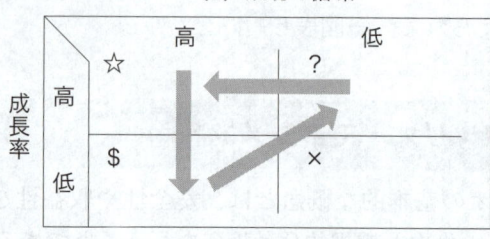

(2) 失敗の循環

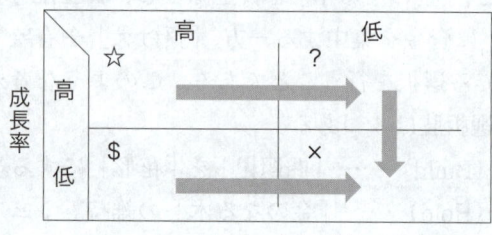

マーケットシェア

出所：石井ほか（1996）、p.106

企業は、常に資金の最適配分を達成しながら長期的な成長が図れることになる。→図表5-4-3

3　PPMの戦略効果

　これまでに見てきたPPMのモデルやライフサイクルから、以下のような戦略的指針が得られる。

① 企業には十分な大きさの「金のなる木」が必要である。これこそが成長のための資金源であり「問題児」育成につながる。

② それぞれの事業のバランスが必要である。「問題児」が異常に大きくなれば、企業は途端に資金不足に悩むことになる。

③ 個別の事業戦略に役立つ。企業全体の戦略的な観点から、個々の

事業はそれぞれ部分最適化を目指す行動をとる必要がある。つまり、「金のなる木」の事業は、収穫を目的とした事業戦略を組み、「花形」は、現在のシェア維持を目的とした事業戦略を、「問題児」は、成長を目的とした戦略を、「負け犬」は、撤退を目的とした事業戦略を組むことである。

　さらに、PPMが果たす役割として挙げられるのが、企業の経営戦略を公式に記述したことで、組織の構成員にとって誰にでもわかりやすいものにした点にある。本来、経営戦略は、トップ・マネジメントの占有事項であったが、PPMによって戦略が概念化され理解しやすくなり、人々はその枠組みに従った下位活動がとれるようになった。戦略と個人行動のベクトルがそろうことで、戦略の実施がスムーズに展開できるようになったのである。

4　戦略事業計画グリッド（GEのビジネス・スクリーン）

　ゼネラル・エレクトリック（GE）社は、マッキンゼー社（McKinsey & Company）のコンサルティングのもとにポートフォリオ・アプローチを導入し、SBUの組織体制を強化した。その際、BCGが開発した4セル・モデルでは、単純すぎる、各次元の高低の間に中位レベルがある、成長率は産業全体の魅力度を示すには不十分である、等の欠陥があると批判し、それを克服すべく9つのセルからなる戦略事業計画グリッド手法（GEのビジネス・スクリーン）を開発した。

　事業スクリーンは、産業魅力度と事業強度の2次元で構成されるが、それぞれの次元は異なるウエートを持ついくつかのインジケータからなる複合測度になっている。産業魅力度は、市場規模、市場成長率、利益マージン、競争度、循環的変動性、季節性、規模の経済性、学習曲線等のすべての要素が、異なるウエート付けがなされた後、平均値で表される。その尺度は、高・中・低の3段階で評価される。同様に、事業強度は、相対的マーケット・シェア、価格競争力、製品の質、顧客／市場の

図表5-4-4 ● 戦略事業計画グリッド（GEのビジネス・スクリーン）

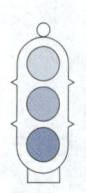

緑信号（投資／成長）高い全体魅力度
黄信号（選別／維持）中程度の全体魅力度
赤信号（収穫／分離）低い全体魅力度

相対的マーケット・シェア
価格競争力
製品の質
顧客／市場の知識
販売効率
地理的カバリッジ

事業強度

	強い	平均	弱い
高			
中			
低			

市場規模
市場成長率
利益マージン
競争度
循環的変動性
季節性
規模の経済性
学習曲線

➡ 産業魅力度

（注）この図はSBUが4つある例である。円の大きさは産業の規模、円の白の部分はSBU
におけるマーケット・シェアである。

出所：石井ほか（1996）、p.107

知識、販売効率、地理的カバリッジ等の複合測度であり、尺度は、強い・
平均・弱いで評価される。→図表5-4-4

5　ポートフォリオ・アプローチの問題点

　PPMは世界中の多くの企業が採用し一世を風靡（ふうび）したが、その一方で欠
点もいくつか指摘されるようになった。以下に主なものを示す。

　①　成長予測が不正確であること。あるSBUの採用する戦略は、その

SBUの相対的マーケット・シェアに依存している。そのSBUの属する市場の成長性の予測が間違っていた場合には、策定された戦略によっては致命的な損害を被ることになる。

② SBUと事業部とは異質のものであること。この点は混乱を招くが、しばしば現行の事業部をそのままSBUとしてしまうことがある。SBUの範囲や基準が明確ではないため、定義づけが困難である。

③ コントロール・システムが不整備であること。SBUのポジションの違いは、そのまま評価やコントロール、報酬体系の違いを示している。本社によるコントロール・システムがきわめて複雑になりやすい。

④ 成熟事業を軽視していること。PPMでは「金のなる木」に該当するSBUは、他のSBUの重要な資金源である。そのため、収穫を目的とした戦略が組まれるが、実際に成熟事業かどうか判定しづらい。品質と機能の向上により、成熟事業の活性化が可能である。市場は常に変化しており、収穫戦略は、ときとしてタイミングを誤ってしまう。

⑤ シナジーが欠如していること。複数事業を有する企業には、事業間に高いシナジーが存在する。お互いの事業の間に相互補完、相互強化の関係がある。それは資金のみでつながった関係だけでなく、技術、マーケティング、生産等において重要な関連性がある。この点に関してPPMにおける配慮は低い。

ポートフォリオの考え方は、資源の重点展開の思考ツールとして有効であっても、あまりに机上分析のみが先行すると「分析マヒ症状」になりかねないため、注意が必要である。そして、実際にこのPPMの手法を導入した企業のいくつかは、PPMの利用をやめたり、自社に合った形での限定的な利用にとどめて運用上の工夫を行ったりしている。

第 5 節 コア・コンピタンス

学習のポイント

◆企業組織の競争力や創造力の基盤となる能力が、コア・コン
ピタンスである。

◆わが国で伝統的に採用されてきた「能力ベース経営」という
方法論は、資金だけでなく人的資源の配分にも目配りし、競
争のベースを最終製品でなくその根底にあるコンピタンスの
構築に置くことが特徴である。

　PPMを中心とする分析型戦略論は、一貫して経営の合理的側面に焦
点を当ててきた。しかし、長期的なデザインから短期的な行動を演繹的
に導き出すという方法は、分析可能な環境下、すなわち安定的で変化の
少ない環境でのみ有効である。それでは、不確実性の高い環境下ではど
のような戦略が有効であろうか。

　多くの成功した日本企業を見てみると、PPMに基づく合理的な戦略
行動よりもむしろ短期的な行動を積み重ね、試行錯誤しながら帰納的に
戦略を生み出してきた。これをヒントとして1980年代末から経営戦略
を組織内のプロセスとしてとらえ、そのプロセスの中から生じる創発的
行動に着目する「プロセス型戦略論」が生まれた。このプロセス型戦略
論の中核理論として、かつて能力ベース経営（Competence Based
Management）が考えられたこともあった。

　ピータース＆ウォーターマンは、著書『エクセレント・カンパニー』
（1983）において超一流企業に共通する特徴を指摘している。そこでは、
優良企業は人々と行動を重視し、分権的な組織と自由度の高い価値観の

共有（企業文化）に基づくマネジメントを行っている、と結論づけている。これは、分析的戦略論の演繹的かつトップダウン的な経営手法とは相反する。しかしその後、これらのエクセレント・カンパニーは競争優位の基盤を持続的に維持できなかった、という議論が沸き起こった。これを問題意識として、「コア・コンピタンス」（ハメル＆プラハラード、1995）という概念が注目を集めた。

　企業組織の競争力・創造力の基盤となる能力のことを**コア・コンピタンス**と呼ぶ。コア・コンピタンスの3つの条件は、

①　多様な市場へのアクセスを可能にすること
②　最終製品が消費者利益に貢献すること
③　競争相手が模倣しにくいこと

である。コア・コンピタンスの具体的な内容としては、企業の技術、スキルや資源、組織文化、他組織との友好的な関係の維持、といったものが指摘されている。要するにコア・コンピタンスとは、「企業の持続的な競争優位の源泉であり、他企業によって模倣・複製・代替されにくい企業特有の資源や能力」を意味する。

　ハメル＆プラハラードは、企業を**ビジネス・ユニット**、**コア製品**、コア・コンピタンスの三層でとらえる。コア・コンピタンスとは、企業の競争の主役となる製品の背後に存在する企業の持つ核となる能力である。他社に対して圧倒的に優位な企業の独自能力の集合である。ここでは企業が大きな木にたとえられる。幹と大きな枝は核となる製品（コア製品）であり、小枝はビジネス・ユニット（事業）、葉、花、果実は最終製品（ラインアップ）である。そして、成長や生命維持に必要な養分を補給し、安定をもたらす根の部分がコア・コンピタンスであるといえる。→図表5-5-1

　さらに、彼らは企業の競争優位をコア・コンピタンスの喪失と確立によって説明する。競争の基本は目に見える果実の部分（最終製品）ではなくて、目に見えないコンピタンスの競争であり、どのくらいしっかりした根を持っているかが企業の競争優位を決定すると主張した。

図表5-5-1 ● コンピタンス、競争力の源泉

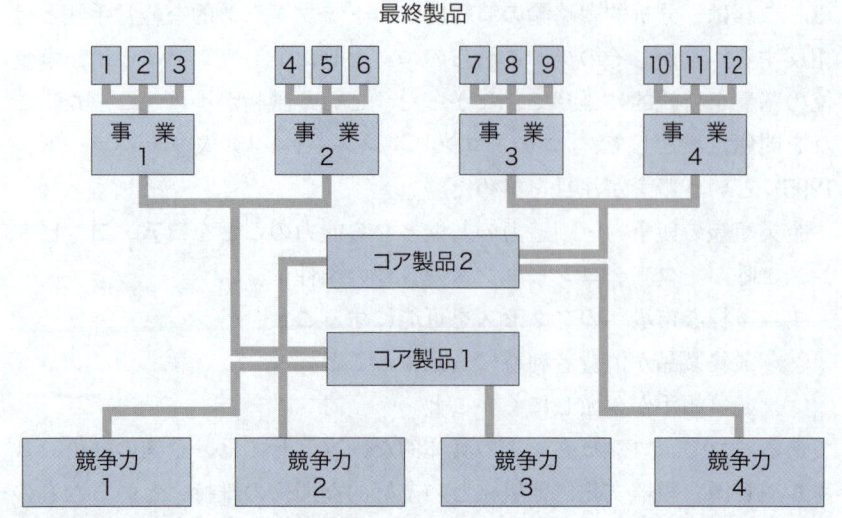

企業は樹木のように、根から成長する。コア製品は、競争力に育てられてビジネス・ユニットを生み、さらにそれが最終製品として結実する。

出所：石井ほか（1996）、p.212

　ここで、PPMの分析単位であるSBU（戦略事業単位）とコア・コンピタンスを比較することにより、能力ベース経営を整理しよう。

　PPMは、SBUをもとに資源の配分を決定する管理手法である。おのおのSBUは、戦略的意図を持つ行動単位として自主性が保証され、産業や市場の魅力度と自社の強度を軸にとったマトリックス上に各SBUをプロットすることで全社的な戦略的重要性と資源配分が決められる。しかし、PPMにはいくつかの問題点があることもさきに指摘した。第1に「負け犬」事業であるからといって無差別に撤退してしまうことにより、将来の戦略において重要な役割を果たすことになる基幹技術が喪失するおそれがある。また、マトリックスを眺めているだけでは、新たな成長機会となるべき事業を見いだすことはできない。PPMは、短期的収益の最大化のためのフレームであり、長期的な成長とその具体的な事業展開

図表５-５-２ ●企業の２つの概念（SBUとコア・コンピタンス）

	SBU	コア・コンピタンス
競争の基本	最終製品での競争	コンピタンス構築による企業間競争
企業構造	製品－市場条件によるビジネス・ポートフォリオ	コンピタンス、コア製品および事業のポートフォリオ
ビジネス・ユニットの地位	自主性が不可侵：SBUは現金以外すべての他の資源を所有	SBUはコア・コンピタンスの潜在的保有資源の１つ
資源配分	個別事業が分析単位、資本を事業ごとに配分	事業とコンピタンスが分析単位、トップ・マネジメントが資本と人材を配分
トップ・マネジメントの付加価値	事業間の資金分配の調整を通じて企業収益の最適化を図る	戦略設計図の体系化と将来の保証のためのコンピタンスの構築

出所：石井ほか（1996）、p. 213

の構想は、その分析からは見えてこない。

　これまでの資源展開の理論に決定的に欠けていたのは、その企業の競争力の構築と成長力の持続のために真に必要な事業は何で、それをいかに伸ばすかという考察の部分である。そして、その考察に効果的な判断指標となりうるのがコア・コンピタンスである。→図表５-５-２

　コア・コンピタンスの概念で考えると、SBUはコア・コンピタンスが潜在的に保有する要素の１つである。SBUは、その成長に伴い独特の能力を持つようになる。しかし、そのことがSBUの欠点にもつながる。それはSBUが存在することで、独特の能力の源泉である人材を自分の事業の所有物として抱え込んでしまうことがある。このことからもわかるように、能力ベース経営では、資金的資源の配分だけでなく、人的資源の配分がより重要となってくる。また、SBUによるマネジメントでは最終製品による競争が展開されるが、能力ベース経営では製品の根底にあるコンピタンスの構築による競争が展開される。

Column　**知ってて便利**

《コア・コンピタンスの実例》

　コア・コンピタンスの概念を提唱したハメル＆プラハラードは、コア・コンピタンスの実例として、以下のような例を挙げている。

① ホンダにおけるエンジン技術

② フォード買収前のボルボにおける安全技術

③ ソニーの小型化技術

④ シャープの液晶技術

　これらを見てもわかるように、こうした技術は一朝一夕では成し得ない。どれもが、数十年を経て構築されるようなものばかりである。こうしたコンピタンスは結局、ホンダがDNAと称しているような人間でいう遺伝子レベルでの浸透、企業でいう文化や風土、意思決定パターンや行動基準として組織に浸透して初めてコア（中核）として評価される能力となるのである。

第**6**節 ダイナミック・
ケイパビリティ

学習のポイント

◆企業が技術・市場変化に対応するために、その資源の形成・
再形成・配置・再配置を実現していく模倣不可能な能力が、
ダイナミック・ケイパビリティである。
◆ダイナミック・ケイパビリティは、機会を感知する能力、機
会を補足する能力、その機会を生かすために既存の資源を変
革する能力の3つに分解できる。

　近年のソフトウェア産業の発展において見られるように、財務等の企
業体力に勝る企業が必ずしも競争の勝者でないことは明らかである。実
際の企業を見てみると、環境変化の中で巧妙に自社能力を発揮し、変化
させ、組み替えてきた企業のみが生き残ってきたといえる。変化する業
界において、組織能力を構築できる企業こそが競争で優位に立てる。重
要なのは、成功する企業は従来のやり方や規範を超え、市場あるいは本
業自体を再構築している点である。現状の経営資源のみに固執せず、環
境に対して能動的にそれらを変質させて組み替えていくことが、企業の
成功に大きく影響しているといえる。

　コンピタンスは、変化から免れることはない。したがって、環境変化
を先取りして新たな知識の集合体としての複数のコンピタンシズ（Com-
petences）を継続的に生み出すことがカギとなる。ここでは、知識の創
造や構築能力が組織能力の真の源泉として位置づけられる。コア・コン
ピタンスそのものよりも「ケイパビリティ（Capability）」、つまり組織の

119

根底にある知識や情報を学習によって構築し、進化させることができる組織能力こそが重要である。

　ティース（2013）は、こうした能力を「ダイナミック・ケイパビリティ（Dynamic Capability）」と呼び、企業の持続的優位性の源泉であることを明らかにした。**ダイナミック・ケイパビリティ**とは、「企業が技術・市場変化に対応するために、その資源の形成・再形成・配置・再配置を実現していく模倣不可能な能力」と定義する。ダイナミック・ケイパビリティは、ゼロから新しいものをつくり上げる能力ではない。これまで競争優位を生み出してきたルーティンや組織能力、資源、知識などを再構成する、より高いレベルの再構築能力のことである。しかも、それは自社の資産や知識だけではなく、必要とあれば他社の資産や知識も巻き込んで再構成する能力でもある。

　ティースは、ダイナミック・ケイパビリティは3つの要素に分解できるとしている。それは、

① 環境変化に伴う機会や脅威を感知する能力（Sensing）

② そこに見いだせる機会や脅威を補足し、既存の資源、ルーティン、知識をさまざまな形で応用し、再利用する能力（Seizing）

③ 新しい競争優位を確立するために組織内外の既存の資源や組織を体系的に再編成し、変革する能力（Transforming）

の3つである。

　①の機会の感知のために、企業は絶えず局所的かつ遠隔的な技術・市場のスキャニング・探索・探査を行わなければならない。こうした活動には、既存の顧客ニーズや技術の探索だけでなく、潜在的な需要や市場構造の変化、サプライヤー、競合の反応なども想定する必要がある。②の機会の補足について、ティースは、事業機会を感知したもののその実現に向けて行動できないケースが多いことを指摘している。それは、機会の補足は経営活動だけでなく、企業家的活動に基づく創造的な質の高い意思決定が求められるからである。こうした質の高い意思決定のためには、企業として短期的な利益ではなく、長期的な視点での戦略的な投

資原則を持つことが必要である。③の変革のために、企業内で資産の整合化や古い製品やシステム、ルーティン、構造と新しいものとの補完性を持たせることが重要となる。ティースは、こうした資源の整合性の調整や再配置を**オーケストレーション**と呼び、ダイナミック・ケイパビリティの構築における重要なプロセスとしている。

　ダイナミック・ケイパビリティとは、まったく新しいものを生み出すのではなく、あくまで市場や環境の変化にしなやかに対応するように既存の資源を再利用し、再構成し、全体をオーケストラのように再編成する能力である。これによって、企業は一時的な競争優位ではなく、持続的な競争優位を確立しようとする。こうしたよりダイナミックで柔軟な戦略思考こそが、ダイナミック・ケイパビリティ戦略なのである。

第5章 理解度チェック

次の設問に、○×で解答しなさい（解答・解説は後段参照）。

1 可変的経営資源とは、必要に応じて市場から調達できる資金や原材料といった物理的資源である。

2 情報的資源の性質としては、意図的に計画しなければ蓄積が困難な点が挙げられる。

3 ナレッジ・マネジメントとは、情報という観点からその移転プロセスを戦略的にマネジメントするという考え方である。

4 PPMの問題点として挙げられるのは、シナジーの考慮がなされていない点である。

5 コア・コンピタンスは、環境の変化によって簡単に強みを失うことはない。そのため、一度形成すればその後も安定的に競争優位の源泉たり得るものである。

6 ダイナミック・ケイパビリティは、安定した経営環境において効率的に業務を遂行する能力と同義である。

第5章　理解度チェック

解答・解説

1 ○
可変的経営資源とは、文字どおり場合に応じて量の変動が可能な市場調達可能な資源を指す。反対に、量の変動に時間がかかり、その調達に相当のコストがかかる資源を固定的経営資源と呼ぶ。

2 ×
情報的資源の特徴は、自然蓄積性と多重利用可能性、消去困難性の3つが挙げられる。自然蓄積性とは、戦略の実行によって学習が発生し、経験効果等の有効性がごく自然に蓄積されることを指す。

3 ×
ナレッジ・マネジメントは情報ではなく、知識という観点から企業経営や組織を理解し、知識の創造・移転・活用といったプロセスを組織的かつ戦略的にマネジメントするという考え方、またそのためのしくみ・経営手法である。

4 ○
PPMにはいくつかの問題点があるが、その中の1つがシナジーの欠如である。事業の相互の補完的関係は、PPMでは考慮されないため、そこから得られる効果についても特に考慮されることはない。

5 ×
コア・コンピタンスも環境変化から逃れることはできない。そこで、コア・コンピタンスとあわせて重要なのは、こうしたコア・コンピタンスを生み出すケイパビリティ、つまり組織の根底にある能力である。

6 ×
ダイナミック・ケイパビリティは、変化する経営環境に適応する
ための能力であり、安定した環境で業務を遂行するオーディナリ
ー・ケイパビリティとは異なる。

競争優位性の決定

この章のねらい

　本章では、競争優位性の決定に向けた業界の構造分析を取り上げる。ポーターの競争戦略の考え方によると、競争優位性の決定においてはまず「どこで競争するのか」が重要なポイントとされる。つまり、企業は高い利益率を生み出す産業構造を持つ業界に身を置く（ポジションを取る）ことが有利になるということである。

　しかし、直観的にわかるように、同じ業界に属する企業の中でも業績のよしあしといった格差がある。収益の高い企業グループと低い企業グループに分けると、それぞれのグループは似たような戦略を選択しているという。それを戦略グループと呼ぶ。業績が上がらなければ戦略をすぐに切り替えればよいが、簡単にそのようなことができない移動障壁というものがある。そのメカニズムについて説明する。

　さらに、経営戦略の中でも事業単位で策定される事業戦略（競争戦略ともいわれる）について、ポーターの理論を参照しながら戦略策定について検討する。3つの基本戦略といわれる「コスト・リーダーシップ戦略」「差別化戦略」「集中戦略」について取り上げ、企業が業界の中で取ったポジションによって採択すべき戦略を解説する。

　最後に本章のまとめとして、ここまで取り上げたトピックが戦略的適合にどのように関連しているのかを説明し、そのうえで新たな戦略理論であるブルーオーシャン戦略についても説明する。

第 1 節　業界の構造分析

学習のポイント

◆企業は、利益率の高い業界や市場に参入したほうが、好業績を上げることができる。

◆ポーターの提唱する5つの競争要因によって業界構造を分析できる。

1　利益率と業界構造

　企業の利益率は、企業によって異なるのは当然であるが、それでも企業個別の要因よりも、その企業が属している業界の利益率によって影響を受けるというのが産業組織論的な考え方である。そして、業界構造がその業界の平均的な利益率を決定するといわれている。つまり、より儲かりやすい業界とそれが難しい業界があるということである。

　業界によって利益率に違いがあるのは、その業界の競争状態の厳しさに関係があると考えられる。たとえば、1社が独占する業界と多数の企業が存在する業界を考えてみよう。独占企業が製品やサービスを提供する場合、ほかに競争相手がいないため、企業の言い値で価格を付けることができる。ほかに代替する製品・サービスがない限り、消費者は多少高くてもその商品を購入するであろう。その逆に、数多くの企業が同じような製品・サービスを提供している業界では、どのようになるであろうか。消費者にとって、どの企業から買っても同じような製品・サービスであれば、少しでも価格の安い企業から購入しようとするであろう。そうすると、企業間で他社よりも安い商品を提供する競争となって、利

益率は下がっていくことになる。

　企業としては、このような事態に陥らないように、できる限り競争が激しくならないような構造を持つ業界を探したほうがよいということになる。このように業界構造を分析する際、ポーター（1995）は、**5つの競争要因**から業界の特性をとらえることができると提唱した。それらは、①競合企業、②新規参入者、③代替品、④供給業者（売り手）、⑤顧客（買い手）、の5つである。それぞれについて簡単に説明していこう。→図表6-1-1

【5つの競争要因】

①　競合企業…業界内の競争の激しさは、先述のように競合企業の数やそれらの規模によるところが大きい。業界に存在する企業が多ければ多いほど、価格競争にのみ込まれ、利益率は下がっていく。競合企業の数が少なく、それらの規模が大きければ、他社の動きを探

図表6-1-1 ●ポーターの5つの競争要因

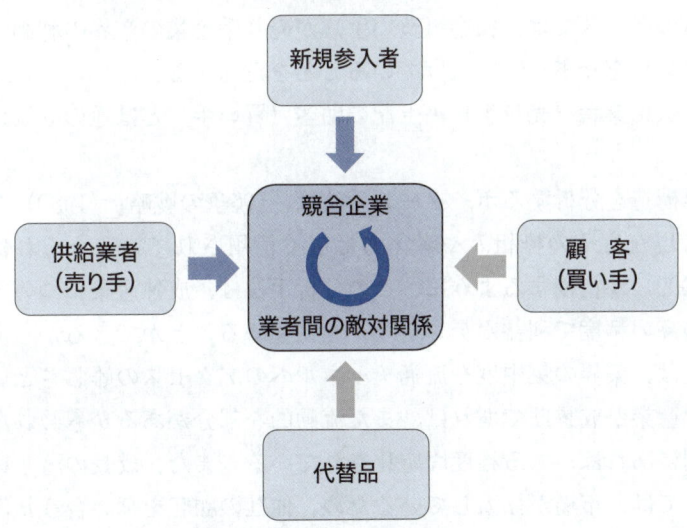

出所：ポーター（1985）、p. 18 をもとに作成

りながら自社の戦略を立てることができる。

② **新規参入者**…新規参入が容易な業界では、競合企業が増えて前記の論理で競争が厳しくなり、利益率も下がる。一方で、法的な規制がある業界は新規参入の脅威は少ない。また、その業界に参入するために優れた技術や特許等が必要になる場合、あるいは大規模な設備投資が必要となるような場合には、その業界の新規参入の脅威は小さくなる。

③ **代替品**…これはある業界で扱う製品・サービスが、消費者にとっては別の製品・サービスでも代替が可能になる場合、それらと競合することを意味する。たとえば、携帯電話やスマートフォンのカメラ機能が格段に向上したことで、特に写真に深い関心を持つユーザーでない限り、コンパクト・デジタルカメラの必要性を感じなくなるといったことがこれに該当する。

④ **顧客（買い手）**…買い手の交渉力によって、売り手企業は、価格を下げざるを得なくなる場合がある。あるいは、買い手が追加料金を支払わずに売り手企業にサービスを提供させる場合もある。それらのケースでは、顧客（買い手）が売り手企業の業界の利潤（マージン）をうまく吸い上げていることを意味する。

⑤ **供給業者（売り手）**…上記の顧客（買い手）とは逆の立場になる。

業界構造を分析するポーターの手法は、『競争の戦略』（1980）で発表され、現在もその枠組みや考え方は広く活用されている。それは、沼上（2009）が指摘するように、この分析手法は、成熟産業についてある程度の高い精度で利益ポテンシャルを見極めることができるからである。たとえば、業界の集中度や流通チャネルへのアクセスの難しさといった点は、産業が成長期であれば、まだ流動的な部分があるかもしれないが、成熟期にあれば、ある程度固定化されている。また、成長の著しい産業においては、市場が拡大しているため、他社の顧客を奪い合う状況は生まれにくい。自社のポジションをどこに置くべきかを検討するうえで、

図表6-1-2 ● 業界構造分析の基本的な骨格

A 既存企業間の対抗度	競争業者の数・規模・力関係	B 新規参入の脅威	既存企業の規模の経済・シナジー
	産業の成長率の低さ		コスト面での不利
	固定費・在庫費用の大きさ		大規模な運転資金
	製品の独自性の弱さ・乗換費用の低さ		流通チャネルの未整備
	生産能力拡張の柔軟性のなさ		製品差別化のレベルの高さ
	競争相手の多角化の程度		政府の政策・法律
	業界の戦略的価値の高さ		予想される反撃 ・過去の反撃経験 ・既存企業の経営資源の豊富さ ・産業成長率の低さ
	進出障壁の高さ		
C-1 買い手の交渉力(パワーを高める要因)	買い手の集中度の高さ	C-2 買い手の交渉力(価格反応度を高める要因)	相手の製品価格の自社製品コストに占める割合の大きさ
	売り手製品の標準化・独自性のなさ		利益水準の低さ
	乗換費用のなさ		相手の製品品質の自社製品に及ぼす影響力の低さ
	買い手の後方統合の脅威	D 供給業者の交渉力	買い手の交渉力の逆
	卸売業者や小売店のユーザーへの影響力の強さ	E 代替品の脅威	費用対効果の向上
			代替品の業界の利益水準の高さ

出所:沼上(2009)、p. 60をもとに作成

このポーターの業界分析の手法は有効であるといえる。→図表6-1-2
　しかしながら、高い利益率を生み出す産業構造を持つ業界に属する企業が、すべて高い業績を示すことはないであろう。そこで、さらにポー

ター（1985）は、同一の業界において高収益企業グループと低収益企業グループを戦略グループとして区分することを提唱している。戦略グループとは、同じ業界内で似たような戦略を選択する企業の集合体である。

　第2節では、業界内の収益性の違いをもたらす要因と考えられている「戦略グループ」と、なぜその戦略グループから抜け出すことが難しいか、ということを解説する。

戦略グループと移動障壁

学習のポイント

◆同じ戦略あるいは類似した戦略を持つ企業の集合を戦略グループという。
◆環境の変化とともに戦略を変更したくても、移動障壁のために変更できない場合がある。

1 戦略グループ

戦略グループとは、ある業界において類似した戦略をとっている企業グループのことである。もし、すべての企業が同一あるいは類似した戦略を採用していれば、その業界にはただ1つの戦略グループしか存在しないことになる。しかし、通常はどの業界でもはっきりと違いがある比較的少数の戦略グループが識別されることが多い。

ハント（1972）は、アメリカの冷蔵庫や洗濯機等の白物家電市場を分析する中で、「垂直統合の程度」と「製品ラインの広さ」という2つの次元に注目して、4つの戦略グループを識別した。4つの戦略グループは下記のような特徴を持っていた。→図表6-2-1

① 全国ブランド・メーカー……広い製品ライン、高い垂直統合度、大量の全国広告、広範なサービス・ネットワーク
② 専門品メーカー……狭い製品ライン、高品質、高い垂直統合度、高価格
③ プライベート・ラベルの生産者……プライベート・ブランドのための製品を生産

図表6-2-1 ●アメリカ白物家電市場の戦略グループ

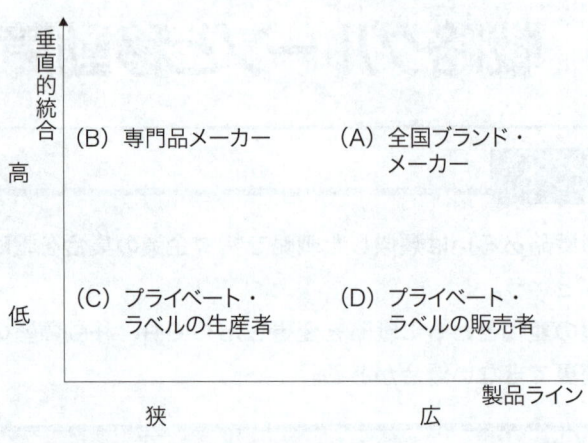

出所：石井ほか（1996）、p. 25

④　プライベート・ラベルの販売者……プライベート・ブランドで販売

　このように、さまざまな業界において事業の広がりに基づく戦略グループを区別することができる。こうした事業の広がりの差異は、企業がある戦略グループから別の戦略へと移動することを困難にする。

2　移動障壁

　戦略グループは、戦略が類似しているグループであり、戦略グループのうち、その戦略が環境とうまく適合し、内部での競争も限られているところでは、結果として利益率が相対的に高くなる。それぞれの戦略グループは、それを支える強みを持ち、他の企業は、その強みを容易に入手することはできない。こうした強みは、業界内の企業間の戦略的な移動を困難にする。すなわち、「移動障壁」として機能する。

　前述のアメリカの白物家電業界市場でも、プライベート・ブランドを生産する企業が、全国ブランドで広い製品ラインを持ち、垂直的に統合した戦略グループに移動するのは、かなりの困難を伴うことになる。一

方、プライベート・ブランドのための狭い製品ラインの組み立てメーカーへ他の企業が移動することは、比較的容易であるといえよう。このように異なる戦略グループへの移動が困難なのは、移動障壁が存在するためである。

　移動障壁という考え方によって、第1に、業界のある企業が他の企業よりもなぜ長期的に高い利益率を享受することができるのかを説明できる。高い移動障壁によって保護された戦略グループに属している企業は、新規参入の困難性、あるいは戦略グループ間の移動の困難性によって、潜在的に高い収益性を得られる。第2に、すべての企業が必ずしも成長しているわけではないという事実にもかかわらず、なぜそれらの企業が異なった戦略で競争するのか、成功した企業の戦略がなぜ模倣されないのか、あるいは強力な企業の属している戦略グループが他の戦略グループを押しつぶして業界を独占するということが多くないのはなぜなのか、といったこともこうした考え方を使って説明することができる。

　移動を妨げる要因はいろいろあるが、主として次の3つの移動障壁があると考えられる。
　① 　経済的移動障壁
　　たとえば、プライベート・ブランドを販売している企業が、液晶ディスプレイを内製しようとしても、巨額の設備投資が必要となるため、簡単には実行できない。このような移動障壁を経済的移動障壁という。
　② 　組織的移動障壁
　　企業の組織構造や特性、文化のために戦略を変更できない場合があり、このような障壁を組織的移動障壁という。たとえば、上記のように液晶ディスプレイを内製しようとするとき、技術開発投資の必要性とともに技術開発を行うことのできる組織が必要になる。ところが、マネジャーを短期利益あるいはキャッシュフローの点から業績評価するような制度があるとすれば、マネジャーは技術と市場のリスクを進んで引き受けようとはしないであろう。そのような業績評価制度のも

とでは、長年培われた組織行動を変えることは難しい。

③ 戦略的移動障壁

企業がある戦略グループから別のグループに移動しようとすると
き、新しいグループで必要となる戦略が従来の戦略と矛盾するときに
は、その移動は困難になる。このような障壁を**戦略的移動障壁**という。
アメリカの白物家電市場で、全国ブランドの企業がプライベート・ブ
ランド生産の戦略グループに参入することが少なかった理由の1つは、
プライベート・ブランド生産という戦略とブランドを確立するという
戦略が矛盾したからである。つまり、みずから築いたブランドが足か
せになるということもある。

以上のような経済的・組織的・戦略的移動障壁は、そのまま参入障壁
ともなり得る。いずれの障壁であれ、その障壁が高い限りにおいて、他
の戦略グループの企業あるいは新規参入企業の脅威から免れることがで
き、安定した高収益を享受できるということになる。

第 3 節 コスト・リーダーシップ

学習のポイント

◆コスト・リーダーシップとは、同一の製品・サービスをより低価格で販売したり、同価格でより高い利益の獲得を目指したりする戦略である。
◆コスト優位をつくり出すためには規模の経済性と経験効果の具現化が必要となる。

コスト・リーダーシップとは、「競合他社より低い単位当たりコストによって生産・販売が可能な能力を追求し、同一の品質の製品・サービスをより低い価格で販売して大きな販売量を獲得する、あるいは同じ価格で販売する場合には、より高い利益の獲得を目指す戦略」である。安い原材料の確保、効率的な生産体制の確立、徹底的なコストダウン努力、最新鋭設備への投資等、企業内部で顧客とは直接的には関係のないコストの部分で製品の供給体制におけるコスト優位をつくり出して、競争企業に対して有利な立場を得ようとする。この低い単位当たりコストをもたらすものは、次に述べる規模の経済性と経験効果である。

（1）規模の経済性（スケール・メリット）

生産量が増加するにつれて、単位当たりの平均生産コストは低減する。「経済活動の規模を大きくすることによって経済性が得られる」ことを規模の経済性と呼ぶ。この規模の経済性は、次のようにして得られる。すなわち、生産コスト全体を常に一定の固定費部分と、生産量に比例して増加する変動費部分に分解した場合、生産量を増やすにつれて製品1

単位当たりに配分される固定費は減少する。その結果として、単位当たりの平均生産コストは下がることになる。そのほか、取引規模が大きくなると原材料等の購入時の交渉によって大量購入による値引きが受けられることや、大規模であることから信用が得られ資金調達のコスト面でも有利になる等の利点がある。このように、規模を拡大することにより固定費が削減されることで生まれる経済性が、コスト・リーダーシップの圧倒的な競争優位性を生み出すのである。

（2）経験効果

ボストン・コンサルティング・グループ（Boston Consulting Group：BCG）は、日常見られるさまざまな経営資源の蓄積現象を厳密に分析して「経験効果」という概念を提唱した。経験が蓄積されるにつれてコストが低下するという効果は、一般によく知られている。しかし、この現象が測定され、計量化されるようになったのは、1960年代になってのことである。それは、BCGが製造コストのみならず、管理、販売、マーケティング、流通等も含めたトータル・コストが、一定の予測できる割合で低下するという経験則を数千の製品コスト研究から発見した。これは、製品の累積生産量が倍増するごとに単位当たりコストが通常10%から30%低減するというものである。BCGはこれを測定し、「経験曲線」という形で示したのである。

BCGは、このような経験効果が、自動車、半導体、スチームタービン発電機、石油化学、長距離電話、合繊、航空旅客機、チキン・ブロイラー、エアコン、マグネシウム、電気カミソリ等、高技術から低技術製品、生産財から消費財、サービスから製造、新製品から成熟製品まで当てはまることを、累積生産量と単位当たりコストの関係から発見した。

経験効果が生じる理由は、次のような諸要因がもたらす「相乗効果」であると指摘されている。意識的なコスト低減努力の結果、諸要因の相乗効果が発揮され、1つの要因以上のコスト低下が見られる。

① 特定職務の反復によって、人は器用さを増大させ、最も能率的な

職務達成方法や最短ルートを学習する（習熟効果）。

② 経験が蓄積されることによって、作業遂行上、より安価な資源ミックスの配分を考える（作業方法改善による効率向上、新製造法の開発と改善、生産設備の能率向上、資源ミックスの改善等）。

③ 経験蓄積により製品性能の向上に関する知識が得られ、その結果、材料節約、製造効率向上、資源代替等が可能になる（製品標準化、製品設計の改善等）。

経験効果が明確に現れるのは、生産戦略においてである。経験効果を生かす戦略は、競争相手に対して最大のマーケット・シェアを獲得することにある。経験効果で重要となる指標は、競合相手に対して相対的優位性を示すマーケット・シェアのみとされる。たとえば、売上げ増の経験効果の場合には、その効果は遅かれ早かれいずれ競争相手にも起こりうるからである。こうしたマーケット・シェアの重要性は、経験効果の実証研究を通じてBCGによって広められた。→図表6-3-1

図表6-3-1●経験曲線の実例（フォードＴ型の経験曲線）
（1909年〜23年平均コスト価格、1958年価格）

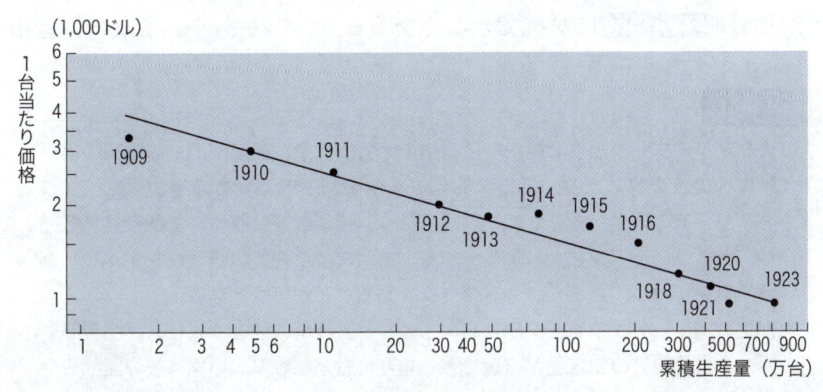

※85％経験曲線：経験が倍加するごとに単位当たりコストは当初の水準の85％に低下する。

出所：石井ほか（1996）、p.99

　　コスト・リーダーシップ戦略 Key Word では、差別化のための開発投資よりも、前記の効果をねらって生産部門等で効率のよい新鋭設備への投資を行い、低コスト化の実現を図ろうとする。この場合、マーケット・シェアの増大が重要な戦略課題となり、低コストを武器に低価格で販売してさらなるシェア拡大を目指す。それにより生産量を増やして経験曲線による効果を獲得し、さらなるコストダウンを図っていく。

　　低コストであるということは、規模の経済性、コストの有利さによって参入障壁をつくるし、代替製品・サービスに対しても有利な立場にいることができる。顧客の値引き交渉に対しては、自社の次に低コストである企業の価格を要求するであろうし、供給業者の交渉力に対しても原材料コストが増えたら生産性を上げる等の対応策がある。競争相手に対しても相手が利益を犠牲にして低価格を実現する場合、相手には利益は残らないが、こちらには利益があるということを意味する。つまり、業界内に強力な競争要因が出てきても、平均以上の収益を生むことができるというわけである。

　　コスト・リーダーシップ戦略のリスクとしては、テクノロジーの変化、競争相手の規模追求により追いつかれること、環境変化や差別化により差別化戦略 Key Word に対抗できなくなること、等がある。また分散型事

Key Word

コスト・リーダーシップ戦略——原材料の大量調達や、生産部門での効率のよい設備への投資等により、低コスト化の実現を図る戦略。この場合、マーケット・シェアの増大が重要な戦略課題となり、低コストに基づいて低価格で販売し、さらにシェアを拡大しようとする。それにより規模の経済性を生かし、経験効果を獲得し、さらにコストダウンを図ることが可能となる。

差別化戦略——デザイン、ブランド・イメージ、技術、顧客サービス、品質等における自社製品の独自性が強調できる場合に有効な戦略。いままでの製品や他社製品と比較し、よいものであるとその違いを訴えることができ、さらに顧客もその違いを認識して購入する場合には、独自の市場を形成することが可能となる。

業では、コスト・リーダーシップ戦略の裏づけとなる規模を追求することが必ずしも収益性に結びつかないということもある。

第 **4** 節 差別化戦略

学習のポイント

◆差別化とは、自社の事業が他社よりも優れていると認識され、しかも容易に対抗や模倣が起こらないような優位性を確立することである。

差別化とは、「製品・サービスの差別化、価格での差別化、流通チャネルの差別化、販売やプロモーションの差別化等により自社事業が競合他社とは違ったもの、特に何らかの面で優れていると買い手に認識させ、しかも容易に真似されたり対抗されたりしないしくみをつくり上げて競争優位性を確立しようとする戦略」である。顧客が重要視する要素において競争相手と比較して意味のある特徴を築くことにより、他社よりも高い付加価値を提供し、高い価値を実現しようとする。差別化戦略における特異的要素は、顧客側がその付加価値を認めなければならないし、またその価格も付加価値に対して顧客が喜んで支払う範囲でなければ、戦略としては機能しない。

ポーターによれば、差別化戦略は業界の中でも特異であると見られる何かを創造する戦略として位置づけられる。差別化の方法はいくつかあり、たとえば、製品設計やブランド・イメージの差別化、テクノロジーの差別化、製品特長の差別化、顧客サービスの差別化、ディーラー・ネットワークの差別化等があり、こうした複数の面での差別化が理想とされる。

差別化によって、顧客から製品ないしサービス（ブランド）に対する忠誠心が得られる。この忠誠心がある限り、顧客は価格に対して過敏で

はなくなり、またマージンも増えるので、低コスト・ポジションを占める必要性が減り、顧客や供給業者に対する交渉力も強くなる。顧客からの忠誠心や自社の特異性がそのまま参入障壁となるため、競争業者間の敵対関係においても優位性を保てる。代替製品・サービスに対しては、ブランドの特異性のために優位性が得られる。このように、差別化においても、コスト・リーダーシップとは異なる形ではあるが、5つの競争要因に対処できる安全な地位を築けるため、業界の平均以上の収益を確保できる。

　差別化戦略がコスト・リーダーシップ戦略と異なる点は、その戦略が必ずしも市場シェアの拡大につながらず、低コストの実現が困難になることである。熱烈なファンがいても大方の人々からは受け入れられないこともあるし、またこのような付加価値を築くためには大規模な基礎研究、製品設計、高品質素材等が必要となり、コスト負担が大きくなるということもある。

　差別化戦略におけるリスクには、コスト競争力を持つ企業が一挙に進入してくる可能性や、買い手が差別化を認めなくなることが挙げられる。特にコスト競争力を持つ企業が競争相手の場合、両社の間の価格差がほどほどであれば差別化による競争力を維持できるが、あまりにも差別化コストが大きくなり両社の価格差が消費者に受容してもらえなくなると、低コスト企業が一挙に参入してきた場合には太刀打ちできなくなる。

第 5 節 集中戦略

学習のポイント

◆集中戦略とは、戦略ターゲットの幅を小さくして経営資源を
集中させることで限定的な優位性を目指すものである。

集中戦略 Key Word は集中化戦略、またはニッチ（すき間）戦略とも呼ばれ、特定の顧客グループ、製品種類、地域市場等に焦点を当て、低コストや差別化あるいは双方を達成しようとする戦略である。戦略ターゲットの幅を小さくし、そこに経営資源を集中させ、特定セグメントにおいて限定的な競争優位を築くことを目的とする。このように的を絞り資源投入を集中的に行うことにより、そのセグメントにおける低コスト、または差別化による競争優位性を確立することができる。要するに、集中戦略は、特定セグメントにおけるコスト・リーダーシップ戦略、あるいは差別化戦略であるといえる。

ポーターは、集中戦略が成功すると特定セグメントにおける低コスト・ポジションか、差別化のどちらかが達成できるので、前述の5つの競争要因である競争業者間の敵対関係、新規参入の脅威、代替品の脅威、顧客（買い手）の交渉力、供給業者（売り手）の交渉力、これらすべてに対して防衛できるとしている。

集中戦略を困難にする点は、差別化価値の維持が難しいこと、特定市場セグメントの中にさらに小さなセグメントを競争相手が見つけること、等がある。これらを回避するには、環境変化とともにセグメンテーションを見直していく必要がある。また、集中戦略は、小さくても創業者利益をねらおうとする戦略であり、競争相手が発見できないようなニッチ

を自分で見つけ出さなければならないので、情報の格差は大きな課題となる。

第 6 節　競争優位の実現

学習のポイント

◆SWOT分析は、戦略計画策定のための分析枠組みである。
◆競争優位の実現のために、SWOT分析等さまざまな分析手法を用いて企業内外の要因と戦略との適合を考える。

　本章では、競争優位を実現するためにはどうすればよいのか、企業を取り巻く外部環境要因の視点から検討してきた。ここで改めて「戦略的適合」の全体像について整理する。

　戦略の内容が企業の外部環境（企業の置かれた状況）や内部環境（企業自身の能力）に適合（フィット）しているとき、初めて経営戦略は成功する（伊丹、2012）。競争優位を実現するためには、企業は自身が保有する内部資源だけでなく、外部の環境要因について考えなければならない。その要因をどのように特定するかはさまざまな分析手法があり、その1つにSWOT分析がある。これは、アンドリュースに代表されるハーバード・ビジネススクールで開発された経営計画策定ツールを起源とする（網倉・新宅、2011）。

　SWOT分析について簡単に触れておくと、大きく分けて環境分析と内部分析に二分される。前者は、社会全般・一国の経済全体・特定の業界における競争といった要因が企業にもたらす「機会」や「脅威」を分析の軸とする。後者は、企業みずからが保有する経営資源や組織能力から生み出される「強み」、そしてそれらが不十分な場合の「弱み」を軸として分析するものである。→図表6-6-1

図表6-6-1 ● SWOT分析の枠組み

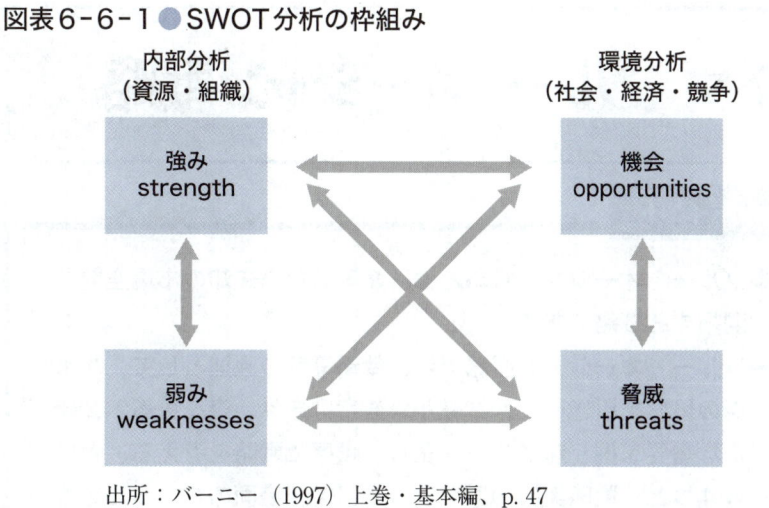

出所：バーニー（1997）上巻・基本編、p. 47

　SWOT分析をはじめとする外部環境要因と内部環境要因の分析によって、競争優位を実現する経営戦略が策定されるが、前述のとおり重要となるのはそれらの要因の適合性であり、どちらか一方の分析だけでは有効な戦略策定は実現できない。

第7節 ブルー・オーシャン戦略

学習のポイント

◆ブルー・オーシャン戦略とは、競争のない未知の市場空間を開拓する戦略である。

◆ブルー・オーシャン戦略では、戦略策定の原則として、①市場の境界を引き直す、②細かい数字は忘れ、森を見る、③新たな需要を掘り起こす、④正しい順序で戦略を考える、という4つと、戦略実行の原則として、①組織面のハードルを乗り越える、②実行を見据えて戦略を立てる、という2つの原則がある。

1 ブルー・オーシャン戦略

ここまで競争優位の経営戦略について見てきたが、多くの企業がせめぎ合う環境において持続的な競争優位性を構築するのはきわめて難しい。であるならば、そもそも競争がない市場に参入できればいいのではないか。こうした視点から生まれた新たな戦略理論が**ブルー・オーシャン戦略**である。

キム＆モボルニュ（2005）は、市場には「既存の市場空間」と「未知の市場空間」という2つの市場空間が存在し、これからは「既存の市場空間」で戦うよりも「未知の市場空間」を創造することが重要であると主張した。それによると、「既存の市場空間」とは限られたパイを企業間で激しく奪い合う、いわば血みどろの戦いを繰り広げる「**レッド・オーシャン**」である。ここでは、新規参入の増加に伴い競争はさらに激化し、

企業が得られる収益や成長は減少する。また、企業どうしは互いに製品・サービスを模倣し、結果としてコモデティ化が進み、価格以外に競争する対象がなくなることで企業の収益性は低下を余儀なくされる。

これに対し、「未知の市場空間」とは知られざるマーケットスペースを意味する。つまり、みずからの手で需要をつくり出し、新しい市場を形成することである。「未知の市場空間」は、いわば目の前に広大な青い海が広がっている「ブルー・オーシャン」であり、自社を脅かすライバルは存在しないため企業は高い収益と成長が望める。また、「未知の市場空間」を切り開くことができれば、企業は思いのまま自由にイニシアチブを発揮することができる。

キムらによると、ブルー・オーシャン戦略において重要となるのが戦略へのアプローチである。レッド・オーシャンから抜け出せない企業は、旧来のアプローチに頼り既存業界の枠組みの中で確かな地位を築くことで、競合他社に打ち勝とうとする。一方、ブルー・オーシャンを切り開いた企業は、意外にも競合他社とのベンチマーキングを行わず、その代わりに従来とは異なる戦略ロジックに従っている。それは、従来の価値とコストをトレードオフで考えるのではなく、そのどちらも実現可能であるとする戦略ロジックである。

イノベーションを伴わずに価値だけを高めようとしても、どこか中途半端で、それだけでは市場で抜きん出るまでには至らない。他方、価値を重視せずにイノベーションだけを実現すると、技術主導で市場のパイオニアにはなれるかもしれないが、それが行きすぎてしまい、得てして買い手には受け入れられない。差別化と低コストをともに追求し、その目的のためにすべての企業活動を推進するバリュー・イノベーション（Value Innovation）こそが、ブルー・オーシャン戦略の土台となる。

2　ブルー・オーシャン戦略の原則

ブルー・オーシャン戦略の策定と実行に向けた原則として、次の6つ

が挙げられる。まず、策定の原則として、

① 市場の境界を引き直す

② 細かい数字は忘れ、森を見る

③ 新たな需要を掘り起こす

④ 正しい順序で戦略を考える

の4つが挙げられる。特に既存のレッド・オーシャンから抜け出すためには、市場の境界のとらえ方を変えなければならない。そのためには、市場の内側だけを見るのではなく、いくつもの市場を体系的に俯瞰する必要がある。キムらは、この問題に対して、代替産業に学ぶこと、業界内の戦略グループから学ぶこと、買い手グループに着目すること、補完財・補完サービスに目を向けること、志向性を機能から感性に切り替えること、将来を考えること、の6つが重要であると指摘している。

戦略の実行の原則としては、

① 組織面のハードルを乗り越える

② 実行を見据えて戦略を立てる

の2つが挙げられる。ブルー・オーシャン戦略を実現するためには、組織内で実現を阻む従業員の意識、経営資源、モチベーション、政治的抵抗という4つのハードルを乗り越える必要がある。そのために、トップ・マネジメントには強いリーダーシップが求められる。

現在、さまざまな業界において製品やサービスのコモデティ化が進んでいる。ブルー・オーシャン戦略が注目されるのは、そうしたレッド・オーシャンの市場の中でライバル企業を打ち負かそうとするのではなく、むしろ買い手や自社にとっての価値を大幅に高め、競争のない未知の市場空間を開拓するイノベーション活動が求められているからであろう。

第6章　理解度チェック

次の設問に、○×で解答しなさい（解答・解説は後段参照）。

---

1 業界構造を分析する枠組みとして、ポーターは5つの競争要因を挙げている。その1つに新規参入者の脅威があるが、業界として設備導入に巨額の投資が必要である場合、その業界への新規参入者はそれほど多くないと考えられ、利益率を上げやすいといえる。

2 戦略グループの市場における効果として挙げられるのは、企業間で容易にグループの移動が可能になり、それぞれの企業が有機的に活動できる点である。

3 組織的移動障壁とは、組織構造や人事システム等にグループ内で共通の特徴を持つことで、グループ外の企業がそういった組織を志向できないために、結果として参入を阻止する障壁である。

4 規模の経済性とは、多品種を生産することによって共通の資源を多重利用し、それによるコスト優位性を獲得することを指す。

5 差別化戦略は、自社だけでなく、顧客や市場においてそれと認識できる差でなければならない。

6 ブルー・オーシャンとは、既存の市場空間において競争のないニッチを指す。

第6章 理解度チェック

解答・解説

1 ○
巨額の設備投資は参入障壁になり、競争を弱める。

2 ×
戦略グループが一度築かれると、なかなか他のグループの企業や新規企業がそのグループに参入することが難しくなり、結果として業界内部でその企業の移動が困難になる。こうした移動障壁を築くことが、戦略グループの効果である。

3 ○
組織的移動障壁とは、組織の意識や業績評価といった組織システムが特徴的であるため、他のグループ企業の参入を阻止する機能を果たす障壁である。

4 ×
規模の経済性とは、生産量を増加させることで単位当たりのコストを低減するコスト・リーダーシップ戦略の中心をなす概念である。多品種生産による資源多重化によるコスト優位性は、規模に対して範囲の経済性と呼ぶ。

5 ○
差別化戦略は、特に何らかの面で優れていると買い手に認識させ、しかも容易に真似されたり対抗されたりしないしくみを構築することによって競争優位性を確立する戦略であり、はっきりと認識されない差では差別化戦略をとることは難しい。

6 | ×
ブルー・オーシャンとは「未知の市場空間」であり、みずからの
手で需要をつくり出し形成された新しい市場である。

事業システムの決定

この章のねらい

　企業における個々の事業を、企業内の他事業や他企業との提携を視野に入れ、統合的に考えた戦略を指して「事業システム戦略」と呼ぶ。事業戦略のもう1つの側面として、本章ではこの事業システム戦略を解説する。

　事業システム戦略には、主に事業の横の連携を考えた事業連結の戦略と、事業の一連のラインによる連携を考えた戦略の2つが考えられる。

　こうした事業システムが重視される理由として、高度な情報化が進んだこと、それによる範囲と速度の経済が展開されていることが挙げられる。こうした変化による情報価値の変化は、従来の事業の枠組みを根底から覆し、企業の経営戦略に大きな影響を与えているのである。

　さらに、事業を価値の側面から統合するというバリューチェーンの考え方についても検討する。

第 1 節

事業システムとは何か

学習のポイント

◆単一の事業単位のみでなく、企業内の他事業や他企業の事業との関係を視野に入れた事業システムの視点に基づいた戦略の策定が必要である。

1 事業システムとは

　事業単位の成否とは、一般にはその事業単位が作った製品が市場でどのくらいの売上げを達成し、製品・サービスがどれくらい消費者に受け入れられるかというような基準で判断できると考えられる。しかし、このような個別事業の戦略とは区別される「事業システム戦略」の視座に立った場合には、さらに複合的な要因が考慮されなければならない。たとえばDVDの場合、社内のテレビ事業やオーディオ事業といった他の事業単位からどのような協力を取り付けることができたのか、その事業が業界内の競争相手と組んでどのように標準規格の策定に寄与してきたのか、あるいはソフト事業の会社との連携プレーのあり方、流通業者から得られた支援等さまざまな要因から検討することによって、その事業が市場においてどのような成果を上げたかの判断は異なってくる。一般的な事業の概念をさらに拡大し、企業内の他事業との提携や他企業の事業との提携戦略等も視野に入れた事業戦略を、ここでは「事業システム戦略」と呼ぶことにする。

　事業システム戦略には2つの類型が考えられる。1つはビジネスの横の連鎖、すなわち異質な市場群を横につなぐ戦略である。これを「事業

連結」と呼ぶ。もう 1 つは、製品企画から生産、流通、販売に至る縦の
ラインであり、このラインにおける連携は最終市場の成果に大きな影響
を及ぼすと考えられる。

　本来、企業とは法的制度のもとに存在する営みであるが、近年の情報
通信の進化を考えると、新しい事業システムの構築が必要となっている。

2　情報革命の経済的意義

　コンピュータやソフトウェアの発達、通信インフラや無線通信技術の
進展、インターネットの爆発的な普及等、情報通信技術の急激な発展は
大きな社会変化をもたらした。その中でも特にインターネットの普及は、
ビジネスのあり方を根本的に変えるインパクトがあった。これまで多く
の企業が強みとしていた物的資源の多くは、優位性を築く源泉とはなり
得なくなってきた。すなわち、競争の次元が規模の経済性や生産効率と
いったものから、情報資源へと変わっている。逆にいうと、新興企業や
中小企業でも、戦略によっては十分に大企業と競い合える環境へと変化
してきた。

　また、情報通信技術の進展は新たな巨大な市場を生み出している。た
とえば、ソフトウェア市場や ASP（Application Service Provider）市場、
SNS（Social Networking Service）やオンライン・ゲームを活用したモ
バイル端末市場、インターネット広告市場等、新たな市場が次々に生ま
れている。

　このような情報通信技術の進展が経営戦略上の革新に与える影響につ
いて、まず経営資源としての情報の性質を確認し、その後に情報という
資源がもたらす 2 つの経済効果について述べていく。

（1）経営資源としての情報

　情報通信技術の発展により、企業の内外で生み出されるさまざまな情
報が瞬時にして企業の内外を還流するようになった。企業はこれらの情

報を随時収集・加工・伝達しているが、このように随時企業の内外を流動する情報を「フロー情報」と呼ぶ。このフロー情報の一部が企業の中に蓄積されたものが、「ストック情報」である。ストック情報とは、たとえば個々人の記憶からコンピュータのデータベース、書類、記録文書等さまざまな蓄積の形をとって企業内に蓄積されていく。情報通信技術の発展により、このようなストック情報の量は飛躍的に増加した。

さらに、もう１つの重要な情報の蓄積が企業組織には存在する。それは、前掲の２種類の情報を加工するための情報である。すなわち、情報の伝達や判断に関するルールや手続、問題解決に資する技術やノウハウ、情報整理の枠組みやフロー情報とストック情報の分別のルール等である。この情報をこれまでに述べた２つの素材としての情報と区別し、「知的情報」と呼ぶ。この種の情報は、コンピュータの中の処理規則およびソフトとして蓄積されることもあるし、これまで熟練者がその人自身の中にしか蓄積できなかった知識や知恵がプログラム化されて蓄積されることもある。しかし、ほとんどの知的情報はそのような媒体の中ではなく、人や組織の中に蓄積されていくことになる。

さらに、組織はもう１つの情報を蓄積させている。それは、信用、忠誠心、イメージ等である。顧客と取引先の信頼関係やブランドに対するイメージ等がそれに当たる。これらは組織体の内部ではなく外部に蓄積され、さらに企業はその情報を利用できる。これを「外部蓄積情報」と呼ぶ。

以上に述べた、ストック情報、知的情報、外部蓄積情報を総称したものが情報的資源である。この資源は組織の発展において不可欠かつ本質的な資源である。情報通信技術の発展は、この情報資源をより有効に利用することを可能にしたのである。

（2）情報化が生み出す２つの経済性

① 範囲の経済

「範囲の経済」とは、異質な事業の適切な組み合わせによって経済効率

が高まるという現象である。これは、情報資源が持っている3つの異なる特質から生み出される。

第1の特質は、情報資源が日常的な経営活動の中で自然に蓄積されるというものである。個人の経験や熟練は、日々の仕事の中で蓄積される。顧客と接する者の中には、顧客に関する情報が蓄積される。このような蓄積にかかるコストは最初から仕事のコストに含まれるため、コストはあまりかからない。しかも、情報通信技術の発展によって情報を大量に蓄積することが可能となった。情報通信技術を利用して一度蓄積のしくみをつくってしまえば、その後の情報資源蓄積のコストは高くならない。

第2に、情報という資源の多重利用可能性である。技術や熟練は、いつどこで何回使っても減るわけではない。また、ある商品の販売で蓄積した顧客情報は他の商品の販売にも利用できる。このように多重利用されることによって情報の獲得と蓄積のコストは分散され、より安く情報を利用することが可能になる。

第3に、同じ情報がいくら集まっても価値そのものは増大しないという特質がある。違う情報が蓄積されることで、初めて価値が生まれる可能性が出てくる。

このような情報の特質を踏まえると、範囲の経済、つまり異質な事業を適切に組み合わせることが経済効果につながることが理解できる。範囲の経済は、情報単体によって生み出されるものではないが、情報は範囲の経済の重要なファクターとなるのである。

② 速度の経済

情報の利用により不確実性を低減させ、ムダを排除することができるようになる。それによって、たとえば商品の生産や販売の回転速度を上昇させることができる。このような経済効果を「速度の経済」という。速度の経済のメリットは、以下のとおりである。

まず、仕事のスピードそのものが企業に競争優位をもたらし、顧客を引きつけることができる。

第2のメリットは、情報を利用することで高められる投資効率である。

投下資本利益率は、売上高利益率と回転率の積によって求められ、情報を利用することによって回転率を上げることができる。このようにして在庫回転率が上昇し、少ない在庫で大きな売上げが可能となる。

第3のメリットは、スピードを上げることでロスを少なくできるという効果である。発注から販売に至るまで、一連のサイクルのスピードを上げることによって商品の売れ残りといったロスが減る。このような効果は、生鮮品や流行に左右されるファッション業界等において重要となる。

情報のこの2つの経済性は、伝統的な業界に対し根本的な再編成を要請する。また、伝統的な「業種」という概念は、無効となる可能性もある。これが「融業化」と呼ばれる現象である。

融業化には、縦と横の2つのタイプが考えられる。縦の融業化とは、メーカーから小売りに至るまでの取引相手間における協力と融合を指す。これには前述の速度の経済が関係する。縦の関係にある各機関の意思決定は、同期化されてしまうということである。

また、横の融業化とは、事業横断的な動きを指す。たとえば、運送業の企業が物販に乗り出す場合等がその好例である。範囲の経済が情報資源に後押しされ、このような動きを可能にしている。

3　縦の融業化（同期化戦略）

情報革命がもたらす速度の経済は、ビジネスにおいて縦の連鎖のあり方に大きな影響を与える。市場の動きに応じて、在庫管理から生産、さらに製品企画までもが同期化される。このような形は、製販統合と呼ばれ、「統合された縦の連結」が強調される。以下では、情報化による「縦の融業化（同期化戦略）」のあり方と従来のビジネスシステムの考え方との違いを明らかにする。

（1）投機型システム

　わが国において、多くの消費材メーカーの採用していた伝統的ビジネスシステムが「投機」型ビジネスシステムである。このシステムの基軸は「見込み生産」と呼ばれる、市場の需要に先立つ大規模な生産のあり方にあった。この生産方針では、実際の市場需要とはギャップを持ち、生産物が売れ残ったり、逆に品切れを起こしたりする。このようなリスクは市場リスクと呼ばれる。

　どちらかといえば、問題になるのは作りすぎのリスクであるが、そのリスクやコストをいかに避けるかが投機型ビジネスシステムの最大の課題といえる。このシステムにおける流通と製品の政策は、このような課題を前提に作成される。

① 　製品流通に関しては、流通の系列化が試みられる。生産者が作りすぎることによって生じるコストは、独立資本化された個々の流通業者によって分散・分担される。

② 　製品に関する政策もこれに対応することになる。すなわち、製品ラインが拡大する。自動車であれば軽自動車からファミリータイプの大型車までといったように、広い製品カテゴリーを抱えることになる。また、豊富なのはカテゴリーだけでなく、1つの製品においてもより多くの品種をそろえようとする。

　このような動きにはいくつかの理由があるが、強調すべき点は、流通系列化との関係である。流通において、個別の流通業者、つまり専売店を持つことにはデメリットもある。専売店にしてみれば他のメーカーの製品を仕入れることができないため、多種多様な製品の仕入れを要求することとなる。かくして、売上げのよい専売店を確保するためには、メーカーは総合的な製品ラインを維持しなければならなくなる。

③ 　絶え間ない製品革新もまたこのシステムの特徴である。家電や自動車の頻繁なモデルチェンジは市場需要を刺激し、新しいテクノロジーや機能、新たな消費者側のニーズが、新たに市場へ投入された

製品に具現化されてきた結果である。

　ここでもまた、専売店制の維持という視点から論じることができる。すなわち、競争相手の新製品に後れをとらないこと、大幅に先んじることはないものの、他社と同等以上の新機能を搭載することが専売店をつなぎ止めるには必要となる。この帰結として、製品政策サイドでは、革新と模倣のサイクルが短くなり、これに伴って開発サイクルの時間的短縮が起こる。

　大規模集中型の見込み生産というシステムにおいては、流通系列化が必須となり、さらにその流通系列化は、製品ラインの拡大と絶え間ない製品革新を要求することとなる。この枠組みが完成すると、大規模集中生産が可能となる。この一連のシステムが「投機型戦略」と呼ばれる戦略パッケージである。→図表7-1-1

図表7-1-1 ● 投機型戦略

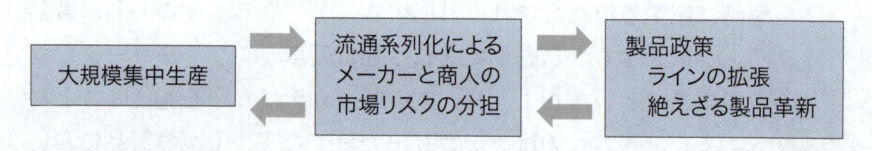

出所：石井ほか（1996）、p. 60

（2）需給同期化戦略

　需給同期化戦略は、前項で述べた投機型戦略とは異なっている。需給同期化戦略とは、製品企画から生産、在庫の一連の流れを販売と同期化するために、販売時点の情報をできる限り速やかにビジネスシステムの情報に届けようとする戦略である。→図表7-1-2

　こうした需給同期化の効果として挙げられるのは、市場リスクの軽減である。製品企画や設計における意思決定を消費者のそれと同期化できれば、生産品の売れ残りリスクはゼロとなる。また同様に、生産と在庫を販売と同期化できれば、出荷量や生産量を適切に調整できるようにな

図表7-1-2 ●需給の同期化

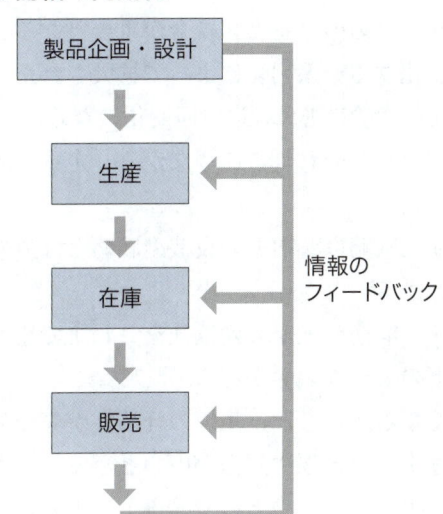

出所：石井ほか（1996）、p. 60

るため、流通在庫量を減少させることができる。

　こうしたリスクの低下が可能になるのは、販売時点での情報が、物流、ひいては製品設計の決定、生産等の上流部分に迅速にフィードバックされるからである。その意味で、投機の経済性の特徴が「規模」にあったとすれば、同期化の経済性は、情報の「速度」にあるといえる。

　需給同期化のもたらすもう1つの効果は、ロジスティクスライン全体にわたるコスト低下の可能性である。需給同期化により完成品の在庫や輸送コストが抑えられるため、在庫・輸送コストは原材料の中に組み込まれ、コスト低下につながる。原材料は、大きなロットでの取り扱いや輸送が可能であるためである。

　こうした同期化の利点の追求に伴い、メーカーの市場戦略は、大きな変化を迫られることとなる。

① 市場リスクが最小化されるため、リスクへの配慮の必要はなくなり、系列化の意義は薄れる。それよりも、販売時点からシステム上

　流への情報のフィードバックをスピードアップし、設計から流通までを同期化させるためのプロセス統合が重要となる。

② 製品政策も変化する。系列化によって拡大された製品ラインや絶えざる製品革新の意義は薄れ、逆に同期化のためには、「製品種類の絞り込み」や安定した売れ行きにつながる「定番商品の育成」が重視される。

　このように、同期化戦略は、前述の投機型戦略とは逆の指向性を持つ戦略ということがわかる。

　投機型戦略に対する同期化戦略の優位性をこれまで述べてきたが、同期化戦略には、以下のような限界がある。

① 投機性が低くなるとともに、規模の経済性が失われる可能性がある。つまり、逐次生産と逐次配送が中心となることから規模の経済が得難いため、平均コストの上昇や競争上の不利益を招く可能性がある。

② いくら同期化が進んでも、市場リスクはゼロにはならない。同期化が進んでも、見込み生産が完全になくなるという状態は、現実には起こらないからである。仮に受注生産を基軸にしたとしても、生産設備等の初期投資分に対する稼働率のアップが求められる。よって、この見込み生産部分がなくならない限り、売れ残りの市場リスクは残存することとなる。

　また、完全な受注生産体制が実現できたとしても、原材料の仕入れは見込みによって行われる。原材料は標準化され、転用可能性が高まるという特質を持っているため、完成品の在庫を抱えるよりも在庫負担のリスクは少ないが、原材料の状態での売れ残りリスクがゼロになるわけではない。

③ たとえ売れ残りのリスクが回避できたとしても、逆に品切れ、または長すぎるリードタイムのリスクについて考慮しなければならない。過剰な流通在庫を抱えて経営が破綻するという事態を避けられたとしても、厳しい競争の中では少しずつ競争相手にシェアを取っ

て食われるという可能性も否定できない。

　このように、資本主義社会において競争が行われる限り、いくら事業を同期化させたとしても、投機型戦略の要素を完全に無視することができないことは自明である。流通系列化は、依然として効用を持つこととなる。しかし、同期化戦略の中に投機型の要素が残存していると、同期型戦略の効果は、十分に上がらないというジレンマも起こり得る。

4　横の融業化（事業連結戦略）

　事業連結戦略の定義は「異質の複数事業を連結する」というものである。本来、事業群の独立には何らかの理由や意義が付与されているのであり、それらが改めて連結されるという現象は特別なことといえよう。この奇妙な連結の根拠は、製品・サービスや技術の視点からはまったく別の事業であるにもかかわらず、顧客の視点から見たときに1つの統一した市場に見えるという可能性がある。つまり、製品・サービスそのものではなく、製品・サービスが果たす「機能」、あるいは顧客が用いる手段ではなく、彼らが期待する「目的」によって事業ドメインを定義する必要がある。それによって、製品・サービスや技術の特性という視点からはまったく別々の事業に見えるものが、強い依存関係にあると再認識されることもある。

（1）範囲の経済による事業連結

　これまで述べてきたように、事業連結の根拠には供給側・顧客側それぞれの事情がある。供給側の事情は「範囲の経済」に基づくものである。すなわち、ある事業における情報ストックが、別の事業にどれだけ寄与するのかという情報連鎖の程度がポイントになる。一方、顧客側の事情とは、顧客ニーズにおける関連性の強さである。顧客にとって切り離して考えることのできない別々の事業は、この視点において事業連結が求められるといえる。

このように、情報ストックと顧客ニーズにおける関連性という2つの条件が事業連結を促す大きな動因となることが理解できる。まず前者について説明する。

① 情報ストック

情報ストックは、事業の成功に決定的な影響を与えることが往々にしてある。たとえば、通販会社の成長には、各社の膨大な顧客データベースの果たす役割が大きい。

まず第1に、このような情報ストックによって顧客1人ひとりに合った製品の提供が可能となる。顧客データベースには、年齢や性別等の基本的な属性に限らず、その顧客の購買履歴等のデータも含まれている。このような、次々に蓄積するデータをもとに顧客を類型化・細分化し、それぞれの顧客の嗜好に合った製品情報等が提供され、その結果、顧客からのレスポンスレートも向上する。

第2に、マーケティング・マネジャーが、顧客やテーマ、製品等のさまざまな切り口においてマーケティングの成果を即座に把握できることが挙げられる。それぞれの切り口単体や、複数の切り口を合成したものから、売上高やマージン率、そして投資収益率までが算出可能である。これらの数値によってマーケティング施策にまつわる判断を行い、新しい案を生み出すことができる。

顧客の属性や、それに応じて行ったマーケティング施策の効果が即座に把握できるという利点により、マーケティングの意思決定は、ますます的確に行われるようになってきている。

このような考え方は、各分野で積極的に取り入れられている。たとえば、新製品を新聞の一面広告やネット等で大々的に広告し、購入の申し込みや問い合わせを直接消費者から受け付けるという試みである。その企業が、適切な流通チャネルをもともと持っていなかったため、このようなやり方を採用するという理由もあるが、さらに期待されているのは、顧客データベースの蓄積である。何万、何十万という消費者が申し込みや問い合わせを行うことによって蓄積された情報が、この会社にとって

重要な経営資源となる。実際の売上げにはそれほどつながらなくとも、細分化された消費者のデータを的確に収集することができるからである。それ以降、他の商品を提案する場合において、この顧客データベースは重要な情報資源となるのである。

② 顧客ニーズの関連性による事業連結と戦略パートナーシップ

事業連結のもう1つの根拠となるものが「顧客ニーズの関連性」である。複数の事業群が顧客のニーズという視点から見たときに関連性が高ければ、それらの事業を統一性という観点から管理することが求められる。しかし、ただ単一の組織として管理すればよいというものではない。実際の企業組織においては、複数の事業群が企業の中に内包されるよりも、取引相手との「中間組織」の形態で緩やかな連結関係が構築されていることが多い。このような関係は「戦略パートナーシップ」（Strategic Partnership）と呼ばれる。

このような中間組織（戦略パートナーシップ）は、完全に統合された組織ではなく、かといって完全な市場取引のルール下に置かれているものでもない、両者の中間的性格を有したものである。すなわち、市場取引のルール下にある一方で、指揮命令系統や権限関係としての特徴も有するような複合的性質を持つ組織である。かつて日本独自に確立していた流通系列化や下請けといった制度は、このような性質を帯びた中間組織と呼ばれていた。

（2）中間組織（戦略パートナーシップ）

中間組織は、一時的・過渡的な形態ではなく、長期にわたって維持・継続される可能性を持つ組織であるにもかかわらず、なぜ完全統合にまで進まず、中間組織というあいまいな形態を維持し続けるのであろうか。それは、まず分業の利益が統合の利益に勝るからである。そして、統合された組織以上のメリットを有しているからである。

① 専門化・分業のメリット

統合ではなく、中間組織という形態が選ばれる理由は、それぞれの専

門性を深めながら別個に事業を行うことのほうが、利益が大きいからである。それは、1つには、それぞれの企業がそれぞれに自社製品における規模の経済性を働かせるため、1社が生産するよりもコスト的に優位性があるからである。もう1つの理由としては、管理コストの違いが挙げられる。異質な事業を統一的に管理することは、きわめて難しい課題である。いかに事業連結の効果が働いていたとしても、その同時的な管理は困難である。そこで、中間組織の形態をとることで、管理コストの削減を達成することができる。

② 組織的メリット

一方、こうした生産や管理におけるコストの側面以外にも、いくつかの条件がそろえば戦略パートナーシップを選ぶことがある。その理由としては、大きく分けて以下の4つである。

1）インセンティブ

メンバーのインセンティブに考慮する必要が少ない。戦略的提携においては、最終的な利益責任をそれぞれの企業が請け負うため、1社で事業を運営する際の複雑なインセンティブ・システムを構築する必要がない。

2）フレキシビリティ

固定費負担、リスク負担が軽減される。内製の場合の原材料の固定費化を回避し、需給に応じて変動的に原料を購入できる。

3）コンペティション

取引相手間の競争関係を利用し、コスト削減の働きかけやイノベーションの創発等を働きかけることができる。同様の製品を生産する2つの企業とそれぞれ提携関係を結ぶことで、企業間を競争的にコントロールし、コストダウンや新たな製品・サービス開発を促すことができる。

4）コミュニケーション

メンバー間のコミュニケーションが組織の権威によって歪められることが少ない。1つの企業に取り込まれた場合、階層的な構造に位置

づけられてしまい、場合によっては一方的な命令伝達のコミュニケーションのみになってしまう可能性がある。そうなってしまうと、イノベーションや情報の流通が妨げられてしまう。それを回避するために、戦略パートナーシップの意味がある。

以上に挙げたような効果は、戦略パートナーシップを結べば、どのような組織でも得られる利点であるとはいえない。こうした利益を得るためには、機会主義的な行動をとらないようにし、長期的な視野で関係を構築することが必要である。しかし、実際に競争的な市場において、こうした条件を満たすことが難しいというのもまた事実である。

第 2 節

事業システムの設計 (バリューチェーン)

学習のポイント

◆事業システムの連鎖的な活動によって価値やコストが順次付加・蓄積され、顧客に向けた最終的な価値が生み出されるとする考え方がバリューチェーンである。

◆バリューチェーンを分析し、再構築を行うことで、消費者に対して提供している価値の再認識と競争優位性の獲得が可能となる。

1 バリューチェーン

ポーターによって提唱された**バリューチェーン（Value Chain）** **Key Word**は、前述した同期化戦略をさらに発展させた事業システムとして、一連の流れの中で順次、価値とコストを付加・蓄積するという考え方である。事業システムの連鎖的活動によって、顧客に向けた最終的な「価値」が生み出されるととらえている。バリューチェーンは、事業活動を

Key Word

バリューチェーン──価値連鎖と訳され、市場に向けて価値のある製品・サービスを提供するために、ある産業における企業の一連の活動を意味する。バリューチェーンをいかに遂行するかによってコストが変わり、利益にも影響を及ぼす。経営戦略においては、このバリューチェーンの中で、どこで価値を生み、どこが競争優位の源泉となっているのかを分析・把握することが重要なカギとなる。

図表７-２-１ ● バリューチェーン

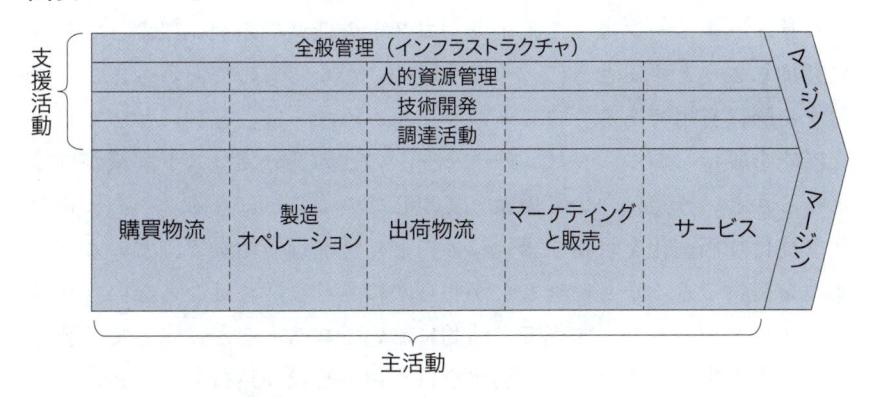

出所：ポーター（1985）

機能ごとに分解し、どの機能において付加価値が生み出され、どの部分に強みや弱みがあるかを分析したうえで、その事業戦略が有効か否か、そして改善の可能性がどこにあるのかを探索するアプローチである。→図表７-２-１

　まず企業の活動は、主活動およびそれを支援する支援活動に分解できる。それにマージンを足して全体の付加価値を表す。ポーターは、企業の主活動を「モノの流れ」に注目したうえで、原材料や部品等の購買物流と製造オペレーション、出荷物流、マーケティングと販売、サービス等の機能に分けている。また、全般管理、人的資源管理、技術開発、調達活動については、直接的な製品の流れにかかわらないものとして支援活動に分類している。

　バリューチェーンにおいて注目すべきは、分類の厳密さではなく、企業が多彩な活動を行っていること、それらの役割やコスト、全体として事業戦略にどのくらい貢献しているのか、ということについて可視化することにある。

　バリューチェーンを用いて業界を分析すると、業界や市場によって競争が有利となるようなポイントは異なることがわかる。特に、業界分析に

おいては、成功要因がバリューチェーンによって発見されることが多い。

バリューチェーンはまた、企業がコストの低減や差別化によって競争に参加しようとするときに、その手段がいかなるものであるべきかを検討する際に有用である。コスト競争を試みるならば、顧客にとって必要な機能を維持しつつ、バリューチェーンのどの部分でコスト削減が可能となるかという点について模索・実現していくことになる。一方、差別化や高付加価値化を目指す場合には、どの付加価値活動で、どのような価値を提供できるかということが明らかにされなければならない。高付加価値化といっても、すべての活動においてコストをかけすぎては製品の競争力が失われるため、差別化を行う領域を絞り込む必要がある。

2 コスト・ドライバー

ポーターは、事業分析を行う際、コストの振る舞いに着目したうえで、この振る舞いを規定するような10の構造的要因を列挙している。これをコスト・ドライバーといい、これらの要因がどのようにおのおのの付加価値活動に影響を及ぼすかについて定量的に把握したうえで、戦略を立てるべきであると主張している。

コスト・ドライバーに挙げられる10の要因とは、以下のものである。

① 規模の経済性
② 習熟度
③ 利用キャパシティーのパターン
④ 連結関係
⑤ 相互関係
⑥ 統合
⑦ タイミング
⑧ 自由裁量の政策
⑨ ロケーション
⑩ 制度的要因

　これらについての分析は、**コスト・ビヘイビア分析**とも呼ばれ、実際には営業コストや生産コスト、他社との比較分析として行われることが多い。企業活動のコストの振る舞いをモデル化することで、経営戦略の選択肢のそれぞれにどのくらいの成算があるかについて、コストという視点によって定量的かつ緻密に行うことを目指すものである。なお、コスト・ドライバーは、必ずしも前記の分類に固執する必要はない。規模、複雑性、変化、システムの違い等さまざまな要素についても考慮する必要がある。それぞれの状況における分析のニーズに鑑みながら、重要な要素に着目して分析を行えばよい。

3　事業の変革とバリューチェーン

　ある１つの時点だけではなく、時系列的にバリューチェーンおよびコスト・ビヘイビア分析を行うことで、事業構造の変化を理解することができる。すなわち、さまざまな企業に共通する内部経済の変化を理解することが、競争環境の変化の理解につながるのである。環境や競争要因、成功要因等が変化する背景には、消費者ニーズのような外部要素よりもむしろ、企業内部の供給の経済性にかかわる条件変化が見受けられるからである。

　その例として挙げられるのが、技術進化により引き起こされるコストダウンによる事業構造の変化である。言い換えると、バリューチェーン内のそれぞれのコストに対して経験効果が影響を与えるということである。ある製品の技術革新による生産性の上昇に伴い、生産コストは低下する。と同時に、労務費の比率も下がる。それに取って代わるように、設計コストや販売コストの比率が相対的に上がることとなる。その結果、バリューチェーン全体の中で生産コストの比率は軽微なものとなり、マーケティングや販売の重要性が相対的に増すこととなる。このようなプロセスが、技術の進化に伴う事業内の成功要因の変化である。

4　バリューチェーンの再構築

　バリューチェーンの変化を漫然と待つだけでなく、バリューチェーンの再構築を主体的に試みることで競争優位に立つことも可能である。バリューチェーンの再構築とは、従来、自明とされていた事業のルールが、バリューチェーンの根本的な変化によってつくり直され、まったく別のものになってしまうことを表している。情報通信技術の進歩は、この変化に大きな役割を果たしている。

　現代においては、バリューチェーンの再構築が事業に与える脅威やチャンスを詳細かつ大胆に予測する必要がある。そのチェックリストとしてボストン・コンサルティング・グループ（BCG）が挙げているのが以下の5つである。

① バリューチェーン全体の中でコストの割に価値の低いところはどこか。

　　たとえば、人件費がコストとなっている部分については、時間の経過とともに対コスト価値が低くなることに注意しなくてはならない。

② 自社の事業は、顧客のバリューチェーンの一部か、全部か。

　　もし自社の事業が顧客のバリューチェーンの一部としてみなされるならば、ルールの再構築後に自社の製品がどのように位置づけられるかが問題となる。逆に、自社の事業がバリューチェーン全体を占めているならば、競争相手がバリューチェーンを解体したときの自社に与える影響を考察しなければならない。

③ 自社の事業で、ネットワーク化によって影響を受けるのはどこか。

　　物的流通がネットワーク化されたことで、どのような変化が起こるかを議論しなければならない。

④ 現在の戦略的資産のうち、負債となるものはどれか。

　　販売人員や高度に組織化されたメンテナンス部門等が従来、強みであったとしても、バリューチェーンの再構築により、それらが負

　債にシフトする可能性がある。
⑤　どのような新しい活動・能力が必要になるか。
　　ネットワーク化の流れを受けて、顧客の情報活用こそが企業のチャンスを左右することとなる。

　こうしたチェックリストを常に考えることで、変化する経営環境に素早く対応できるような事業変革を含んだ経営戦略の策定が重要となる。バリューチェーンを考えることの本質的な意義とは、企業は常に消費者に対して価値（Value）を提供することが大きな目的の1つである、ということの認識・再認識が可能なことである。マーケティング近視眼に陥り、企業が顧客に提供する価値が何かを的確に理解していないような場合には、戦略を策定する際の前提である市場の理解、環境の把握をしていないことになる。そのようになると、経営戦略の第一義的命題である環境適応を達成することはできなくなるであろう。

第7章　理解度チェック

次の設問に、〇×で解答しなさい（解答・解説は後段参照）。

1 同期化戦略による効果として挙げられるのが、一連のロジスティクスライン全体でのコスト低減が達成できる点である。

2 バリューチェーンは顧客に提供する価値によって企業活動の一連の流れをとらえる手法であり、そこから自社の強みや弱みの分析や事業システムの見直しへと発展的に分析を行う。

解答・解説

1 〇
同期化戦略でも特に需給同期化戦略における効果は、情報の早いフィードバックによって市場リスクを軽減する点と、ロジスティクスラインの効率化とスピード化によるコスト削減効果である。

2 〇
バリューチェーンとは、事業システムを一連の流れの中で順次、価値とコストを付加していくものであるととらえる、ポーターによって提唱された概念である。最終的に顧客に提供する価値を考えることで、自社事業の強みや欠点を分析することが主な目的である。

第 8 章

経営戦略の選択

この章のねらい

　ここで再び戦略と組織の関係を考え、戦略と組織を相互浸透的なものとしてとらえると、いくつかの特徴による分類が可能になる。マイルズ＆スノーは、問題に直面した企業は、一定の意思決定サイクルを反復することでその問題に対処し、そのサイクルが企業の持つ独自の「くせ」のようになり、そこから一定の適応パターンが生まれると主張している。

　このことは、環境適応や戦略策定が企業の戦略的意図によってだけでなく、組織的要因に大きく影響されていることを表している。そのため、組織を理解することは戦略そのものを理解することであり、全社のみならず第7章で触れた事業戦略を考えるうえでもきわめて重要である。

　本章では、こうした組織と戦略の環境適応類型の中から、マイルズ＆スノーの4類型、コトラーの競争ポジションによる4類型、そしてミンツバーグ＆ウォータースによる戦略タイプの8類型について説明する。

<table>
<tr><td>第 1 節</td><td># 環境適応タイプによる
類型モデル</td></tr>
</table>

第 1 節 環境適応タイプによる類型モデル

学習のポイント

◆戦略と組織を相互浸透的でダイナミックな関係として理解するマイルズ＆スノーのモデルでは、組織を防衛型、探索型、分析型、受身型の4つの類型に分類し、さまざまな側面から見た問題点、対応策、さらにコストや利点を列挙している。

　これまでの戦略と組織との関係は「組織は戦略に従う」（チャンドラー、1962）と示されるように、明確に2分化されてきた。すなわち、まず戦略が策定され、戦略を最も有効に遂行できるような組織がデザインされるという戦略と組織の適合関係である。

　たとえば、アンドリュース（1971）は、戦略と組織の関係を戦略策定と戦略実施という2段階の視点でとらえている。戦略策定とは、具体的に以下の諸要素からなる。

① 環境における機会と脅威
② 自社の内部資源の強みと弱み
③ 社会的役割
④ 経営者の価値観

他方、戦略実施とは、

① 組織構造
② 組織プロセスと行動
③ トップ・リーダーシップ

から成り立っている。これらの要素が複雑に絡み合って、経営戦略が形

成されると考えられる。

　また、ルメルト（1974）によれば、アメリカ企業の多角化研究から、企業が単一事業にとどまる場合には、職能別組織をとる傾向があり、多角化の程度が進むにつれ事業部制に移行し、さらにコングロマリット型に進むと持株会社方式へと移行するとしている。

　このように伝統的な理論では、戦略に関する諸施策の決定機関と執行機関が明確に分かれている。つまり、戦略論と組織論が2分割のもとで展開され、「組織は戦略に従う」という命題のとおり、意図した戦略を最も効果的に実施できる組織構造のあり方を模索してきた。

　この考え方は、プロセス論の立場からすると2つの大きな問題点がある。1つ目は、実際の経営戦略がさまざまな要因の結果から成り立っている「一連の意思決定の累積的結果」という点であり、戦略と組織を区分することは、戦略の本質的な問題をないがしろにしてしまうリスクがある。2つ目は、組織論の議論が組織形態に限られているという点である。伝統的理論では、事業部制組織や職能別組織といった公式構造に焦点が当てられてきたが、現実の組織は、人々の行動や組織過程が織りなすダイナミックなものである。このような問題点を踏まえて、代わって現れたのが、戦略と組織の相互浸透モデルである。

　戦略と組織を相互浸透的にとらえようとする研究には、マイルズ＆スノー（1983）が知られている。マイルズ＆スノーは、企業の環境適応のタイポロジー（類型）を経営戦略と組織の2軸からとらえ、防衛型、探索型、分析型、受身型の4つの類型に分類した。彼らの研究によれば、何らかの対応が迫られる問題に直面する企業は、一定の意思決定サイクルを反復することによって問題に対処しようとする。これが企業の問題対処の特徴、いわば「くせ」となる。一貫して見られる「くせ」から、一定の適応パターンが生み出される。

　このように環境適応類型の考え方では、戦略と組織の相互関連をダイナミックな関係と想定している。マイルズ＆スノーの戦略と組織の相互浸透モデルは、能動的・積極的適応と受動的・消極的適応の2極による

単一次元の類型化である。この類型は、それぞれの企業の戦略的発想法、組織機構、組織力の間に一定の相互強化的な対応関係、つまり企業の個性ともいうべきものが存在することが示されている。

では、ここでマイルズ＆スノーの環境適応類型を概観していきたい。彼らは組織を4つの類型に分類し、それぞれの類型組織について、経営者的問題、技術的問題、管理的問題という3つの側面から問題点と対応策を指摘し、それに伴うコストと利点を指摘した。以下にその概要を記す。

1 防衛型

防衛型（Defender）とは、狭い製品・市場の領域を持つ組織である。このタイプの組織のトップは、限られた事業分野で高い専門性を持っているものの、新しい機会を求めて領域の外側を探索しようとはしない。このように狭く的を絞っている結果として、これらの組織は技術、機構、あるいは業務の方法を大きく変える必要はめったにない。彼らの主要な関心は、既存の業務の効率性を向上させることにある。つまり、自社のドメインの中で自社の強みを防衛するという形でのみ、脅威への対抗を図ろうとする企業である。

防衛型企業に特徴的なのは、明確に規定された市場に対して安定した製品ないしサービスをつくり出すために、市場のある部分を占有しようとすることである。環境の変化や不確実性に対する組織の弱点を減少させる一連の意思決定と行動によって、その業界レベルでの安定性を意図的につくり上げている。防衛型の製品・市場領域の特長は、狭さと安定性にある。防衛型は、通常、見込み市場の限られた部分の製品・サービスに目を向ける。選択された部分は、市場全体の中で最も健全な部分となる。常連客ないし顧客が欲しがる製品またはサービスの全範囲を提供しようとすることが多い。満足してくれる常連客をつくることによってターゲットとする市場部分との関係を安定させ、生産物の連続的な流れを確保していく。

　業界で防衛型が成功するかどうかは、選択された市場において、みずからの卓越性を積極的に推持する能力があるかどうかにかかっている。この積極性は、技術面において顕著に現れる。その一方で、当該事業領域での開発には積極的であるが、それ以外の領域での開発努力があまり見られない特徴がある。また、防衛型組織の成長は、現在の市場に深く浸透することによってなされる。それは、事業領域が狭く安定しているために、組織が常連客あるいは顧客のニーズに十分に精通することに大きな意味があるからである。

　防衛型の経営者的問題は、安定した製品と顧客の組み合わせをつくり出すために、いかに全体市場の一部を「聖域化するか」ということにある。その対応策としては、以下のことが挙げられる。

① 　狭く安定した事業領域に絞ること
② 　競争的価格政策や優れた顧客サービス等の事業領域の積極的維持
③ 　事業領域外での開発を無視すること
④ 　市場浸透策を中心に漸進的に成長すること
⑤ 　現在の製品・サービスに結びついた製品開発を行うこと

　防衛型の利点は、競争相手にとって市場で安定した地位を占める防衛型組織を市場から追い出すことが困難となるため、防衛型組織自体は安定を維持できる点にある。しかし、市場や環境自体に大きな変化が生じると、一転してその安定的地位が脅かされることが欠点として挙げられる。

　防衛型の技術的問題は、いかにして効率的に製品またはサービスを生産し流通に乗せるのかにある。この対応策として考えられるのは、次の4つである。

① 　コスト効率志向の技術
② 　単一の中核技術
③ 　効率性維持のための技術等の改善や向上
④ 　垂直統合の実施

　防衛型の利点は、技術的効率が組織成果の中心になることである。しかし、技術改善に対する投資はあくまで技術的問題が長期安定し予測可

能であることを前提としているため、変化に対する対応策は整っていないことが欠点としてある。

防衛型の管理的問題は、効率性を確保するためにどのようにして厳格な組織統制を行うかにある。その対応策は、

① 実質的かつ強力な執行者たちの中に財務や生産の専門家がいること
② 実質的執行者の任期が長く内部からの昇進者であること
③ 計画は集中して策定され、コスト志向的であること
④ 高度に分業化・公式化されており、職能別組織の傾向を持っていること
⑤ 集権的統制と縦に流れる情報システム
⑥ 階層経路に従ったコンフリクトの解消と簡潔な調整メカニズム
⑦ 組織成果は前年度対比で決定
⑧ 報酬システムは財務と生産に対して有利であること

等である。一方で、こうした管理システムは、安定性と効率性を維持するのに最も適しているが、新製品や新市場の機会を見つけ出すのには適していない。

2 探索型

探索型（Prospector）とは、絶えず市場機会を探索してやまない組織であり、新しい環境にいつでも対応できる体制を整えている組織である。そのため、この組織では、しばしば変化と不確実性をつくり出し、競争相手は対応を余儀なくさせられる。しかし、一般にこういった組織は、製品と市場の革新に対して関心を持ちすぎるために、通常、完全には効率的にならない。こうした組織は、攻撃型とも呼ばれ、積極的かつ能動的な行動を通じて環境適応を図ろうとする企業である。

探索型の経営者的問題は、新しい製品と市場をどのように見いだして開発するのかという点である。その対応策としては、

① 事業領域を広くとり、常に発展させていくこと
② 環境の条件と出来事を広い範囲にわたって監視すること
③ 業界に変化をつくり出すこと
④ 製品と市場の開発によって成長すること
⑤ 急速な成長もあり得ること

等である。探索型組織の問題点は、製品と市場の革新が環境の変化から組織を守る一方で、企業自体の収益性が低くなり、資源が拡張しすぎる危険に陥る点にある。

探索型の技術的問題は、単一の技術過程に長期にわたってかかわりすぎることをどのようにして避けるかということである。この対応策として考えられるのは、

① 柔軟で試作的な技術を持つこと
② 複数の技術を持つこと
③ 過度な機械化を避けて、人間に技術を持たせること

といった施策である。こうした組織は、技術の柔軟性によって事業領域の変化にすばやく対応しうるが、複数の技術があるために生産と販売のシステムの効率を限界まで高めることはできない。

探索型の管理的問題は、数多くの多様な活動をどのようにして円滑に行い調整していくかにある。この対応策としては、以下の方法が考えられる。

① 実質的執行グループの中で、マーケティングと研究開発の専門家が最も大きな力を持っていること
② 実質的執行グループは大きく多様で変動的であること
③ 実質的執行グループの任期はそれほど長くないこと。また、内部昇進もあるが、外部から招くことも考慮すること
④ 計画は多面的であり、問題解決的に実行されること
⑤ 分業化も公式化も低い程度に収められ、製品別組織の傾向を持つこと
⑥ 統制は分権化され、情報システムは短く横断的であること

⑦　調整メカニズムは複雑でコンフリクトは調整役によって解決されること

⑧　組織成果は、競争相手との比較で測定される。報酬システムはマーケティングと研究開発に手厚くすること

こうした組織の管理システムは、柔軟性と効果性を維持するには適しているが、資源の過小利用や誤用が生じるかもしれない。

以上のように探索型組織は、環境をよりダイナミックにとらえ、その市場機会を利用するために製品と市場領域を絶えず修正したり、技術と管理システムを柔軟にしたりすることで環境適応を促進している。こういった探索型戦略では、製品や市場をあまりに拡張すると組織が過大になりすぎたり、技術的に非効率になったりする可能性がある。また、資源を十分に生かしきれなかったり、誤用したりすることがあるかもしれない。言い換えれば、探索型組織は、効率性を追求する組織というよりは、効果を追求するための組織といえる。したがって、本質的な探索型組織の課題として挙げられるのは、組織自体が生来持つ非効率性ゆえに収益性を最大にすることが難しい点である。

3　分析型

分析型（Analyzer）とは、比較的安定した事業領域を持つ一方で変動的な事業領域を持つという、2つのタイプの製品・市場領域において同時に事業を営んでいる組織である。安定した領域では、公式化した機構と過程のもとで日常的業務を効率的に営んでいる。変動的な領域ではトップが新しいアイデアを求めた競争相手を詳細に観察し、最も見込みのありそうなアイデアと判断すればすばやく対応する。すなわち、対象市場ごとに防衛型、探索型の2つの行動を分析的に組み合わせるというやり方をとる企業である。

分析型の経営者的問題は、これまでの製品と顧客のしっかりした基盤を保ち、それと同時に新製品と新市場をどのように見いだして開発する

かという点にある。その対応策として、

① 安定し、かつ変動的な複合事業領域を持つこと

② 監視メカニズムは第1にマーケティング、第2に研究開発に向けること

③ 市場浸透と製品・市場開発を通じて着実に成長すること

等がある。この問題に関する利点は、研究開発への投資が少なく、成功がはっきりした製品・サービスを模倣することによってリスクを最小限に抑えることができる点にある。しかし、その事業領域において、安定と変動の間で常にバランスがとれていなければならないことが課題となる。

　分析型の技術的問題は、事業領域の安定部分において、どのようにして効率化し、また変動部分では柔軟に扱うのか、その2つの問題をどうバランスさせるかといった点である。その対応策としては、

① 安定技術と柔軟技術の二重の技術中核を持つこと

② 応用研究グループが大きく影響力を持つこと

③ 技術的効率化はほどほどにすること

といったことが挙げられる。技術的問題に関する利点と欠点は、二重の中核技術が安定と変動の複合事業領域の確立に役立つが、その一方でそれらの技術は、完全に効率的にも効果的にもなり得ないといったことである。

　分析型の管理的問題は、安定的活動と変動的活動の両方を遂行するために、組織の構造と過程をどのように区別するのかという点である。この問題に対する対応策には、以下の内容が考えられる。

① 実質的執行グループのうちで、マーケティングと応用研究グループのメンバーが最も影響力があり、生産がそれに次ぐ形になるようにする

② 事業領域の安定部分では、マーケティングと生産の間で重点的な計画を立て、新製品と新市場については、マーケティングと研究開発、プロダクト・マネジャーの間で包括的に計画する

③ 機能別部門と製品別グループを結びつけるマトリックス構造を持

つこと

④　縦と横のフィードバック・ループを持ったある程度集権的な統制システムを持つこと

⑤　きわめて複雑で、高度な調整メカニズムを持つこと。コンフリクトの解消には、プロダクト・マネジャーが行うこともあるし、階層経路を通じて行われることもある

⑥　業績評価は、効果性と効率性の尺度に基づき、マーケティングと応用研究に最も手厚くすること

分析型組織の管理上の課題としては、管理システムは、安定性と柔軟性のバランスをとるには適しているが、このバランスが失われたときには回復が困難になる点である。分析型の特徴は、バランスである。安定と変動の二重の中核技術を創造することによって、2つの事業領域で活躍することができる。防衛型と探索型の特徴を持ち合わせる分析型では、安定性と柔軟性のバランスをとることが理想的である。分析型は、その二重性のために完全に効率的になることも効果的になることもないが、一方でどちらの要素もあわせ持つ点では、企業のフレキシビリティが高いといえる。

4　受身型

受身型（Reactor）とは、トップが組織環境で発生している変化や不確実性に気づくことはあっても、それに効果的に対応することができない組織である。このタイプの組織では、一貫性のある戦略的組織関係を欠いているので、環境からの圧力によって強制されるまでは、いかなる対応もめったに行わない。つまり、前記3類型のどれにも該当しないような一貫しない行動をとる企業である。→図表8-1-1

受身型は、環境に長期にわたって一貫して対応できるメカニズムを持っていないので、不安定な組織である。その結果、業績が悪化し、将来に対して積極的に行動しにくくなるという悪循環に陥りやすい。組織が受

図表８-１-１●環境適応タイプによる類型モデル

適応類型	経営者的問題への対応	技術的問題への対応	管理的問題への対応
防衛型	安定的な顧客あるいは製品を生み出すために、自社の対象市場を全体市場の変動からいかにして隔離するか。――限定された市場への積極的な働きかけ。	いかにして製品やサービスをできる限り効率的に生産・販売・配送するか。――ルーティンで統合的な技術の採用。	能率を維持するためにいかにして組織の厳格なコントロールを行うか。――公式化され職能的に専門化された組織構造、集権的で垂直的な情報処理システム、財務・製造部門が強いパワーを発揮する権力構造、階級関係に基づく調整とコンフリクト解決、過去の実績に基づいた計画とコントロール（機械的組織）。
探索型	いかにして新製品や新技術の機会を探求し利用するか。――変動性に富む活動領域を選択し、みずから積極的に変化を生み出す。	いかにして１つの技術過程に対する長期的なコミットメントを生み出さないようにするか。――ノン・ルーティンで弾力的かつソフトな技術の採用。	多数の異質な業務をいかにして促進・調整するか。――公式化と職能的専門化の程度が低い製品別組織構造、分権的で水平的な情報処理システム、マーケティングならびに研究開発部門が強いパワーを発揮する権力構造、水平的統合機構を通じた複合的な調整とコンフリクト解消、競争業者の業績に基づいた包括的で問題志向的な計画とコントロール（有機的組織）。
分析型	既存の製品市場に確固たる基礎を確立しながら、いかにして新製品、新技術の機会を探求し利用するか。――複合的環境のもとで、マーケティング志向の市場進出と製品開発を通じた安定的な成長。	いかにして安定的市場における効率と変動的市場における弾力性を生み出すか。――異質な技術の採用。	安定的業務と不安定な業務のそれぞれについて組織の構造と過程とをいかに差別化するか。――有機的組織と機械的組織の折衷と組織内の分化。複雑な統合機構。
受身型	一貫した適応パターンを示さない。		

出所：マイルズ＆スノー（1983）、石井ほか（1996）、p. 157を一部修正

身型になる理由は数多くあるが、主な理由は、以下のようなものである。

　第1の理由は、トップが組織の戦略を明確に示していないことが考えられる。最高経営者の不在によって戦略的空白を生じさせた組織は、組織の方向について統一された確固たる表明がなされない。したがって、一貫性のある積極的な行動は生じない。第2の理由として、経営者が選択した戦略に適合した組織の構造と過程を十分につくり上げていないことが考えられる。実効性のある戦略が必要な事業領域の決定、技術的決定、管理的決定のすべてが整合性を持っていなければ、戦略は単なる声明にすぎなくなり、行動のための指針にはなり得ない。第3の理由は、環境条件に大きな変化があるにもかかわらず、経営者が従来のままの組織の戦略や構造関係を維持しようとすることが考えられる。経営者は、みずから率先して生存可能な経営戦略を策定できる組織に移行する必要があることを忘れてはならない。

第2節 競争地位による類型モデル

学習のポイント

◆市場内における競争地位の視点から、企業はリーダー、チャレンジャー、フォロワー、ニッチャーの4つの類型に分類され、それぞれにおける戦略的特徴が明らかになっている。

　競争市場戦略の類型として、コトラー（1983）は、4類型を挙げている。従来、企業の競争地位に関する分析では、それらを2類型でとらえる方法が主流であった。つまり、リーダー対フォロワーの図式である。しかし、この2類型図式では、リーダー以外の競争相手をフォロアーとしてひとくくりにしてしまい、フォロアーどうしの異質性を無視してしまうことになる。この点を考慮して、コトラーは市場の実態に則した類型として、リーダー、チャレンジャー、フォロワー、ニッチャーの4類型を設定した。

1　リーダー

　リーダー（Leader）とは、業界内で最大のシェアと経営資源を有する企業であり、それに合わせた販売マーケティング・ノウハウの蓄積、商品開発技術力、流通チャネル網、広告・プロモーション能力、その他のマーケティング関連資源や生産施設等を最も多く有している企業である。リーダー企業の戦略の定石は、同質化であり、全方位化である。つまり、競争相手と同質の競争を展開すれば、規模の力によって勝ると考えられ

るし、市場の最大シェア、利潤、名声を維持向上させていかなければならない。こういった理由から、リーダー企業の市場全体の拡大への動機は大きくなる。

2 チャレンジャー

チャレンジャー（Challenger）は、リーダーの地位をねらって挑戦する企業である。攻撃的戦術で積極的なシェア拡大を図り、積極的にリーダーへ攻撃を仕掛けるという特徴を持つ。高度成長期にあっては、リーダーと同じような戦略をとっていれば市場規模拡大とともに成長することができた。しかし、低成長期や市場成熟期においては、リーダーによってシェアを侵食され、下位からも独自性を持った小企業にシェアをねらわれるという状態に陥る。リーダーは、規模の力でシェアの維持・拡大を実現できるが、チャレンジャーの場合には、リーダーとの差別化や独自の戦略をとる必要がある。したがって、チャレンジャーは、市場シェア拡大に注力し、利潤や名声にはさほど関心を持たない。つまり、経営資源が劣るため、リーダーに対していかに差別化を展開するかが最大の課題となる。

3 フォロワー

フォロワー（Follower）は、リーダーやチャレンジャーを模倣することによって、安い投資コストを生かしながら存続する企業である。フォロワーは特定の一貫した戦略を創造あるいは維持するよりも、他社の戦略を真似るという意味で独自性に乏しく、大きな成長や他社に抜きんでるような飛躍の可能性は低い。しかし、生き残り戦略としては、そういった他社の模倣も収益獲得の方法となりうる。フォロワーが困難となる状況としては、市場が成熟している、製品差別化の余地が少ない、リーダーがあまりに強力であるためとるべき戦略がない、といったことが挙げ

られる。

4 ニッチャー

　ニッチャー（Nicher）は、市場内のニッチ（Niche＝すき間）を探り出し、その特殊市場に圧倒的な地位を築こうとする戦略である。小規模企業群がリーダー、チャレンジャー、フォロワー等の大企業が興味を示さないような小セグメントを対象とし、直接競合しないという「棲み分け」の考えが基盤となる。経営資源で劣るため、資源の集中化のメリットをねらい、特定セグメントにおいて利潤と名声を得ることを目指し、マス市場でのシェア獲得は考慮しない。

　以上のような分類に従って経営戦略を考えると、リーダー企業は、市場の最大シェアを確保するような戦略をとるべきであり、チャレンジャー企業は、リーダー企業との差別化を図るためにリーダーとは異なる戦略を考えるべきであるということがわかる。また、ニッチャー企業は、特定市場内でのミニ・リーダーであるということからリーダー的戦略を

図表 8 - 2 - 1 ● 競争市場戦略の体系

	市場目標	基本戦略方針	戦略ドメイン	政策定石
リーダー	市場シェア 利潤 名声	全方位化 （オーソドックス）	経営理念	周辺需要拡大 同質化 非価格対応
チャレンジャー	市場シェア	差異化 （非オーソドックス）	顧客機能と独自能力の絞り込み	リーダーとの差異化
フォロワー	利潤	模倣化	通俗的理念	リーダーやチャレンジャー政策の観察と迅速な模倣
ニッチャー	利潤 名声	集中化	顧客機能・独自能力・対象市場層の絞り込み	特定市場内でミニリーダー戦略

出所：嶋口ほか（2004）、p. 48

行使し、フォロワー企業は、リーダー、チャレンジャーにかかわらず2次市場内で適切と思われる戦略をとる。フォロワー企業は、一般的には低品質・低価格型の市場分野で地位を固めることが定石となっている。

　図表8-2-1は、この4類型による競争市場戦略を体系的に示すものである。

<table>
</table>

第 **3** 節	# 戦略タイプによる 類型モデル

学習のポイント

◆企業が有する戦略の２つのタイプは、熟考的戦略と創発的戦略に分けられる。
◆ミンツバーグ＆ウォータースは、さらに戦略のバランスに着目して８つの組織スタイルを類型化している。

第5章で見たように、経営戦略論の展開のプロセスで主流をなしてきた分析型戦略論は、前述のように計量的分析の過大重視や実行力の弱体化等の欠陥が指摘され、戦略実行上に問題があった。その後、戦略は、組織内部のさまざまな人々の相互作用から形成されるとみなすプロセス型の組織論的アプローチを加えた考え方が台頭した。

ミンツバーグ＆ウォータース（1985）も、計画された戦略と実現された戦略を区別し、計画された戦略を「熟考的戦略」、実現された戦略を「創発的戦略」という２つの概念に整理した。

まず、計画された戦略が存在する。これが組織としての統一された計画、組織全体の目的を示すことになる。その目的を実現するために熟考的戦略、すなわち分析的な戦略計画が策定される。この熟考的戦略が計画どおり実行されれば、戦略は実現したことになる。しかし、現実には、戦略が完全に実行に移されることは不可能であり、未実現戦略として残る。それと同時に、計画に基づかない行動も起こりうる。これが創発的戦略である。熟考的戦略では、分析的計画が特に強調され、創発的戦略では創発性が強調されるが、実際の企業の戦略においては、どちらか片

191

図表8-3-1●組織スタイルの類型モデル

戦　　略	主な特徴
計画型 (Planned)	戦略はフォーマルな計画に基づく。トップによって精密な計画が策定され、明示される。安定的、あるいは予測的な環境において、意外性を考慮に入れず実行される。実行のためにフォーマルなコントロールがなされる。戦略は最も熟考的。
企業家型 (Entrepreneurial)	戦略はトップのビジョンに基づく。計画は明示されず、1人のリーダーの個人的なビジョンとして存在。組織はニッチ環境に属し、1人のリーダーによって個人的にコントロールされる。戦略は、比較的に熟考的であるが創発的となりうる。
イデオロギー型 (Ideological)	戦略は共有された信念に基づく。計画は全行動者の共通ビジョンとして存在し、インスピレーション的形態をなし、比較的普遍的である。教化や普遍化を通じて規範的にコントロールされる。組織は環境に対して先取り的行動をとることがある。戦略はかなり熟考的。
傘　型 (Umbrella)	ブランドの一貫性と信頼性に基づく。トップは組織行動を部分的にコントロールし、また複雑で予測不可能な環境に対応するために戦略ドメインや標的を定義する。戦略は、熟考的および創発的要素の両方を含む。
プロセス型 (Process)	戦略はプロセスに基づく。トップは戦略のプロセス（雇用、構造ほか）をコントロールするが、実際の内容については他の行動者に委任する。戦略は熟考的および創発的要素の両方を含む。
非関連型 (Unconnected)	戦略は飛び石的に形成される。組織とルーズな結びつきを持つ行動者が、トップのあるいは共通の計画の有無にかかわらず、自分自身の行動のパターンを生み出していく。戦略は、行動者にとって熟考的か否かにかかわらず、組織全体にとっては創発的。
コンセンサス型 (Consensus)	戦略はコンセンサスに基づく。トップのあるいは共通の計画はなく、行動者はあるパターンに収束し、そのパターンが普及していく。戦略はかなり創発的。
強　制　型 (Imposed)	戦略は環境に制約される。行動のパターンは、環境の直接的な強制、あるいは組織的な選択を通じて、環境の支配を受ける。戦略は、最も創発的だが、組織内では熟考的となりうる。

出所：ミンツバーグ＆ウォータース（1995）、p.270より作成

方だけということはあり得ない。彼らは実証分析に基づき、実際の企業は、熟考的戦略と創発的戦略の両方をあわせ持ち、それぞれの程度に差があることを見いだして、8つの組織スタイルの類型化モデルを提示した。→図表8-3-1

　以上に見たように、経営戦略と組織は、基本的に不可分であり、どちらが主で、どちらが従であるといった考えで区別することは難しい。その意味で、両者は相互に浸透する関係にあるといえるし、たとえるならば、車の両輪の関係にあるといえる。それは、経営戦略の策定や実行に組織的要素が不可欠であることを指す一方で、組織的要件によって、とるべき戦略や方策が限られてくることもある。あるべき方向が定まり、そのための経営計画が策定される段階になって、企業内部の組織が大きな障害となりその戦略の実行を妨げることが散見される。その際に必要となるのが、組織改革、組織変革、または企業革新である。つまり、経営戦略の策定と実行は、その企業がいかに革新するかということと深いかかわりがある。

第8章 理解度チェック

次の設問に、〇×で解答しなさい（解答・解説は後段参照）。

1 環境適応タイプによる類型モデルにおける攻撃型組織とは、1つの技術過程に長期にわたってかかわり、そこに強くコミットメントすることで優位性を築くタイプの組織である。

2 競争地位による類型モデルにおけるニッチャーとは、他の大企業が興味を示さないような小さな市場セグメントを対象に、そこでリーダーとなるニッチ戦略をとる企業である。

3 計画された戦略が組織全体の目的を示し、その目的を実現するために創発的戦略が策定される。

解答・解説

1 ×
探索型（攻撃型）の組織とは、絶えず市場機会を探索してやまない、変化に対応できる柔軟な組織である。しかし、そのためには単一の技術プロセスにあまり深くかかわりすぎず、柔軟な技術の選択と対応が必要不可欠である。

2 〇
ニッチャーに分類される企業は、小セグメントにおいて大企業と棲み分けをし、資源を集中投下して、そのセグメントでの利潤を獲得する組織である。

3 ×
策定できるのは、熟考的戦略である。創発的戦略とは、事前に策定された計画以外に、環境に適応して現場のミドルマネジメントらがビジネス機会をものにするような、事後的に創発するパターンを意味する。

第9章 戦略的計画への ブレイクダウンの実例

この章のねらい

　本章では、ここまで取り上げた経営戦略策定の思考方法をベースにして、経営戦略をその具体的施策である戦略的計画にどのように落とし込むのか、実際の事例を通じて検討する。もちろん、成功した企業の経営戦略がそのまま他の企業に通用するわけではないが、成功事例から学ぶべき要素は多い。経営者の持つビジョンや経営目標を具体的な企業活動として成功できた事例は、偶然の産物のように見えて、実はその成功が必然となるようなしくみや論理といったものに裏打ちされているのである。

　ここでは、家具業界における売上げトップ企業であるＡ社の事例を取り上げる。小規模小売店から製造物流小売業への転換をきっかけに大きく成長したＡ社の事例を通じて、戦略策定からその内容をブレイクダウンし、具体的施策に至った一連の流れを概観する。

第 1 節　経営戦略から戦略的計画へ

学習のポイント

◆抽象的になりがちな経営戦略は、実際の運用にあたって具体的な戦略的計画にブレイクダウンする必要がある。

　経営戦略、特に企業戦略は、長期的な視点に立った企業の将来像を描いたものであり、一般に抽象的になりがちであり、具体的な行動へのブレイクダウンを行いづらいという弱点がある。そこで、その弱点を補うために戦略的計画や経営目標といった具体的指針を策定する必要がある。ここでは、実際の企業の例をもとに経営戦略から具体的な戦略的計画へのブレイクダウンがどのように行われるのかを考察し、その際に必要な意思決定や経営者の役割とは何かを概観する。

　事例として、Aホールディングス（以下、A社とする）を取り上げる。A社は、どのようにして、地方の一小規模家具店から世界展開する日本一の家具製造小売業へと発展したのか、さらにその際、どのような戦略的計画を考え、どのように実行する必要があったのかを考察する。

<table>
<tr><td>第 2 節</td><td>A社の事例</td></tr>
</table>

第 2 節 A社の事例

◆A社は、家具業界における製造物流小売業というビジネスモデルを日本で初めて構築した。A社にとって、同業の競争相手は、外資系企業のほかに日本国内では存在しないといえるであろう。

◆徹底的なコスト削減とレベルの高い品質保証によって、顧客の満足感を高めて消費を促した。

1 A社の沿革

（1）創業時から確立期まで

　A社は、1967（昭和42）年12月、創業者であるB氏が北海道札幌市に家具店を開業したのが始まりである。同年3月に大学を卒業したB氏は、就職が困難な時代背景もあり、父親が営むコンクリート会社に入社したが、肉体労働を嫌って辞めてしまう。そこで電車の吊り広告等を扱う広告看板会社に入社するが、契約が取れずに半年後に解雇されてしまった。そこで「人のやらないこと」をやろうと、地元にはなかった家具店を開いた。

　A社が開業した当時は、一般的に家具店はメーカーが作った家具を販売するという形態をとっていた。A社も同様で、札幌市内に30坪のほどの店舗を借りて第1号店を出店し、4年後には自動車の普及を見越して国道沿いに250坪の土地を借り、第2号店を構えた。出だしは好調であった。

　ところが1年後、近くに1,300坪もの大型家具店ができた。売上げは激減し、経営状況も悪化の一途を辿り、倒産の危機に直面した。そこで、海外の家具業界の視察のためにB氏は米国へ研修に行くことになった。米国の家具店では豊富な品ぞろえで、品質も高く、何より使う側の立場に立った商品が展開されていた。また、店舗の売り場面積が広く、チェーン展開しており、商品開発ではメーカーに対して主導権を持っていた。米国での視察を通じて、B氏は「欧米並みの住まいの豊かさを日本の人々に提供したい」と強く考えるようになった。

　B氏は帰国後、A社の出店計画を立て始めた。家具の卸売りも手がけるようになった。1975（昭和50）年には、屋根に膜材を張って一定の空気を加える大空間のエアードーム建築による店舗を、日本の家具店で初めて導入した。

　さらに、A社の機能は拡張していった。1980（昭和55）年、物流センターの場所を移転させて、省力化と商品保全を目的とした自動立体倉庫を導入した。翌年には、北海道内で札幌市以外の店舗をオープンさせている。1985（昭和60）年には、海外商品の直輸入を手がけ始め、同年7月に現在の社名になった。

（2）企業の成長と海外展開

　その後、A社は、国内で着実に店舗を増やしていくとともに海外にも進出する。まず海外への展開としては、日本国内で本州に出店する4年も前の1989（平成元）年3月、シンガポールに現地法人を設立した。また、国内では1993（平成5）年に茨城県ひたちなか市で、本州で初めてとなる店舗をオープンさせた。1995（平成7）年には物流センターを拡張して、最新鋭のビル式自動立体倉庫システムを新設した。店舗数増加に対応すべく、2000（平成12）年には、首都圏での店舗展開を計画し、埼玉県に物流センターを新築した。このように、A社は確実な成長の歩みをみせて、2002（平成14）年10月に東京証券取引所一部に株式を上場するに至った。

　さらに、海外においても自前の工場や物流センターを建設するように
なる。具体的には、2003（平成15）年12月にベトナムのハノイで工場の
建設に取りかかり、2004（平成16）年3月には中国の上海に物流センタ
ーを設立した。

　一方で、ハード面では急速に海外展開が進むにつれて、海外工場での
生産管理といったソフト面を強化する必要性に迫られた。そこで、2004
年12月には大手自動車メーカーを定年退職したC氏を特別顧問として迎
え入れた。C氏は海外での赴任歴が長く、品質管理のエキスパートであ
った。彼の取り組みによって国内外での同社の製品の品質が大幅に向上
した。

　店舗数で見ると図表9-2-1のように、2001年から2002年にかけて72
店舗と横ばいであったが、2009（平成21）年に200店舗を達成すると、
その後も着実に出店拡大を続けている。海外への展開としては、2013
（平成25）年秋の米国での出店に備えて、2012（平成24）年5月に米国
カリフォルニア州にA社出資比率100％の現地法人を設立している。そ

図表9-2-1 ● A社の店舗数の推移

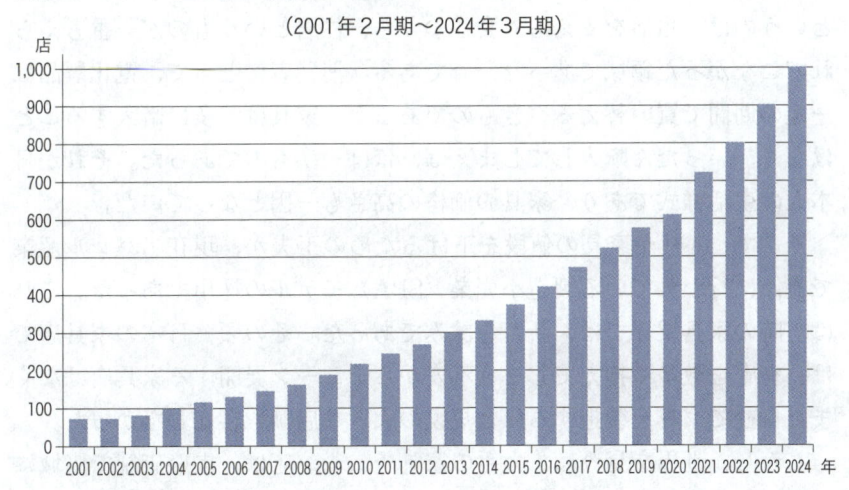

（2001年2月期〜2024年3月期）

出所：A社ホームページより筆者作成

199

の後も同社の店舗展開は拡大し、2020（令和2）年には国内大手ホームセンターを傘下に収め、2023（令和5）年3月末現在の店舗数は、902店舗（国内773店舗、海外129店舗）となっている。

2 家具・インテリアの製造小売業における経営戦略

（1）市場の開拓とビジネスモデルの構築

　A社の経営理念は、同社が「ロマン（志）」として挙げている「欧米並みの住まいの豊かさを、日本の、そして世界の人々に提供する」ことである。このロマン（志）とは、B氏が40年前に米国に家具業界の視察研修に赴き、米国人の平均収入が日本人の平均収入の約3倍にもかかわらず、家具の値段は約3分の1であったことに驚いた、というB氏の思いに端を発している。彼は帰国後、「日本人の住まいは、まだまだ貧しいままである。日本人にとっての本当の『住まいの豊かさ』を実現したい」と考えて、日本で販売する家具やインテリア商品の値段を下げ、品質を向上させようと決心した。

　このロマン（志）は、日本人の生活にとって大きな意味を持っていた。というのは、生活を支える衣食住のうち、住居というものが一番考えられてこなかった領域であったためである。消費者にとって、電化製品は一定の期間で買い替えるべきものであるが、家具は滅多に購入することはなく、いったん購入してしまえば、ほぼ一生ものであった。それが日本人の生活様式であり、家具の価格の高さも一因となっていた。

　そこで、A社が家具の値段を下げるための工夫が、現在アパレル産業で盛んに行われている製造小売業（SPA）モデルの採用であった。これは当時の家具業界では、新たな試みであった。その頃、日本の家具店では、在庫を数多く抱えてしまう不安からチェーン展開する家具店はなく、また自社で家具を製造するほど規模の大きな店舗も存在しなかった。

　しかし、世界を見れば、大手の家具チェーン店は、広い店舗で広域にわたって展開し、さらに商品企画から製造、流通まで手がけている。翻

って日本を見ると、消費者は、すでに組み立てられた家具を別々の家具店から購入するため、家具やインテリアのデザインや色合い等がバラバラになりがちであった。

そこでB氏が考えたのは、ただ出来合いの家具を販売するだけでなく、海外の生産委託先の工場に深く関与して生産管理を行うことで、品質を向上させることであった。加えて、顧客のニーズを取り入れて、家の中のインテリアの全体的なコーディネートを提案できるような商品展開や販売方法を実践しようということであった。

このようにA社は、従来の日本人の生活様式にはなかった家具やインテリアのトータルコーディネートを廉価で提供するという新しい市場を開拓すると同時に、家具業界において「製造物流小売業」というビジネスモデルを構築したことが経営戦略の第1の特徴であった。

（2）コスト低減と品質向上

第2の経営戦略の特徴として考えられるのは、品質管理戦略である。しかし、これは第1の経営戦略であるビジネスモデル戦略を軌道に乗せるには不可欠な戦略であり、ビジネスモデル戦略にしても品質管理戦略にしても、それらの戦略をとる目的は、コスト削減である。コスト削減を図ることで家具業界でのコスト・リーダーシップを握ろうとしたともいえる。

上記のように複数のプロセスがいずれも不可欠であるといえるのは、家具やインテリアという商品特性にある。それらは、すべてが生活必需品であるとは限らないし、安いから大量に買おうというものでもない。消費者にとっては、値段と品質のバランスを見て、トータルで判断したうえで購買行動に出る。そのため、コスト・リーダーシップ戦略を単独で遂行し、一時的に売上げが上昇しても持続的な成果は得られない。

そのため、A社が選択したのは、かつて自動車メーカーで品質保証に長年携わってきたC氏を迎え入れることであった。それというのも、A社は自社工場のほかに海外の取引先（提携工場）が中国を中心に約350

社もあり、それらの品質管理を行わなければならなかったためである。中国や東南アジアの家具工場は、家族経営型の家内工業がほとんどであり、現場は、整理・整頓を徹底させる状況には程遠かった。また、最後の完成品検査で不良品をはじけばよいという考え方では、数多くの不良品が検査をすり抜けてしまう。工程ごとに品質をチェックして、次の工程に渡すといった基本事項もまったく認識されていない状況であった。そのような取引先に対して、品質管理について徹底的に指導して回る人材が必要であった。

　C氏は、自動車産業で長年培ってきた品質管理の知識や経験を生かし、A社製品の品質を向上させ、社内の制度やシステムを整備していったのである。詳細は、第3節で取り上げる。

（3）不況時における成長戦略

　1993（平成5）年3月、A社は、茨城県勝田市（現・ひたちなか市）に本州1号店を開店した。それは、バブル崩壊後、失われた10年あるいは15年ともいわれた日本経済のもとでの本州進出であった。札幌市北区で第1号店を開業してから四半世紀余りが経っていた。しかし、その間に北海道内で毎年1カ所のペースで店舗数を増やし、21カ所の拠点を構えていた。それだけの基盤を築いたうえで、本州に出店することを決断した。

　このような慎重な動きとなったのは、その3年前の苦い経験によるものであろう。1990（平成2）年にA社は、千葉県等関東3カ所での進出計画を突然取りやめた。当時は、バブル期で土地代も建築費も人件費も急騰していたため、当初の進出計画を再検討し、見積もりを取り直したところ、採算が合わないことが判明した。すでに3カ所の手付金は、払い込み済みではあったが、迷いに迷った末に出店中止を決断した。当時の年間の経常利益に相当する1億円強の投資がムダになったが、それでもB氏は賢明な判断であったと考えている。たとえ出店していたとしても、安さが売りの家具店では、とてもその後の経営は立ち行かなかったであろうという思いがあったためである。

　茨城県の勝田店開店から7カ月後には、千葉県に本州2号店を開店さ
せて、A社は、関東を中心に基盤をつくっていった。さらに、群馬、栃
木、神奈川へと進出し、東京に南町田店をオープンさせた。この南町田
店でA社は大きく飛躍することになった。それまでの本州の店舗の売上
高は、年間6億円から8億円程度であったが、南町田店では初年度から
20億円もの売上げを計上し、高収益を達成した。ここからさらにA社の
店舗は、全国へと展開していったのである。

　この出店計画の展開からわかることは、そのときどきの経済状況の少
し先を見越したA社の投資姿勢にある。バブル期には多くの企業が規模
の拡大を図ったり、本業以外での投資に明け暮れたりしていたが、A社
は、無理な出店計画に邁進することはなかった。その後、一転して日本
全体が深刻な経済不況に陥っている中、A社はさらなる出店計画を立て、
攻めの経営に転じた。不況時に拡大経営を図るのは、他店が出店を手控
えるために適切な物件が手ごろな価格で購入でき、低い金利で借り入れ
も可能になる等のメリットがあるためであった。

　以上のことから、経営戦略の3つ目には規模の経済をねらった出店拡
大による成長戦略があると考えられる。

第 **3** 節	# 経営戦略から戦略的計画 へのブレイクダウン

学習のポイント

◆A社の事例を通して、成功要因を積極的な店舗展開、品質保証の確立、顧客の認知度向上、物流戦略といった戦略的計画にブレイクダウンして理解を深める。

◆競争優位にある企業の戦略は、模倣困難なものである。それを実現する1つの手段として、さまざまなプロセスを絡めて「鎖構造」を構築することが挙げられる。

　これまで見てきたように、A社は目覚ましい発展を遂げてきた。具体的に業績を見ると、2022（令和4）年において35期連続の増収増益であり、株式時価総額は上場時の100倍を超えている。また、粗利益率は52.5％、経常利益率は17.5％を示している。この数値は、家具業界における一般的な業績をはるかに凌ぐといわれている。また、35期連続の増収増益ということは、A社は決して急成長した企業ではないということがわかる。本章第2節では、主としてA社の3つの経営戦略を取り上げたが、それぞれの経営戦略の成果を上げるために、A社では、どのような戦略的計画を立てたのであろうか。事例に即して検討してみよう。

（1）「鎖構造」を持った経営戦略

　先述したように、A社では、主として3つの経営戦略を実行したと見られることを説明した。ただし、個々の戦略を個別に実現させたのではなく、別の戦略との関連性が見られた。その関連性を単純化すれば、以

下のように表すことができる。

① ビジネスモデル戦略 ⇔ 物流戦略
② 品質管理戦略 ⇔ コスト・リーダーシップ戦略
③ 成長戦略 ⇔ 投資戦略 ⇔ 人事戦略

ただ、これだけでは横のつながりがわかりにくいため、図表9-3-1でそれぞれの戦略の関連性があったであろうと考えられる部分を示した。つまり、小売業からSPA（Speciality store retailer of Private label Apparel）のような業態に転換するビジネスモデルの変更には、自社が手がけていなかった部門の取り組みが必要となる。A社の場合には、海外取引工場からの輸送、国内での運送等物流部門の改革が必要であったが、当時は、海外から調達した商品の品質を確保することも重要な課題であった。

人件費が安い国々で商品を作ることは、コスト削減の幅が大きくなる。

図表9-3-1 ● さまざまな戦略の鎖構造

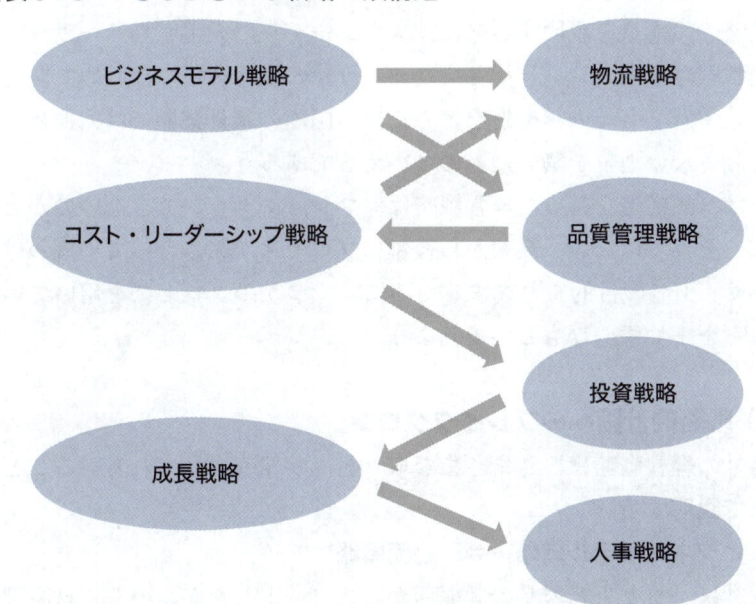

その場合でも、やはり一定の品質を担保することは不可避の問題であった。生産の面でも物流の面でも、規模の経済を目指すためには、出店計画を拡大させる成長戦略を描かねばならない。

そうなると、当然資金面で投資戦略が求められる。また、店舗数が増えると従業員数も増加するが、それに応じて増加した従業員の教育も必要となる。生活者であり、消費者でもある従業員の視点を踏まえた商品企画も重要となり、人員の配置も検討すべき項目になる。こうした状況を統括するような人事戦略もまた求められる。

このように見ていくと、図表9-3-1でまとめたように、左側の企業戦略と右側の事業戦略が相互に密接に関連づけられることがわかる。さまざまな戦略プロセスが鎖構造（ルメルト、2012）をとると、他社には模倣が困難な競争優位の源泉となる。しかも、このような鎖構造を構築するまでには長い時間と多くの経験の蓄積が必要となるため、持続的な競争優位性を持つことにもなる。

米国の著名な経営学者でコンサルタントでもあるルメルトは、この経営戦略の鎖構造を説明する際に、スウェーデンの大手家具メーカーD社の経営戦略を引き合いに出している。D社の経営戦略にきわめて似たA社の経営戦略もこの鎖構造をとるため、国内の家具業界では、他社の追随を許さない地位を築いたものといえるであろう。

では、鎖構造を持った経営戦略は、ブレイクダウンできないのかといえば、そうではない。最初から複雑にプロセスが絡み合っているわけではなく、1つの目的を達成するためにいくつかのプロセスを用いている。それらを1つずつひもといてみよう。

（2）戦略的計画へのブレイクダウン

A社の経営戦略は、さまざまな取り組みが組み合わされていることを以下で説明する。

① ビジネスモデル戦略 ⇔ 物流戦略

A社は、もともと家具の販売店からスタートしたが、のちに材料調達

や商品企画から製造まで取り扱う製造小売業となった。これは広義の意味でのSPAと呼ばれる販売業態である。SPAとは、もともとアパレル産業で生まれ、衣料の製造から販売までの垂直統合度の高い製造小売業を指したが、現在では、アパレル業に限定されず幅広くとらえられるようになった。しかし、SPAといわれる業態の中でも、A社が自社で手がけている業務内容は幅広い。一般には、外部へ委託することが多い以下のような業務も含まれる。

① 輸入・通関業務

② 保管から流通等の物流業務

③ チラシ制作等の広告宣伝

④ システムの企画から設計・開発

⑤ レジ袋等の什器や備品の調達

このように、顧客に低価格・高機能の商品を届けることを目的に、中間コストを極力削減しようとバリューチェーンのほぼすべてのプロセスを自社で手がけている。その結果として、商品の小売価格を従来の2分の1から3分の1にまで引き下げたといわれている。

次に、物流に関してさらにブレイクダウンしたプロセスには、外部企業との取引関係を重視しているが、主として3つの方法をとったと考えられる。

① コンペによる物流パートナーの数の絞り込み

② パートナーへの責務遂行要請と自由裁量の提供

③ 経済的支援を含めた信頼関係の構築

具体的には、物流センターで保管された商品を販売店舗へ配送する際に、全国を1～4県の地域に分割して、運送会社をコンペ方式で選定している。コンペ方式にした結果、もともと100社あった物流パートナーは、30数社にまで減った。

また、自由裁量とは、A社の家具を輸送中にほかの荷主に依頼された荷物を運ぶことも認めることである。時間どおりに無事に荷物を運べたら、混載も認め、配送ルートも指定しないという具合である。そうする

と、結果的にパートナー自身が積載効率を上げようと知恵を絞ることとなる。

さらに、信頼関係の構築としては、次のようなエピソードがある。A社はパートナー会社と燃料価格が一定以上に達した場合には、輸送料金を補填する取り決めを交わしていた。そのため、2011（平成23）年３月の東日本大震災の際に、パートナーはその取り決めを信じて、A社向けの業務を積極的に遂行した。最終的には、取り決め価格まで軽油の料金は上昇しなかったものの、A社はパートナーの努力に報いるために、同年４月末まで追加料金を支払っている。

もちろん、上記の取り組みがすべてではない。海外取引先から日本に輸送する物流においては、一般論として混載は望ましいと考えるが、輸送効率は下がってしまう。そのため、A社では現在、積載の仕方を工夫する等、物流業務の改革プロジェクトを推進している。

② 品質管理戦略 ⇔ コスト・リーダーシップ戦略

SPAでは、低コストで商品を生産するために海外工場を利用することが多い。しかし、家具の工場では、大量生産を前提とした品質確保の意識が希薄であったため、品質問題がA社ではまず重大課題となっていた。そこで、品質管理に関して実施した内容は以下のとおりである。

① 海外取引先工場の品質に関する意識改革
② 作業の標準化、工程品質管理表の作成
③ 品質保証をチェックするための訪問による徹底的な技術支援や助言
④ 取引企業ごとのA社品質基準書の作成
⑤ 契約条項への作業要件の盛り込み

上記のような取り組みが実り、品質管理責任者C氏の入社時には家具の不良品率が３％あったものが、その後ほぼ０％となった。さらに顧客に対する品質保証として以下の取り組みも挙げられる。

① 早期クレーム分析とクレームを想定した品質確認試験方法の策定
② 事前検証体制強化のための技術解析室の設定
③ 品質保証に関する国際基準ISO9000の取得

④　家具の５年保証（家具業界では１年保証が通例）

③　成長戦略　⇔　投資戦略　⇔　人事戦略

　A社の店舗数の拡大は目覚ましい。そのため、人材育成にも力を入れている。その具体例が海外研修制度である。新しい知識や情報を従業員に共有してもらうために、社内の米国セミナーを1981（昭和56）年に始めたが、いまでは年間に800人が４つのグループに分かれて参加している。研修内容は、課題に沿ってロサンゼルスやラスベガスのショッピングモールで店舗を観察したり、住宅展示場を見学したりして、モデルルームで家具がどのように使われているのか、色の組み合わせはどうなのか等をレポートするというものである。なお、この海外研修には、パート従業員も参加している。

　このような海外研修制度は、大きく分けて２つの意味を持つ。１つ目は、従業員のモチベーションを上昇させることができる。もう１つは、A社の経営の目的である「住居のトータルコーディネートをサポートする」ことを実現するための手段となる。常に新しい商品を提案し、住居全体のコーディネートのイメージを具体化して提示させるためにも、時間はかかるが、そのアイデアを磨く種を幅広くまいておくことも必要なことである。

　また、効率的な物流や配送システムを構築するには、既存のITベンダーだけには頼ってはいられない。独自の流通システムを構築する業務プロジェクトも推進している。そのため、他の情報通信企業等からシステム・エンジニアの中途採用も積極的に行っている。

　このように、いわゆる「ヒト・モノ・カネ・情報」という経営資源の中でも、目に見えた成果が出にくい人材育成や情報システムの構築等にも時間をかけ、経験やノウハウを蓄積する取り組みが行われている。

　以上のように、ルメルトのいう「鎖構造」となった戦略は、経営戦略全体を遂行するためには不可分であり、他社から見るときわめて模倣困難なものとなっていることがわかる。

第 4 節　A社の事業創造

学習のポイント

◆A社の事例からもわかるように、新たな業態を立ち上げるには、単発的に新製品を生み出すことに比べて、経験やノウハウの蓄積といった組織能力の構築、企業間取引関係を支える信頼の形成といった時間を要する戦略プロセスがより一層重要となる。

　A社の成長発展における成功は、家具・インテリア事業の小売りの成功ではなく、家具業界において新たな業態あるいは事業システムを構築できたことによる。それは、創業者のB氏が思い描いていたロマン（志）を実現させるプロセスにあった。最後に何が成功の決め手となったのであろうか。

（1）競争環境の厳しさを乗り越える

　ルメルト（2012）は、スウェーデンの家具メーカー小売大手D社が世界中で成功し、鎖構造を持った複雑な経営戦略を実行できたのは、D社社長の強いリーダーシップによると説明している。まさに、A社においても同様のことがいえるであろう。A社のビジネスモデル戦略や成長戦略において、B氏のリーダーシップがなければ、いくら事業戦略の実現を積み重ねても全社的には機能しなかったと思われる。あるいは事業戦略そのものの遂行さえ困難を極めたと考えられる。

　B氏は、経営環境が厳しいときほど従業員は鍛えられると考えている。仕入れについては、長期にわたって円高が続いてきたため、海外からの調

達率は80%にまで高まっている。ところが、2013（平成25）年に入って円安に転じると、調達コストがかかり利益を圧迫するようになる。しかしB氏は、値上げをせずに、この状況をいかに乗り切るか、従業員が知恵を絞るよい機会と前向きにとらえたのである。これが経験値の積み重ねとなり、競争優位の源泉としての組織能力が高まっていったと考えられる。

（2）確実な戦略実行プロセス

　A社が実行してきた戦略やその実行プロセスは、決して目新しいものでも特別なものでもない。まして、家具業界にのみ対応したものでもない。むしろ、品質管理を社内や取引先に広めた手法を見ると、自社だけで何かをしようとしたのではなく、他業種や他の産業から積極的に人材を集め、明示的な技術や知識とともに、暗黙知的なノウハウや望ましい企業間関係の構築の仕方等を吸収し、自分たちの戦略に応じて実現に向けたプロセスに展開してきたようである。

　それでも現在のところ、売り場での売上げに異変が起きていることをいち早く気づき、A社の経営理念とずれる商品を指摘し、開発の見直しの指示を出すのは、いまだにB氏である。これまでずっと成長基調を続けてきたA社ではあるが、経営環境が変われば、それに適合するような戦略実行プランをつくらなければならない。

　そこでやはり重要になるのが、経営理念、つまりA社の呼称によれば「ロマン（志)」をいかに商品やサービスに実現させていくか、という問題である。ロマン（志）を顧客に伝え、認識してもらうためには、単に「低価格ながらその割には品質がよい」というレベルから、買い物体験のワクワク感や、自宅で常に目にする家具やインテリアの満足感をいかに向上させるか、顧客価値をさらに高めていくことが求められる。

　現状では、A社が開発する大型ショッピング・センターをつくり、衣料メーカーや外食産業の大手企業をテナントに入れた新しい商圏開拓に取り組んでいる。ここから新たな付加価値のある買い物体験を生み出せるようなしくみが必要になるのではないかと考えられる。

第9章　理解度チェック

次の設問に、〇✕で解答しなさい（解答・解説は後段参照）。

1 経営戦略は一般的に抽象的なものになりやすいため、具体的な戦略的計画に落とし込む必要がある。

2 A社の事例では、戦略として徹底したコスト管理や自社生産による品質改善に取り組んだことが挙げられる。

3 好業績の企業が打ち出す戦略は、持続的な競争優位を獲得するために規模の経済性の考え方を取り入れている。A社の事例では、さまざまなプロセスを絡めて、1つの戦略が別の戦略につながり、それがさらに別の戦略につながるといった「市場規模拡大」を目指した企業戦略が競争優位性を確保していると考えられる。

4 新たな事業や業態を立ち上げるには、確固たる経営理念を持つリーダーによるリーダーシップ、外部人材の獲得による知識移転や従業員自身に問題解決を考えさせることにより、組織能力を高めていくといったプロセスが戦略上必要である。

第9章　理解度チェック

解答・解説

1 ○
経営戦略は、一般的に抽象的なものになりやすいため、具体的な戦略的計画に落とし込む必要がある。

2 ×
A社の事例では、戦略として市場の開拓およびビジネスモデルの構築、コスト削減と品質向上、不況時における成長戦略に取り組んだことが挙げられている。

3 ×
好業績の企業が打ち出す戦略は、持続的な競争優位を獲得するために模倣困難性が不可欠となる。A社の事例では、さまざまなプロセスを絡めて、1つの戦略が別の戦略につながり、それがさらに別の戦略につながるといった「鎖構造」を持つ企業戦略が、他社による模倣を困難にしていると考えられる。

4 ○
新たな事業や業態を立ち上げるためには、経験やノウハウの蓄積による組織能力の構築や信頼性の形成といったプロセスが必要であり、時間がかかる。経営理念に基づいて経営戦略を策定し、これらのプロセスにブレイクダウンして、確実に実行することが重要となる。

第III部

経営戦略実行・評価

経営戦略と組織

この章のねらい

　経営戦略と組織は、相互依存的である。これら2つは、相互に浸透することで外部環境への適応を果たすことができる。本章は、特に経営組織とトップ・マネジメントに着目し、その構造や特徴、役割について理解することを目的とする。

　経営組織は、基本となる構造がある。本章では、まずそうした基本的な組織の構造とその進化について説明していく。また、組織には目に見えない組織メンバー間で共有されるモノの考え方や見方等に、組織ごとの特徴が顕著に出ることが多い。そうした目に見えない特徴が、実際の経営戦略の策定や実行に大きな影響を与えている。この目に見えない組織の側面を組織文化と呼び、それは組織内のメンバーの価値観やパラダイム、行動規範等に現れる。

　一方、そうした組織の意思決定主体であるトップ・マネジメントは、企業経営において最も中心かつ重要な役割を果たす存在である。トップ・マネジメントの役割については、これまでに一定の概念的な枠組みが提示されている。本章では、そうした枠組みの中から、ミンツバーグによる経営者の10の役割について解説する。さらに、戦略プロセスとトップ・マネジメントのリーダーシップについての関係性について検討する。

第 1 節　経営戦略と組織構造

学習のポイント

◆経営戦略を実行するのが、組織である。組織構造の基本として職能別組織、事業部制組織がある。

◆組織は、外部環境から影響を受けると同時に、内部的要因（規模拡大や戦略）に影響を受けて、変化する。

1　戦略と組織の適合性

　経営戦略と組織は、切り離して語ることができない。仮に完璧な経営戦略があったとしても、それを実行する組織が整備されず、戦略に伴っていなければ絵に描いた餅である。逆も真なりである。経営戦略と組織の関係は、相互依存的である。

　経営戦略は、伊丹・加護野（2003）によれば、「市場の中の組織としての活動の長期的な基本設計図」、あるいは「企業や事業の将来のあるべき姿とそこに至るまでの変革のシナリオを描いた設計図」等と定義される。先述したように、この定義で重要なことは、組織は「外部環境の中に」存在しており、「長期的な」組織のあり方を規定するものであるということである。

　すなわち、企業の外部環境適応のための指針である。それと同時に、将来的な企業のあり方を決め、資源配分の方向性を規定するものである。場当たり的な経営戦略しか持たない企業には、長期的な資源配分が不可能になる。結果として、長期的に成長分野への資源動員ができず、外部環境に適応し続けることができない。それでは、慢性的な低収益の戦略

不全に陥ってしまうこととなる（三品、2004）。

　一方で、経営戦略が優れていたとしても、組織がうまく機能しないことによって戦略が実行できなければ、経営戦略は何の意味も持たない。経営戦略における分析麻痺症候群は、完璧な経営戦略を立てることに集中するあまり、それが実行されるプロセスを軽視している典型例である。また、日本企業において観察される「組織の重さ」（沼上ほか、2007）は、日本企業の組織構造における欠陥の一例である。組織が重いことで、経営戦略の実行に時間やコストがかかりすぎる。

　経営戦略は、実行されて初めて意味を持つものである。変化の激しい外部環境において、企業が適切に対応するためには、組織構造も適切に変化させていかなければならない。ただし、企業規模が小さくなれば、それだけ組織で問題を解決するよりも、属人的能力に依存した問題解決を優先させてしまう。しかし、組織構造に問題が起因しているのであるとしたら、それを見直すことがトップ・マネジメントやコーポレートスタッフの大きな役割である。組織構造を変えればよいという安易な議論は、組織における問題の原因を追及する際に、思考停止をもたらすことがよくある。

　以上のことを踏まえると、経営戦略と経営組織の関係は、相互に深く浸透した不可分な関係といえる。経営戦略を学ぶ際には、同時にそれを実行する組織を学ぶ必要があるのである。

2　組織構造の類型

　戦略と組織の関係性については、古くから多くの論争がある。典型的には、「組織は戦略に従う」のか「戦略は組織に従う」のかという議論である。チャンドラーは、アメリカの大企業研究から、「組織は戦略に従う」という命題を示した。一方で、アンゾフは、「戦略は組織に従う」と主張した。先述したように、いずれにしても戦略と組織は、相互依存関係にある。

図表10-1-1 ●代表的な組織形態

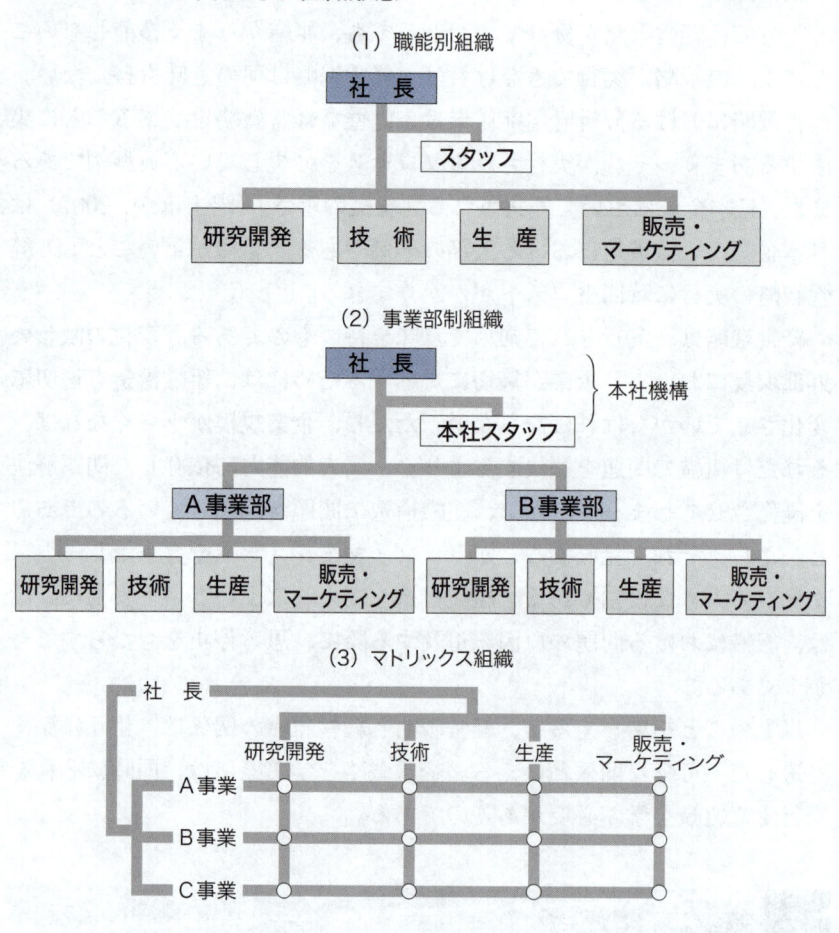

われわれが組織構造を考える際に出発点となる基本的な組織構造は、以下の3つである。→図表10-1-1

これらの組織構造の背景にある原理は、分業と調整である（組織設計の基本については、沼上ほか（2007）が詳しい）。いかに人々の間で仕事を分担するのか、そして、分担した仕事をいかに調整するのかという設計が、組織構造の設計である。その際に考えるべきは、次の5つの基

本的な設計変数である（伊丹・加護野、2003）。つまり、(1) 分業関係、(2) 権限関係、(3) 部門化、(4) 伝達と協議の関係、(5) ルール化、である。企業組織は、まず以下の2つの基本的な組織構造をベースに、自社に適合する設計変数を選択する必要がある。

（1）職能別組織

基本的な組織構造の1つ目は、職能別（Functional）組織である。これは、機能別組織とも呼ばれる。職能別組織とは、組織構造を、生産、販売、研究開発、技術等のように、職能（機能）を基軸にして部門化することである。ただし、製品開発やイノベーションのためには、職能の間に緊密な調整が必要となる。たとえば、(1) 部門間の共同計画を準備する、(2) 調整のための担当者を設置する、(3) 部門長による合議体を設置する、(4) 現場レベルでのプロジェクトを設置する、(5) 社長が調整する、といった方法がある。

職能別組織の長所は、以下のようなものである。

① 職能部門間での重複が少ないため、組織全体として規模の経済性が享受できること。

② 各職能部門の機能を専門的に追求でき、各部門で専門的な知識の保持・深耕ができること。

一方で、職能別組織の短所は、以下のようなものである。

① 各部門の利益を追求することで、組織全体の利益を犠牲にしてしまう傾向にあること。

② ①に関連して、各部門が優先する目標が異なるため、部門間で対立が起きやすいこと。さらにこうした部門間対立を解消するには、トップ・マネジメントまで上げる必要があり、その調整には多大な負担がかかること。

③ 人材育成の観点からは、いかに異なる職能部門に所属する社員を評価するのか、いかに組織全体の視点を持った社員を育てるのか、という問題が残ること。

　これらの長所と短所を踏まえると、新製品開発プロジェクトの発生頻度や数がそれほど多くない事業であり、十分にトップ・マネジメントの能力が高い場合には、適した組織であるといえる。

（2）事業部制組織

　基本的な組織構造の２つ目が、事業部制組織である。**事業部制組織**は、製品・地域・顧客等を切り口にして、事業部内に必要な職能部門を統合した組織構造である。製品ないし地域、あるいは顧客等を中心に、複数の自律的単位（部門）が形成されている。**自律的単位**（一般的には事業部）には、部門長（マネジャー）が置かれる。彼らは、一定の製品・地域・顧客等に関する意思決定と実行権限が与えられる。このように各事業部が自律的に動くことができるように組織が設計されているため、職能別組織のいくつかの問題を解消できている。

　事業部制組織の長所は、以下のようなものである。
① 各事業部に大きな権限が与えられるため、問題解決が部門内ですばやくできること。
② 各事業部の取り扱う問題は、事業部内に限定されることで、他部門間との調整の負荷が減ること。
③ 業績評価を通じて各事業部と競争させることで、成果を上げられること。
④ 人材育成の観点からは、自律的な経営単位として事業部で活動するため、経営管理の能力を磨く機会があること。
一方で、事業部制組織の短所は、以下のようなものである。
① 各事業部を、何を中心にしてまとめるのかを判断することが困難であること（製品なのか、地域なのか、顧客なのか）。
② 事業部と事業部にまたがる新しい製品や技術を拾い上げる体制が不十分であること。
③ 事業部間で重複する資源がムダになり、規模の経済性が享受できないこと。

④　時間が経つにつれて、かつて定義された事業部を1つの単位とすることが環境に適合しなくなってしまうこと。

これらの長所と短所を踏まえると、新製品開発プロジェクトの発生頻度や数が多い場合には、適した組織であるといえる。

（3）組織横断的な問題解決としてのマトリックス組織

それでは、職能別組織と事業部制組織の長所を取り入れ、短所を克服した組織はないのであろうか。マトリックス組織は、こうした問題意識から考案された組織構造である。職能別組織を軸にして、その上に、製品または市場別あるいは地域別の命令系統が存在する。

マトリックス組織の長所としては、以下のようなものがある。

①　2つの指示・命令系統を持つことにより、機能ならびに製品（あるいは地域・顧客）の双方に関する調整を同時に行うことが可能なこと。

②　多元的な指示・命令系統を持つことによって、より迅速で柔軟な情報伝達が可能になること。

③　職能ならびに製品あるいは市場の双方について、熟練することができること。

マトリックス組織の短所としては、以下のようなものがある。

①　2つの指示・命令系統を持つことで、現場の情報が混乱することや板挟みになること。

②　複雑な構造のため、組織の維持に多大なコストがかかること。

以上のような3つの基本構造のほかにも、組織には多様な構造が存在する。図表10-1-2は、こうした多様な組織構造の特徴を整理したものである。右の方向に近いほど、製品ごと（あるいは市場別）の調整を重視した組織構造であり、左の方向に近いほど、職能ごとの調整を重視した組織である。

ここで注意すべきことは、組織構造は、図表10-1-2で示されるよう

図表10-1-2 ● 多様な組織構造の特徴

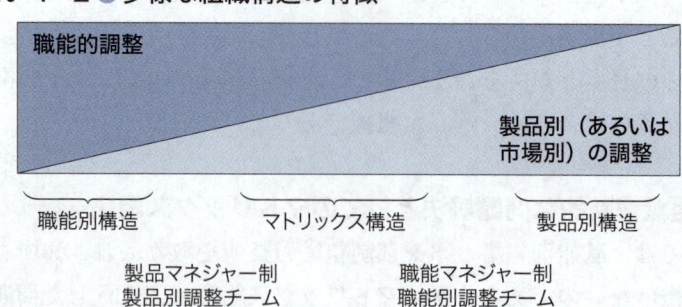

出所：石井ほか（1996）、p. 132

に連続性のある中での選択肢であり、二者択一の選択ではないということである。実際に、日本企業は、完全な職能別組織でも、事業部制組織でもない、一部事業部制という組織をとる企業が多かった。一部事業部制は、組織構造の一部分に事業部制組織を採用しつつ、企業全体的に活用できる部門については、職能別組織を採用しているというものである。たとえば、全体的に活用できる研究部門や販売部門は、各事業部の中に1つずつ設置するのではなく、企業全体でまとめて1つの部門を活用するといった方法である。

　先述したマトリックス組織は、組織の分業の間で調整をとるための方法の1つにすぎない。こうした調整をとる方法としてはいくつもの種類があり、横断組織と呼ばれている。たとえば、ガルブレイス（1980）は、以下のように横断組織をまとめている。

① 　自発的、インフォーマルグループ
② 　eコーディネーション
③ 　公式的グループ
④ 　インテグレーター
⑤ 　マトリックス組織

最初に分業した部門間の調整をとる方法として、①自発的な非公式のグループによる調整がある。これは、直接の当事者が話し合って解決す

るという方法であり、次に②イントラネット、メール等のICT（情報通信技術）を駆使して、各部門間の調整をとる方法である。これらの方法は、比較的安価であるが、以下の③〜⑤は、公式に組織内で構造を変えることになる。③公式的グループは、具体的には、プロジェクト・チームやタスク・フォースであり、公式的に権限を与えられて設置される。さらに④インテグレーターは、具体的には、プロジェクトマネジャーやプロダクトマネジャーであり、個人が、公式的な権限を与えられ部門間の調整を図る。最後に、⑤部門間の調整を図る最もコストがかかる方法として、マトリックス組織がある。これは、先述したように職能別の軸と、製品・地域・顧客といった軸の間で、公式的に2人のマネジャーが指揮・命令を行うことによって、調整を図ろうとするものである。

　企業は、組織変革を考える際に、安易に他社の例や新しい組織構造に飛びつくべきではない。自社の環境と自社内のプロセスを十分に考えたうえで、組織構造を選択する必要がある。社員のモチベーションやコミュニケーションが悪いからといって、組織構造を変えればすべてが解決するというのは、幻想にすぎない。

（4）情報化の進展とネットワーク組織

　最近の注目される新しい組織に、ネットワーク型の組織形態がある。いくつもの小規模の組織が緩やかに連結され、全体として1つの大きな組織体を形成し、総合力を発揮しようとする組織である。この緩やかに結合された組織では、次のような戦略的な意味を持つと考えられる。

　第1に、各組織構成ユニットの自律性が高いということである。緩やかなネットワーク型の組織として結ばれているだけなので、個々の事業単位は、高い自律性を持って行動することが可能になる。とりわけ、新規事業戦略の遂行においては、各関連会社の高い自律性が何よりも大切である。

　第2に、このような自律性が高い関連会社は、組織体の直面する全体環境からくる不確実性全体をローカル化することができる。すなわち、

関連会社が調整された強い自律性を有するときには、それぞれの関連会社が独立して環境の不確実性を吸収しようとし、1つの企業が不確実性を吸収するよりも、リスクが分散されるのである。

第3に、戦略上の実験的な事業展開が可能になるため、そこからノウハウが蓄積されるということである。各関連会社には、高い自律性が認められているがゆえに、それぞれの関連会社は「飛び石」のように、まず全体から逸脱して、さまざまな知識を習得し、その知識が組織ネットワークの中に伝播することで、ネットワーク全体の知識を向上することができるのである。

3 　組織の成長と組織構造

組織が小さい間は、組織構造は、それほど気にかけなくともよいことが多い。実際に、創業者やオーナーがリーダーシップを発揮して、自由な意思決定が可能であろう。しかし、組織の規模が大きくなるにつれて、オーナーが1人ですべてを担当することは難しくなる。そもそも1人の人間の認知には、限界がある。

組織構造は、外部環境に影響を受けると同時に、組織そのものの規模の成長や戦略の進化に従い、変化する。ガルブレイス＆ナサンソン（1978）は、組織構造の進化プロセスを図表10-1-3のように要約している。

組織は、まず単一機能を遂行する単純型（S）からスタートする。そして規模が大きくなると、単純機能別組織（F′）へと進化する。たとえば、もともと小さな工場で製造のみを行っていた企業が成長して、規模が大きくなると、購買、生産、営業、技術等という職能別の組織構造を採用するようになる。

単純機能別組織（F′）は、製品の多様化、職務の多様化、地域の広がり、事業の多角化といった要因によって、新たな組織構造へと進化する。そして、その進化には、3つの経路が考えられている。その中でも最も中心的なプロセスは、垂直統合による集権的機能別組織（F）への展開

図表10-1-3 ● 組織構造の進化プロセス

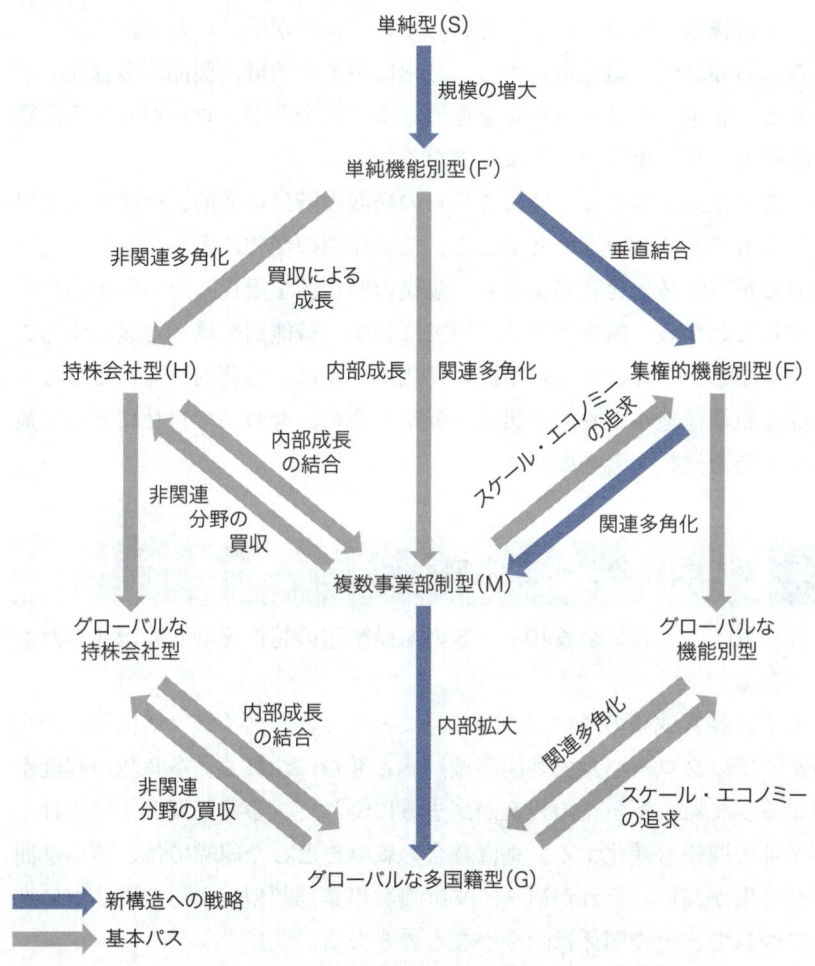

出所：ガルブレイス＆ナサンソン（1978）、p. 115

である。これは、原材料の調達から生産、販売に至るまでの機能を、すべて川上から川下へと統合し、トップ・マネジメントに権限を集中した組織構造である。その他のプロセスとしては、内部成長によって関連多角化を続けることで複数事業部制組織（M）へと進んでいく経路と、か

つてのコングロマリット企業のようにさまざまな企業を買収することによって持株会社組織（H）に発展していく経路が挙げられる。

これらの３つの組織構造から、さらに事業や地域、製品が多様化していくと、企業はグローバル化を進め、多くの企業がグローバルな多国籍組織構造（G）を採用するようになる。

ここで注意すべきことは、これらの発展段階は可逆的、つまり逆に戻ることもできるということである。経営環境の変化により、もし、経営戦略の重点が多角化戦略よりも、規模の経済性を重視した競争戦略に移行するとしたら、組織構造は、事業部制から職能別組織へと変化することが望ましいことになる。組織の進化モデルは、規範的なものではなく、多様な組織構造があり、企業は、戦略と環境に合わせて自社にとって最適な構造を選択する必要がある。

4 組織構造のタイプ別特性

図表10-1-4は、図表10-1-3の組織構造の特性を詳しく記述したものである。

まず、経営戦略の違いについて見てみると、Ｓタイプ（単純型）からＧタイプ（グローバルな多国籍型）へと進むにつれて、多角化の程度が高まる。また、多角化の程度が高まるにつれて、事業部間および本社と事業部の関係も進化する。垂直統合の戦略をとった組織では、事業部間の統合度が高い。それがＭタイプ（複数事業部制型）からＧタイプに進むにつれて、その関係は緩やかなものとなる。

研究開発も次第に制度化されるようになる。単純タイプでは制度化されていなかった研究開発体制が、組織構造の進化につれて、基礎研究は本社で、開発研究は分権化した事業部で行うようになる。

また、業績の評価基準も、組織構造の進化とともに、主観的な評価基準から、公式的でかつ明確になる。事業部制のところでは、独立採算制（プロフィット・センター制）をとっているため、その基準としては、主

図表10-1-4 ●組織構造のタイプ別特性

タイプ 特性	S 単　純	F 機能別	H 持　株	M 複数事業部	G 多国籍
成長戦略	単一製品	単一製品で重点結合	買収と非関連多角化で成長	製品ラインの関連多角化—内部成長	多国籍で製品多角化
ユニット間と市場との関係	→□→	→□→□→□→市場	市場 市場 市場	市場 市場 市場	市場 市場 市場／海外市場 海外市場 海外市場
組織構造	単純機能別	集権的機能別	製品事業部の周辺に分権的利益センター　小さな本社	分権的な製品または地域別の利益センター	世界的な製品または地域別の分権的な利益センター
研究開発	制度化されていないランダム	製品および工程の研究が徐々に制度化	事業部が独自に研究開発	本社主導の分権的研究開発	基礎研究と開発を地理的に分離
業績評価基　　準	個人的な接触主観的	コスト・生産性で評価	ROIまたは収益による評価	全体への貢献度とROIで評価	ROI、マーケットシェアなどの複数の評価基準
報　　酬	忠誠心に基づく家父長的	生産性やアウトプットに基づいて業績とリンク	ROIに基づく報酬、ストックオプション	利益に基づいたボーナス制度	多数目標と達成度によるボーナス制より高い自由裁量
キャリア	単一機能スペシャリスト	若干のゼネラリストがいるが多くはスペシャリスト	機能間キャリアはあるが事業部内異動	機能間キャリアと事業部間異動および本社・事業間異動	事業部間異動子会社間異動本社・子会社間異動
リーダースタイル・コントロール	トップによる戦略オペレーションの個人的コントロール	戦略的決定はトップ計画・手続でオペレーションは委譲	事業についてはほぼ事業部に委譲財務による間接コントロール	結果による間接的コントロールだがオペレーションについては委譲事業戦略の決定は委譲	各国別の戦略とオペレーション委譲会社では世界戦略の決定
戦略的選択	オーナーの野心	統合度マーケットシェア製品の幅	多角化度事業タイプ買収目標参入・退出	事業ポートフォリオによる資源配分参入・退出成長率	世界ベースによる事業ポートフォリオ参入・退出(国別)オーナーシップ度

出所：ガルブレイス＆ナサンソン（1978）、p. 118

として投資収益率（ROI）が採用される。このとき、組織は、内部資本市場化される。さらに、いくつかの定性的な要因も追加され、市場や製品の多様性に対応するように設定される。この基準に従って、報償体系も異なる。

　社員のキャリア・パスも大きく変化する。SおよびFタイプ（機能別組織型）のところでは、機能的な専門性がトップ・マネジメントへの条件となる。優れた専門家がそのまま経営者となるのである。ところが、組織が成長し、Mタイプへと進化すると、中間管理職が存在するため、トップ・マネジメントには、ゼネラル・マネジャーのスキルが必要となる。さらに、Gタイプへと進化すると、国際対応力もスキルとして重要になる。このようなキャリア・パスの違いは、リーダーシップとコントロールのあり方にも変化をもたらす。すなわち、Sタイプでは、リーダーは、戦略と実行の両方において意思決定を行うワンマンである。それがSタイプからFタイプおよびMタイプへと進化するにつれて、少なくとも実行に関しては、中間管理職としてのゼネラル・マネジャーへと権限委譲が進むようになるのである。

　最後に、戦略的選択の要因および内容も変化するようになる。たとえば、Sタイプでは、創業者の野心がそのまま戦略選択の決定的な要因となるが、組織が進化するにつれて、事業や市場、地域等が選択決定の内容に加わるようになるのである。

学習のポイント

◆組織文化とは、組織メンバーに共有されているモノの考え方や見方、感じ方等の可視化されない要素である。

◆組織文化と経営戦略の関係性を論じた議論として、VHSBモデルがある。

◆組織文化には、メンバーの動機づけ、意思決定の基準、コミュニケーションの基盤等の機能がある一方で、環境適応の硬直化等の欠点もある。

1 組織文化とは

　企業内の組織メンバーに共有されている、モノの考え方、モノの見方・感じ方等、組織の目に見えない側面は、実際の経営戦略の策定および実行のプロセスにおいて大きな影響を及ぼしている（伊丹・加護野、2003）。こうした組織メンバーに共有される目に見えない側面を、組織文化（Organizational Culture）と呼ぶ。たとえば、同じ事業を実施していても、提供主体が、民間である場合と公共団体である場合では、スタッフの対応や雰囲気が何となく違うと感じることがあるであろう。この背景には、それぞれの組織が持つ組織文化の影響が存在するのである。

　組織文化は、次の３つの要素からなると考えられる（伊丹・加護野、2003）。第１は、組織の価値観である。最も基本的な要素で、組織メンバーが仕事をしていくうえで、何を大切にしているのかという共通の価値観である。第２は、外部環境についての世界観と認識・思考のルールと

してのパラダイムである。自社はどのような会社なのか、自社の顧客は何を望んでいるのか等に対する回答であり、組織において共有されている意思決定の背後にある世界観・人間観である。第3は、行動規範である。直面する問題に対して、人々はいかに行動すべきかについての内面化されたルール、暗黙のルールである。前者の2つは、抽象的なレベルであり、第3の要素は、行動規範として示される具体的なレベルである。組織文化を変革する際には、単に行動を変えればそれでよいというわけではなく、その深層にある価値観やパラダイムまで考慮しなければならないため、簡単に変えることはできないのである。

　以上のことを踏まえると、組織文化とは、

　　「企業の構成メンバーによって共有・伝承されている価値観、パラダイム、行動規範の集合」

と定義することができる（伊丹・加護野、2003）。

　企業は、組織文化をさまざまな方法で共有・伝承していく。第1に、経営者によって繰り返し説かれる経営理念やミッション等は、組織文化を意識的に共有・伝承するための手段となる。第2に、経営者や管理者、上司、同僚の具体的な行動は、組織文化を無意識的に伝承する手段となる。特に、トップ・マネジメントや創業者等、組織の中で多くの人々に尊敬されている人物が示す行動は、組織文化を形成するうえで重要な役割を果たす。第3に、企業の中で語り継がれているさまざまな成功談や武勇伝等も、その組織が持つ成功体験の象徴的な存在として、組織文化を伝承する重要な手段として考えられる。

　第4に、人事制度が果たしている役割も非常に大きい。つまり、入社時の選抜とその後の教育、評価・報償制度である。多くの場合、選抜基準には、組織文化が反映されている。その基準に照らして採用された人物は、企業の組織文化を受容しやすい。さらに、教育・訓練制度を通して、会社の価値観・パラダイム・行動規範を共有・伝承する。評価および報償の制度では、どのような行動が評価されるのか、どのような行動をとった人物が昇進するのかを示すことによって、一定の行動様式を強

化するための重要な手段となるのである。

2　組織文化の諸機能

　組織文化は、主として次の4つの重要な機能を持っている。

　第1は、動機づけ機能である。つまり、組織文化、特に、組織メンバーに共有された価値観は、人々を内面的に動機づけ、人々の強い心理的エネルギーを引き出すことができる。セルズニック（1957）は、組織に価値が注入されることによって、組織は手段としての「組織」から、人々がその存続のために献身的な努力をささげる社会的な存在としての「制度」に転換すると指摘している。そして、この制度は、公式的な命令や規則によっては引き出せないような、強い心理的エネルギーを引き出すことができるとしている。

　第2に、コミュニケーションの円滑化機能である。価値・パラダイム・行動規範が共有されている場合、公式的な情報伝達や指示・命令の負荷を軽減することができる。つまり、命令・指示が細かく与えられなくても、人々は組織目的に合致した行動をとることができる。マネジャーは、詳細な規則を作り、その遵守を監視する必要はない。組織文化によって、そうした指示・命令や監視がなくても、従業員は、安定した行動パターンを形成することができる。

　第3に、多様性保持機能である。組織文化は、適度なあいまいさ、あるいは多様性を含んでいるがゆえに、従業員は、弾力的で柔軟な行動がとれる。公式規則、手続、職務規程を実効性のあるものにするためには、その内容を具体的に定めておくことが求められる。しかし、それが具体化されればされるほど、組織は硬直化し、「官僚制の逆機能」が生じるようになる。組織文化は、公式規則、手続、職務規程等に比べて、よりあいまいで多様な解釈の余地を残しているため、環境の変化に対しても一定の範囲内で、柔軟に弾力的に適応することができる。

　第4の機能は、外部への情報発信機能である。組織文化は、組織の行

動に安定性をもたらすので、組織外部の人々や集団の間で企業のイメージや信用を形成することができる。これらは、企業にとって重要な経営資源にもなる。たとえば、創造的で技術志向の高い組織文化では、製品市場において差別化という競争戦略をとりやすくするし、労働市場では、独創的な技術者を引きつけることができるという利点を持つ。

ただし、組織文化は、プラスの効果ばかりではない。企業にとって障害要因となることもある。これを「組織文化の逆機能」と呼ぶ。組織文化の逆機能には、2つの問題がある（伊丹・加護野、2003）。その1つは、思考様式の均質化、もう1つが自己保存本能である。思考様式の均質化は、組織文化を共有することによって、細かな指示命令がなくても意思決定の大枠が決まることである。これは利点ではあるが、逆に、大枠が与えられることによって思考が従業員の中で同じようになってしまう。そうした場合に、新しい発想やモノの見方を抑制してしまう。場合によっては、新規事業の種を芽が出ないうちにつぶされてしまうということもある。組織が安定性よりも革新的な戦略をとろうとする場合には、組織文化もそれに合うように革新的なものでなければならない。

また、組織文化の自己保存本能は、組織文化の存続機能であり、組織の存続自体よりも組織文化そのものを守ろうとする傾向のことである。その結果として、時間が経過して、組織文化が環境と戦略に合致しなくなっても、そのまま存続してしまうことになる。従業員の間では、一定の価値観・パラダイム・行動規範が深く浸透しているために、容易にそれらを変革できない。結果として、組織は、環境変化に対する適応が困難になってしまうのである。

3 経営戦略と組織文化

　組織文化は、恒久不変のものではない。経営環境や経営戦略が変化すれば、それに応じて、組織文化も変革を迫られる。以下では、経営戦略に適合した組織文化とは、どのようなものかという問題に焦点を当てる。

（1）組織文化の類型モデル

　組織文化の類型モデルとしては、初期の代表的な研究であるディール＆ケネディ（1982）が挙げられる。彼らは、組織文化を4種類に分けている。

　ディール＆ケネディは、組織文化を知る手がかりになるのは、組織におけるヒーローや、特有の儀式、武勇伝等であると指摘する。さらに、このモデルで興味深いのは、組織文化は、組織を取り巻く外部環境の特性に依存していることが示されている点である。外部環境の特性は、外部環境リスクの大きさ、成果フィードバックの時間の長さという2次元でとらえられている。

　外部環境リスクが大きく、成果フィードバック時間の短い外部環境下にある場合、つまり、意思決定に高いリスクを背負う一方で、その意思決定がもたらす結果がすぐに判明する場合には、「マッチョな文化」が形成される。外部環境リスクが小さく、成果フィードバック時間の短い外部環境下にある場合、つまり、意思決定にリスクはあまり背負わず、その意思決定がもたらす結果もすぐに判明する場合には、「よく働きよく遊ぶ文化」が形成される。また、外部環境リスクが大きく、成果フィードバック時間が長い場合、つまり、意思決定に高いリスクを背負うものの、その意思決定がもたらす結果がかなり先にならないと判明しない場合には、「会社をかける文化」が形成されることが多い。最後に、外部環境リスクが小さく、成果フィードバック時間が長い場合、つまり、意思決定にリスクをあまり背負わず、その意思決定がもたらす結果がかなり先にならないと判明しない場合には、「手続文化」が形成されるのである（→図表10-2-1）。図表中に具体的に想定される産業が示されているので、そこからイメージはつかめるであろう。たとえば、実感としてわかりやすいと思われるのは、電力・ガス、鉄道、通信等のインフラ産業である。これらは、リスクは相対的に小さく、意思決定の結果がわかるのは、かなり先であるから、手続を重視した官僚主義的な文化が醸成される。

図表10-2-1 ●組織文化の類型モデル

		短い	長い
リスクの大きさ	大	マッチョ文化 （出版、広告エージェンシー、映画会社） 個人主義 持続力よりもスピード 厳しい内部競争 タフな態度を持つ英雄 ギャンブル性	会社をかける文化 （コンピュータ会社、石油会社、投資銀行） 慎重な気風 集団・会議を通じた分析的決定 情報重視 熟練
	小	よく働きよく遊ぶ文化 （販売会社など） 努力に価値をおく 集団一体感 スタミナ	手続文化 （電力・ガス会社、銀行、保険会社） 手続 慣例 技術的な完璧さ

出所：石井ほか（1996）、p. 158

（2）VHSBモデル

　ディール＆ケネディの類型モデルは、組織文化を分類したモデルとして貢献が大きい。ただし、組織文化は、経営戦略とどのように関連しているのかという視点がほとんどない。先述のように、組織文化は、プラスの側面もあれば、マイナスの側面もある。経営戦略と適合的ではない組織文化が存在すると、組織が戦略を実行する際の障害となってしまう。経営戦略と組織構造との適合性と同様、経営戦略と組織文化も適合性には、考慮が必要なのである。

　経営戦略と組織文化との関係に注目した試論としては、加護野ほか（1983）のVHSBモデルが挙げられる（→図表10-2-2）。VHSBの類型モデルは、当時の世界経済を席巻していた日本企業と米国企業を比較対象として、日米の大企業の戦略や組織の定量的・定性的分析から抽出されたものである。その背後には、組織に関する次元と戦略に関する次元という2つの包括的な次元が存在している。ただし、VHSBの類型モデ

ルは、組織がオープンシステムとしてどのように環境と相互作用をしているのかを議論してきたモデルである。

第1の「組織に関する次元」は、企業の組織編成の方法にかかわる次元である。これは、一方に、グループ・ダイナミクス（集団動態的）、もう一方に、ビューロクラティック・ダイナミクス（官僚制動態的）という2つの極がある。**グループ・ダイナミクス**による編成方法とは、組織の構成員間、あるいは集団間の緊密な相互作用から生み出される価値・情報の共有を用いて、組織統合や環境に対する多義性を縮減する組織化の方法である。もう一方の極にある**ビューロクラティック・ダイナミクス**とは、体系的・機能的な分業、権限と責任の明確化、伝達・報告経路の公式化によって、組織統合や環境に対する多義性を縮減する組織化の方法である。伝統的管理論や組織構造論がその有効性を主張してきたのは、後者の組織編成の原理である。

第2の「戦略に関する次元」は、外部環境との相互作用の方法にかかわる次元である。一方にオペレーション志向と、もう一方にプロダクト志向という2つの極がある。**オペレーション志向**とは、日常のオペレーションをもとに、漸進的に環境の変化に適応していく志向である。もう一方の極にある**プロダクト志向**とは、製品のイノベーションをもとに、急進的に環境の変化に適応していく志向である。

環境適応の4類型は、図表10-2-2に示したように、これらの2次元を組み合わせることで得られる理念型である。

H型の由来は、Human Relation である。集団内・集団間の人間関係と日々の漸進的なイノベーションが、環境適応にとって重要な役割を演じ

図表10-2-2 ● VHSB モデル

		組 織 の 軸	
		集団動態的	官僚制動態的
戦略の軸	オペレーション志向	H (Human Relation) 型	B (Bureaucracy) 型
	プロダクト志向	V (Venture) 型	S (Strategy) 型

ている類型である。そして、多くの日本企業がこの特性を持っている。この類型に属する企業は、①集団内・集団間のインフォーマルな相互作用とネットワーク、②集団圧力、③価値・情報の共有等をもとに、オペレーションの微調整に重点を置いて環境変化への適応を図る。変化への対応は、能動的であるよりはむしろ受動的であることが多いが、変化の感知は、迅速かつ対応も早い。各集団が変化を感知し、自律的な対応行動をとる。

V型の由来は、Ventureである。ベンチャー志向の企業によく見られる類型である。この類型の企業は、新製品開発やイノベーションに重点を置き、集団内・集団間の規律によって管理され、飛躍的で革新的な変化を生み出すことによって、環境適応を図ろうとする特徴を持つ。

S型の由来は、Strategyである。この類型では、戦略が環境適応のための重要な要因となる。長い間、望ましい経営のモデルとされてきた類型であり、多くの米国企業がこの適応類型に属している。この適応類型においては、新製品開発やイノベーションに重点を置きつつも、組織的に系統立てられた計画や命令、明示化された戦略が環境適応のカギとなる。環境予測をもとに合理的に策定された戦略の有効性を高めることによって、環境への適応を図ろうとする。

B型の由来は、Bureaucracyである。この類型では、官僚制的な組織編成がなされる。日米とも、鉄鋼や自動車等の専業型の巨大企業に見られ、組織編成はビューロクラシーの典型である。この類型の企業は、日々のオペレーションの効率性と体系的に決められた規則によって組織の安定性を高めることにより、環境変化に漸進的に適応しようとする特徴を持つ。

所属先の企業の外部環境と組織文化がVHSBのうちのどれに当てはまるのか、少し考えてみてほしい。そして、自社がどのような戦略を練っているのかも考えてみるとよいであろう。

（3）適応類型と経営戦略

　石井ほか（1985）は、さらに議論を進めている。彼らは、経営戦略を、次の3つのレベルに分けて組織文化との関係性を議論している。第1のレベルは基本戦略のレベルで、事業活動の範囲、資源展開、独自能力、シナジーについての企業の基本的な構想である。第2のレベルは戦略計画であり、基本戦略の実行のための行動計画である。第3のレベルは具体的な戦略的行動である。これは2つに分けることができ、1つは、基本戦略や戦略計画によって誘導された行動であり、もう1つは、基本戦略や戦略計画に拘束されずに行われる自律的行動、とされている。

　以上を踏まえたうえで、環境適応の類型に対応して、3つのレベル別の戦略がいかに異なるのかを彼らは明らかにしている（石井ほか、1985）。彼らの定義では、本テキストの経営戦略の分類と少し異なる点に注意を要する。

　S型企業においては、基本戦略および戦略計画、そして、それらに誘導された戦略行動が大きな役割を果たしている。基本戦略や戦略計画は、目標設定、環境分析、自社資源の分析をもとに、体系的かつ分析的に決定され、戦略計画それ自体も体系性を持ち、具体化されている。基本戦略と戦略計画の策定プロセスと実施プロセスも明確に区別され、それぞれの担当者の役割と権限が明確化されている。実際のオペレーションは、戦略によって拘束されるか、あるいは誘導される。

　B型に属する企業では、戦略計画が明確であり、誘導行動の比重が高いという点ではS型と類似しているが、基本戦略の変更をもたらすような行動を誘導することは少ない。戦略計画のレベルにおいても、既存の事業内部での数量的計画（設備投資計画、生産・販売計画等）に重点が置かれている。この類型の企業にとって重要な意味を持っているのは、オペレーションの管理である。生産・販売・流通システムの効率化、規模の経済性の実現、生産システムの弾力化等にとっては、オペレーションの管理がきわめて重要であるし、これらがB型企業の強みとなるのである。

　H型企業は、基本戦略が抽象的であり、戦略的計画もあまり行わない。戦略とは独立した自律的行動が大きな比重を占める。基本戦略は、企業のあり方や進むべき方向を示すビジョンに近い。このビジョンは、抽象的かつ示唆的であるがゆえに、組織は、環境変化に対応して自律的行動をとることができる。この場合、戦略は、オペレーションのガイドラインというよりは、むしろその結果である。つまり、オペレーションの中で生み出された小さな自律的行動の累積的な連鎖が戦略となるのである。1つの戦略が策定および実施されるプロセスの中で、組織内の相互作用によってさまざまな知恵が注入され、戦略の微調整が行われる。

　V型企業も、H型類型と同様に、基本戦略は一般的・示唆的であり、解釈の自由度も高く、自律的な戦略行動の比重が高い。V型企業においては、革新的個人やグループによってさまざまな実験が行われる。これらの実験は、市場の中でその成否が決められる。市場の中で成功を収めた実験が、企業の戦略を形づくるのである。この類型においても、戦略は、自律的な行動によって生み出された実験の結果である。実験は、オペレーションとは独立して行われることが多く、実験による突出のユニークさがV型企業の特有の強みとなる。

　以上の考察をまとめると、B型やS型においては、戦略は、組織メンバーの行動のガイドラインや意思決定のルールとしての性格を持っている。これに対して、H型やV型では、戦略の意味が異なる。これらの類型の企業には、基本ポリシーとしての戦略は、存在しないか、存在してもきわめて抽象的であり、戦略は、むしろ自律的行動の累積結果なのである。

　そこで注目したいのは、H型やV型の企業において、自律的な行動が何によって促進され、何によって組織としての統一性を維持しているのか、という問題である。H型やV型の企業は、B型やS型に比べると、組織構造や管理システムが公式化されていないため、組織行動のガイドラインも明確ではない。それにもかかわらず、H型やV型の企業の適応メカニズムがうまく機能するのは、なぜであろうか。加護野ほか（1983）は、

組織文化の重要性を指摘する。H型やV型の企業において、組織文化は、単に公式的な組織構造や管理システムの機能を補完するだけでなく、経営戦略の補完機能も遂行しているのである。

（４）適応類型と組織文化

図表10-2-3は、適応類型と組織文化の関係と、その特徴を要約したものである。

H型企業においては、組織文化が大きな役割を果たしている。組織構造や管理システムがあまりフォーマル化されておらず、ガイドラインと

図表10-2-3●経営戦略と組織文化

H（Human Relation）型 環境適合 集団内・集団間のインフォーマルな相互作用、集団圧力、価値情報の共有をもとにオペレーションの微調整に重点を置いて環境変化への適応を図る。 経営戦略 オペレーションの中で生み出される行動 組織文化 （組織の）一体感・人の尊重	B（Bureaucracy）型 環境適合 オペレーションの効果と安定性を高めることによって環境変化に漸進的に適応する。 経営戦略 限定された基本戦略と戦略計画 オペレーション管理の徹底 組織文化 合理性。特に能率性
V（Venture）型 環境適合 新製品開発に重点を置き、飛躍的で革新的な変化を生み出すことによって環境の適応を図る。 経営戦略 突出のユニークさの中で生み出される行動 組織文化 個人の自律性・独創性	S（Strategy）型 環境適合 環境予測をもとに合理的に策定された戦略の有効性を高めることによって適応を図る。 経営戦略 基本戦略、戦略計画とそれらによって誘導された戦略的行動 組織文化 合理性。特に有効性

しての戦略があまり明確ではないからである。H型企業で常に繰り返し強調される価値は、組織の一体感と人の尊重である。一体感から生み出される心理的エネルギーと人々の知恵の結集によって、企業の微調整能力が高められているからである。個人は、集団との調和、集団への貢献を要求され、さまざまな情報を人々と共有することが重視される。行動は、弾力的でなければならず、役割や公式的な手続にこだわることは、融通が利かない行動であるととらえられる。意思決定に際しては、コンセンサスが何よりも重視される。

V型企業においてもH型と同様に、組織文化が重要な役割を果たしている。V型企業においてもヒトの重要性は強調されているが、集団への調和よりも、個人の自律性・独創性が重視される。V型企業では、イノベーションが何よりも重要な課題であり、独創的な個人、あるいはグループが生み出すイノベーションこそが企業存続のカギとなるからである。したがって、個人またはグループには、常に新しいアイデアが要求されるし、意思決定においても独断専行がむしろ理想的な行動として受け止められる。ここでは、規則・手続の遵守や集団への調和は能力不足の証拠であり、リスクへの挑戦が組織に貢献すると考えられている。

S型企業においては、組織文化は、公式的な組織構造や管理システムの補完的な役割を果たしている。S型企業で常に重視されるのは「有効性」である。この適応類型では、目標達成につながる戦略的計画の有効性こそが、企業存続のカギとなるからである。戦略計画の策定プロセスが重視され、なかでも特に合理的・分析的なアプローチと、体系的に収集されたデータが重視される。直観的な判断やあいまいなデータに基づいた行動は、非合理的とみなされている。したがって、組織のパワーは、戦略策定のスタッフに集中されており、戦略の実施プロセスにおいては、戦略の有効性を確保することが行動規範となるのである。

B型企業においても、組織文化は、公式的な組織構造や管理システムの補完的な役割を演じている。B型類型で強調されるのは「能率」である。作業の能率・スピード、職務の確実な遂行が行動規範である。意思

決定においては、権限や責任の有無、数量化された整合的なデータが重視される。組織には、定量的根拠と手続に基づいた行動が要求される。組織における階層を重視し、パワーは、階層の高さに比例している。

（5）組織文化をどう変えるのか

　組織文化が自社の環境に合わなくなってしまった場合、あるいは経営戦略に合わなくなった場合にどのように変えるべきか、という実務的課題に直面する。先述のように、組織変革の中でも戦略や構造は、トップダウンによって変革できたとしても、従業員によって共有されている組織文化は、急速に変化させることが難しい。結果として、企業が環境に適応できなくなった例は、多数ある。

　石井ほか（1985）は、組織文化の変革方法を以下のようにまとめている。
① 　トップ・マネジメントの交代
② 　新たな英雄をつくり出すこと
③ 　新規事業推進
④ 　変革の種を社内に伝播

　象徴的なことは、経営陣が代わることである。トップ・マネジメントが代わることによって、新しい経営方針を示すことができる。また、新しい組織のモデルとなる英雄をつくり出すことも有効である。あるいは、新しい象徴的な事業を立ち上げることも有効である。企業が、関連性のないような新規事業を立ち上げることは多々ある。将来的にいかなる企業になろうとしているのかを示すための、経営者の本気度を示すための投資である。また、変革の種を現場から感じ取り、それを普及させることも重要である。その際に、チェンジエージェントをいかに選抜し、新しい文化の伝道者になってもらうのかが肝要である。

　以上のうち、②〜④の方法は、従業員の協力なくして成功はない。だが、経営者は、変革のための後押しは可能であることがわかる。トップ・マネジメントが真剣に組織文化の変革を望むのであれば、組織文化は変えることができるのである。

第 3 節 トップ・マネジメントの役割

学習のポイント

◆現代の経営者の役割は、内外の環境等の影響を受け複雑多岐にわたっている。ミンツバーグは、経営者の日常的行動から、その役割の多様性を描き出した。

1 トップ・マネジメントの役割の多様性

　従来の経営管理に関する研究では、経営者・管理者の経験から経営管理の要素を抽出し、経営管理機能を分析し理解しようと努めてきた。ファヨールは、経営活動を「すべての経営資源から最適な利益を引き出し、事業体の目的を実現するプロセス」と説明している。彼は、経営活動を技術的活動、商業的活動、財務的活動、保全的活動、会計的活動および管理的活動と分類したが、この中で管理的活動のみが経営管理者の役割にふさわしいものとして注目した。そして、管理の要素として指摘された計画化、組織化、命令、調整そして統制が、あたかも経営者の役割であるかのような理解へと導いていったのである。

　このアプローチのねらいは、経営者たちが行っていることは、どのような機能であるのかを明らかにすることによって、企業経営そのものを理解しようとしたところにある。われわれはこのアプローチから経営者の役割のある側面を理解することができる一方で、1つの問題となるのは、経営者の機能的役割の普遍性や一般性のために、逆に多くの経営者たちが果たしている役割の多様性と特徴を理解することが困難になって

しまうおそれがある。

　企業をはじめあらゆる組織体では、その目標の達成、組織内システムの維持および外部環境への適応に努力を重ねている。そのため、それぞれの組織において、それぞれ異なった経営者たちが特徴ある役割を持ち、それぞれが異なった行動をとっていることがわかる。このことを考えれば、経営者たちの役割は、より多様であり、機能的に計画・組織・命令・調整・統制する、という理解だけでは限界がある。実際、現代の経営管理は、組織内外の環境からのステークホルダーの要求や諸力に影響を受け、適応しなければならない状況にあり、その経営管理を行う人々の担う役割は、一般的な機能による職務の記述によってその内容を十分に明示することはできないのである。

2　経営者の10の役割

　図表10-3-1は、ミンツバーグ（1993）が提示した経営者の10の役割の内容を要約したものである。

　ミンツバーグは、伝統的経営管理学者たちによる経営者の役割について、その機能的なアプローチの限界を認識したうえで、経営者の職務活動を観察し、分析しながら経営管理職務の特徴を見いだし、それらのデータから重要な類似性と差異を主張した。すなわち、すべての経営者の職務活動に共通する特徴に焦点を当てて、それらの事実と10の共通的な経営者の役割という概念枠組みを関係づけ、まずそれらの共通性を確認した後、それらの特徴と共通の役割を基礎として、経営管理職務の中における差異を検討したのである。

　彼は、それらの役割を、①対人的役割、②情報的役割、③意思決定的役割、と大別した。そして、彼らの役割の対象範囲の差異を区別しながら、それぞれのより具体的な役割を把握した。

　対人的役割においては、経営者は、組織の看板としての役割、組織のリーダーとしての役割、そして、組織内外の人々へ意思と情報を伝達し、

図表10-3-1 ●経営者の10の役割

役割	叙述	典型的な活動
対人的役割		
看板	象徴的看板：法的あるいは社会的性格の多くのルーチン職務の遂行義務	儀式、社会的・法的要請による参加、書類の署名など
リーダー	部下の動機づけと活性化に対する責任：要員配置、訓練と関連する職務についての責任	部下を含めたすべてのマネジメント活動
連絡者	外部交渉と愛顧や情報を提供する伝達者としての自己の開発したネットワークの維持	郵便・電話コールの処理、外部の会議、および外部の人々を含むその他の活動
情報的役割		
モニター	組織と職務の理解を通じて発展するために広範な特殊情報の探索と入手：組織の内外情報中枢センターとして出現	情報入手に関係する郵便や連絡の処理、定期刊行物に目を通すことや情状視察のための旅行
情報伝播者	外部者や他の部下から入手した情報を組織メンバーに伝達：ある種の情報は事実に関するものであり、またある種のものは組織内の影響力を持つ人々の多様な地位の解釈と統合を含んでいる	伝達目的のために組織内に郵便を回送する、部下との情報交換を含む口頭による連絡、部下との会議の検討
スポークスマン	組織の計画、方針、行為、成果その他についての情報を外部者へ伝達：その業界のエキスパートとして供与する	役員会議、郵便の処理や外部への情報移転を含む連絡
意思決定的役割		
企業家	機会に対する組織とその環境の探索と変化をもたらすための"改善プロジェクト"の推進：確かなプロジェクトの設計を監督することがよい	プロジェクト改善の開始、あるいは設計を含む戦略と会議の検討
障害処理者	組織が重要で、かつ予期しない障害に当面した場合の是正行為についての責任	妨害や危機を含めた戦略と会議の検討
資源配分者	すべての組織内の諸資源の配分に対する責任──事実上、すべての重要な組織内の意思決定と承認	スケジューリング、授権への要求、予算や部下の仕事の計画化を含む活動
交渉者	主要な交渉にあたり組織を代表する責任	団体交渉および物品購入の交渉

出所：ミンツバーグ（1993）

処理する連絡者としての役割を果たしているという認識に基づいている。このような認識は、経営者が日常的に行っている職務活動の分析、類型化に基づく。

同様に、情報的役割も、経営者が日常的にその職務として行っている情報の収集、処理、そして、伝達に関する役割を集約し、類型化したものである。経営者は、外部環境の動向や組織の現状を理解し、責任を持つ組織の発展のために必要な情報を探索し、収集する役割を持っている。この役割が、モニターとしての活動であり、さらにこれらの情報の処理によって解釈し、判断するという責任も有することとなる。

また、組織の方針・計画・成果に対する経営者の意思と業績を組織外の関係者へ伝達・表明するスポークスマンの役割もあり、組織の経済的・社会的存在を持続していくうえで、きわめて重要な活動となる。そして、組織内外から収集・探索した情報を組織内のメンバーに伝達し、伝播させる役割もこの情報的役割の中に含まれることとなる。

他方、経営者の意思決定的役割については、その意思決定の種類による類型的役割を見いだしている。ミンツバーグは、経営者が日常的に行っている意思決定を内容・種類によって類型化して、経営者の役割をより具体的にとらえようとした。そして、その諸類型を①企業家的意思決定、②障害処理者的意思決定、③資源配分者的意思決定、④交渉者的意思決定として、それぞれの意思決定のタイプと経営者の役割の関係を認識した。

①企業家的意思決定とは、環境における機会探索と組織能力の適合を図るため、あえてリスクを冒しても成長の実現に取組むことを内容とするものである。

②障害処理者としての経営者の役割は、経営者が当面する重要な問題を解決しなければならない責任に基づくものである。したがって、組織が重要でかつ予期できなかった問題に当面した場合には、その障害を取り除き、脅威や危機の解決のための決断と戦略的意思決定をなすという役割を果たさなければならない。

③経営資源の配分における意思決定においては、戦略経営計画、総合予算の決定に伴う組織内のすべての諸資源の配分に関する責任を基礎とする。

④交渉者としての経営者の役割は、主として外部のステークホルダーとの取引における意思決定を行うことであり、しかもその主要な取引交渉にあたっては、組織を代表する責任を持つこととなる。

以上のように、ミンツバーグは経営者の現実の日常的行動に注目し、その役割の多様性を明らかにした。

第 4 節 戦略プロセスとトップ・リーダーシップ

学習のポイント

◆企業規模が拡大した今日、経営者の役割は、経営戦略そのものデザインというよりはむしろ組織全体の持つ戦略創出能力を引き出すことにある。
◆トップ・マネジメントの基本的機能として、組織への価値注入、ドメイン画定、外部とのインターフェイス、組織学習の奨励という４つの機能が挙げられる。

以上で考察したように、経営戦略とトップ・マネジメントの関係は密接であり、不可分である。さらに、伝統的には「企業＝企業家」と考える場合が多く、トップ・マネジメントあるいは１人の企業家が戦略のデザインを行い、組織は、ただそれを実行するのみであると考えられてきた。しかし、近年のように企業の規模が巨大化し、技術が高度化し、環境が複雑になってくると、到底１人の企業家によって経営戦略をデザインすることはできなくなってきている。むしろ、経営者には、組織全体の持つ戦略創出能力をいかに引き出していくのかという能力のほうが、より要求されるようになった。

今日のトップ・マネジメントは、図表10-4-1に示すように、大きな基本構図を持ち、組織の中心に位置し、さまざまな専門能力を持った組織体と調和しながら、それぞれの能力が最大限に引き出せるように努めている。したがって、トップ・マネジメントは、もはや偉大な戦略家としての役割よりも、偉大な演出家としての役割を果たしているようにな

図表10-4-1 ●戦略プロセスとトップ・リーダーシップ

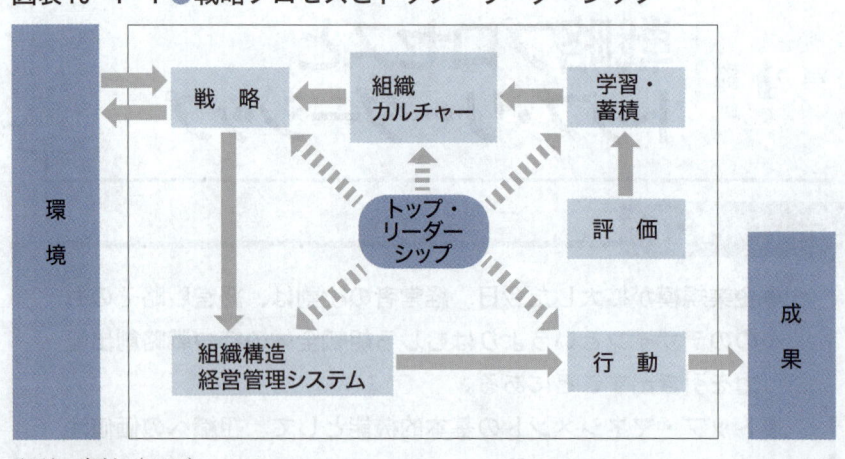

出所：奥村（1982）

ったと考えられる。

　トップ・マネジメントは、組織の中心にあって、戦略や組織文化、組織構造および管理システム、組織学習、評価等、組織活動のさまざまな局面にその影響力を発揮する。そして、トップ・マネジメントは、組織の中で進行する日常的な戦略形成プロセスに注意を払い、必要に応じてみずから介入するのである。

　加護野ほか（1983）の研究によると、日・米企業の間で最も大きい差異が認識されたのは、トップ・マネジメントの**リーダーシップ・スタイル**であった。アメリカ企業のトップは、高い専門能力で経営理念を強力に打ち出す等、みずから企業経営の先頭に立って強いリーダーシップを発揮しながら、積極的に企業を引っ張っていく。これに対して日本のトップ・マネジメントは、組織能力を引き出すことに重点を置き、企業経営の前面に出ることは比較的少ないと考えられている。

　奥村（1982）は、日本企業を取り巻く経営環境が激変するにつれて、日本企業のトップ・マネジメントにも変化が迫られていると指摘する。つまり、日本企業のトップ・マネジメントにおいても、不確実性の高い

環境下では、みずからが戦略のデザインとその実行に積極的に乗り出すことや、あるいは企業イノベーションを大胆に推進していくことも、彼らの仕事になりつつあることを明らかにしている。

さらに、今日のトップ・マネジメントの役割においては、次の4つの基本的な機能が注目されると指摘する。それは、

① 組織への価値注入とその制度化
② ドメイン（戦略空間）の画定
③ 外部とのインターフェイス
④ 組織学習の奨励

の4つである。

以下では、これらの4つの役割について、より詳しく検討してみることにする。

（1）組織への価値注入とその制度化

まず第1に、トップ・マネジメントは組織へ価値を注入し、それを制度化することによって、組織を1つの有機的な存在に変える必要がある。つまり、組織メンバーが「何のために働くのか」という基本的問題に答えられるような理念を提示することである。

さらに、この理念を組織の末端まで浸透させなければならない。これが理念の制度化である。理念を単なる抽象的なままに置いておくのではなく、日常的行動のレベルにまで下ろすことである。そのためにいくつかの組織的工夫が考えられる。たとえば、定期的に開催する会議や現場中心の問題解決のための活動（QCサークル）等もその1つである。

トップ・マネジメントは、制度化を通じて、常に組織価値が風化しないように気を配る必要がある。表彰制度によって組織価値をシンボリックに維持したり、社内の教育プログラムにもみずから出向き、経営理念等を繰り返し説いたり、ときどき現場に行って緊張感をつくり上げたりすることも大切である。

その意味では、トップ・マネジメントは、組織においてはシンボリッ

ク（象徴）な存在である。彼らは組織価値を代表し、みずからの行動や言動は、組織メンバーのモデルとなるのである。

（2）ドメイン（戦略空間）の画定

トップ・マネジメントの第2の役割は、ドメインの画定である。ドメインとは、組織体が活動し生存していく生存領域のことであり、より具体的にいうと、企業が行う事業活動の戦略空間である。この戦略空間の画定は、経営資源を集中すべき方向と範囲を決めるために優れて戦略的な決定事項であり、それゆえにトップ・マネジメントの専決事項である。

ドメインを画定することで、企業は、みずからがどのような事業領域でどのような競争相手と戦うかを特定することになると同時に、より本質的には、企業のアイデンティティ（同一性、あるいは基本的性格）を規定することにもなる。企業のアイデンティティが決まるということは、企業の意思決定の焦点が限定・集中し、組織体としての一体感が醸成される、といった効果をもたらす。それは、企業みずからが行う事業の本質的な意味をつくり出すこと、定義すること、つまり意味創造を行うことにほかならない。ドメインの画定とは、みずからが何をする企業であり、何ものであるかを明確にする最も重要な戦略課題なのである。

（3）外部とのインターフェイス

第3には、外部のステークホルダーとのインターフェイスが挙げられる。企業は、外部環境とのかかわりなしには存続することができない。企業活動を支え、資源を供給する外部の機関や組織の協力なしには、企業は存続することが難しい。こうした企業を支える外部のステークホルダーは、取引先、供給業者、業界団体、政府機関、地方自治体、地域住民、株主等にわたる。

戦略は、ある意味では、こうしたステークホルダーとの関係構造でもある。たとえすばらしい戦略がデザインされても、ステークホルダーからの協力が取りつけられなければ戦略として機能しない。そこで、トッ

プ・マネジメントは組織を代表して、これらステークホルダーを説得し、戦略を実行可能なものと認めてもらえるよう努力するか、もしくはステークホルダーの要望を聞き入れつつ、ある程度の妥協をしなければならない。その意味でトップ・マネジメントは、外部とのインターフェイス機能を果たしている。戦略を遂行するうえで、さまざまな突発的な問題や機会が環境から生じ、それがきわめて重要なこともしばしばある。これを扱うのがトップ・マネジメントの重要な役割の1つなのである。

（4）組織学習の奨励（シンボリック・マネジャー）

　最後に、トップ・マネジメントは、組織学習の奨励における教育者としての機能を果たす。組織は、戦略の遂行に伴い、さまざまなノウハウや知識、スキルを学び、吸収している。組織にとっては、これらの知識資産をいかに組織の資産とするかが課題となるが、その際に重要となる組織学習の促進を図るのは、トップ・マネジメントの役割でもある。戦略は、もともとアイデアあるいは差別的情報の構築物である。したがって、組織の中からよい戦略が生み出されるためには、組織の中にいかに知識が蓄積されているかが重要となる。そのために、トップ・マネジメントは、この知識の学習と蓄積、その方向性に心を砕く必要がある。

　こうした組織学習の奨励によって、トップ・マネジメントは、率先して組織学習、さらに、そうした学習する企業の文化を形成し、維持する。ディール＆ケネディ（1982）は、こうしたトップ・マネジメントの人物像を指して「シンボリック・マネジャー（象徴的管理者）」と呼んでいる。シンボリック・マネジャー **Key Word** の特徴として、次の3つの要素が挙げられる。

① 文化と文化が長期的な成功に及ぼす影響を敏感に感じ取る。

② 従業員に高度の信頼を置き、文化の力を頼りに目的を達成する。

③ みずからを日常業務というドラマにおける演出家や演技者であると考える。

　こうしたシンボリック・マネジャーとしてのトップ・マネジメントが組織に働きかけることは、実際にはなかなか難しいことである。しかし、一方で成功した企業には、必ずといってよいほど、シンボリックな役割を果たす経営者や企業家が存在するのである。そうした経営者が強力な文化を築くことで、経営戦略の実効性が飛躍的に高まり、結果として高業績につながっているといえる。

第5節 トップ・マネジメントの責任

学習のポイント

◆トップ・マネジメントは、全体を見るうえで、何を専管とするかについての責任を持っている。
◆戦略の成否と経営の質の良否に対して、トップ・マネジメントは、責任と役割を担っている。

　企業内では、トップ・マネジメントだけが全体を見ることができ、全体に責任を持つことができる。トップ・マネジメントは、何を専管とするかについて責任を持っている。それは、全体・一体性・未来にかかわる意思決定である。ドラッカー（2006）によると、トップ・マネジメントは、3つの分野を専管としなければならない。

　第1に、参入すべき技術・市場・製品・事業の決定、破棄すべき事業の決定、組織としての価値観・信条・原則の決定である。

　第2に、資金配分の決定である。資金の調達と投下は、トップ・マネジメントの責任であって、現業の部門に任せることはできない。

　第3に、人材配置の決定である。人材は、組織全体の資源であって特定の部門のものではない。人事についての方針や、実際の主要な人事は、各部門や現業が関与するとしても、あくまでトップ・マネジメントが決定すべきことである。

　トップ・マネジメントは、企業の戦略の成否と経営の質の良否に対する責任と役割のかなりの部分を担っている。実際に、QMS（品質マネジメントシステム）におけるトップ・マネジメントの役割としては、トップ・

マネジメントは、そのリーダーシップおよび行動によって、人々を十分に参画させるような環境、また、品質マネジメントシステムを効果的に運営することが可能な環境をつくり出すことにあるとされている。経営戦略の方針を決め、経営品質の目標を組織全体に浸透させ、目標達成のために効果的なマネジメントシステムを確立し、実施し、維持することが経営者の役割である。このように、企業の戦略を効果的に実行し、経営の質を高めるためには、経営者の役割を抜きに考えることはできない。

第10章 理解度チェック

次の設問に、○×で解答しなさい（解答・解説は後段参照）。

---

1 事業部制組織とは、事業ごとに事業部が設置され、その上位にある本社が事業部の戦略策定や実行に深く関与し、実際の運営の意思決定を担う組織である。

2 組織文化とは、組織内のメンバーに共有されるモノの考え方や価値観等、組織の目に見えない側面を指す。

3 ミンツバーグによると、トップ・マネジメントの重要な役割の1つとして、情報収集やその処理、伝達といった情報的役割が挙げられる。

4 シンボリック・マネジャーとは、組織学習の奨励において率先して働きかけをするトップ・マネジメントのあり方の1つである。

5 トップ・マネジメントの専管事項には、事業・価値観、資金配分、人材配置がある。

第10章 理解度チェック

1 ×
事業部制組織では、本社機構と独立した、自律的単位としての事業部が設置される。事業部に一定の意思決定を行う権限と能力が与えられ、本社機能は、業務的活動から解放され、全社的な意思決定に注力できる。

2 ○
組織文化とは、経営戦略の策定や実行に強く影響を与える、組織メンバーの共有する価値観やモノの考え方、見方等、組織の可視化できない側面を指す。

3 ○
ミンツバーグの明らかにした経営者の役割は、大きく対人的役割、情報的役割、意思決定的役割に分けられ、経営に関する情報収集や処理、伝達は、この中の情報的役割に位置づけられる。

4 ○
ディール＆ケネディによって提示されたシンボリック・マネジャー（象徴的管理者）とは、組織学習や学習する企業の文化を維持形成するために率先して組織に働きかけるリーダーとしてのマネジャーの姿である。

5 ○
ドラッカーは、企業内でトップ・マネジメントでなければ全体を見ることができず、したがって、責任を持ち専管とすべきものとして、事業・価値観、資金配分、人材配置の3分野を挙げている。

経営戦略と
マネジメント・プロセス

この章のねらい

　本章では、マネジメント・プロセスのモデルとして、デミングによって提唱され、日本流に改変されたPDCAサイクルを取り上げる。計画（Plan）－実行（Do）－評価（Check）－改善（Act）の連続するプロセスサイクルにより、継続的な業務の改善、品質保持を行うPDCAサイクルの考え方は、経営計画の円滑な実行に使われてきた。アメリカのデミングサイクルは、経営計画の実行だけではなく、組織の戦略的な見直しや学習のプロセスの改善に使われている。

　さらに、経営計画の実行をコントロールするものとして統制と制御のシステムを、また、そのコントロールシステムをより効率的に運用するためのものとして計画システムおよび内部評価方法を、それぞれ検討していく。

第 1 節 | 経営戦略の PDCAサイクル

学習のポイント

◆マネジメント・プロセスの具体的な手順を定めておくことで、組織の目標が達成されやすくなる。
◆PDCAサイクルとは、「計画－実行－評価－改善」のプロセスを循環させ、らせん状に品質の維持・向上等を推進する業務改善のモデルである。

1 マネジメント・プロセスとは

　マネジメントとは、経営者あるいは管理者の活動を指す言葉であり、より具体的には、「個人が単独ではできない結果を達成するために、他人の活動を調整する1人ないし、それ以上の人々のとる活動」や、「求める目的に向かって効率的に働くために、資源を統合し、調整すること」と定義される。

　そこで注目したいのは、マネジメントの前提条件として、そこには必ず「組織」が存在するということである。経営組織論の始祖であるバーナード（1968）は、組織を「人間が個人として達成できないことを他の人々との協働によって達成するしくみ」であると定義した。そして、異質な人々の努力を組織の効率的な目標達成に向けて調整するニーズが発生したときに、作業活動と独立した固有のマネジメント（管理活動）が生み出される。したがって、マネジメントと組織は、表裏一体の関係にあり、まさに組織なくしてマネジメントは成立し得ないのである。

　さらに、組織についての理論は、多くの研究者によってめざましい発展を遂げてきたのに対して、マネジメントの理論化は、20世紀に入ってから発展してきた。これまでのマネジメントについてのアプローチには、大きく 2 つの流れがある。1 つは、組織の目標達成に役立つマネジメントの原則を経験から抽出しようとするアプローチで、一般的には古典的管理論という。もう 1 つは、管理者が何をしているのかを記述するところから始めようとするアプローチで、代表的なものとしては、管理過程論を挙げることができる。

2 マネジメント・プロセスの機能

　管理過程論、すなわち、マネジメント・プロセス論が必要となる理由は、企業や個人が一定の目標を達成しようとしているからである。目標とは、将来のある状態を予想し、達成するための基準を定めたものである。目標の達成に影響を及ぼすのは、経営環境と個人あるいは組織の行動である。個人や組織は、環境に適応すること、働きかけることによって目標を達成することができる。目標を達成するには、あらかじめどのような行動や手順をとるのか決めておく必要があるが、この行動や手順が計画となる。計画を持たずに、場当たり的に対応していたのでは、目標を達成することはできない。

　しかし、あらかじめ決めた行動や手順をとれば、必ず目標が達成されるという確証はない。環境変化によって、目標が達成できないかもしれない。すなわち、環境がどのように変化するかによって、計画も変わるのである。環境の変化に合わせて個人や組織の行動を変えることや、計画した数値と実績のギャップを継続的に検討し、そのギャップがなぜ発生したかを分析し、その対策を打つことによって、再び目標の達成に向けて努めることができる。後述するように、統制（コントロール）が必要な理由はここにある。すなわち、個人や組織は、環境の変化をすべて予測することができないし、予測できない変化が起こるからこそ、企業

は、マネジメント・プロセスの継続的な循環を通して、環境に有効に適応していくことができるのである。不確実性の高い環境の中で、将来の目標を有効に達成するためには、マネジメント・プロセスの考え方は必要不可欠である。こうしたマネジメント・プロセスと類似した考え方としては、PDCAサイクルが挙げられる。

3 PDCAサイクル

PDCAサイクルとは、Plan（計画）、Do（実行）、Check（評価）、Act（改善）のプロセスを順に実施し、最後の改善を次の計画に結びつけ、らせん状に品質の維持・向上や継続的な業務改善活動等を推進するモデルである。これは、1950年代、品質管理の父といわれるデミングが考え出した手法を、外国製品をキャッチアップしていた日本企業のために日本流に変えたものである。生産プロセスや業務プロセスの中で、改良や改善が必要となる部分を特定し変更できるように、そのプロセス自身を測定分析し、それを継続的に行うために、全体の改善プロセスが連続的な

図表11-1-1 ● PDCAサイクル

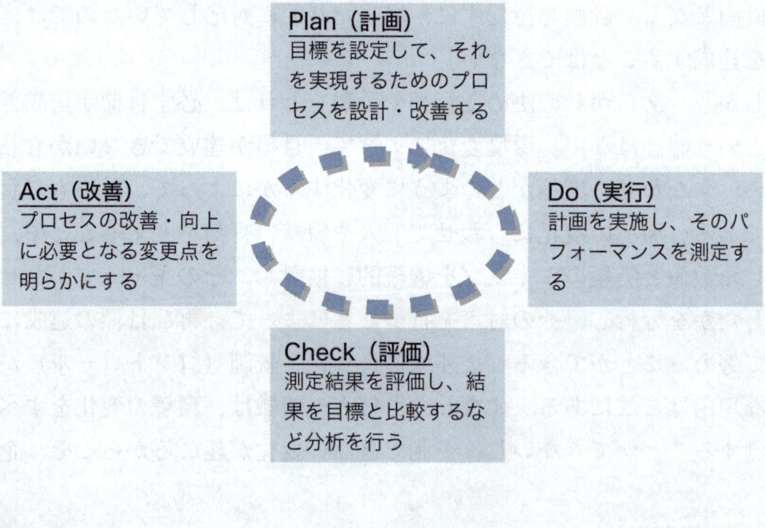

Plan（計画）
目標を設定して、それを実現するためのプロセスを設計・改善する

Do（実行）
計画を実施し、そのパフォーマンスを測定する

Check（評価）
測定結果を評価し、結果を目標と比較するなど分析を行う

Act（改善）
プロセスの改善・向上に必要となる変更点を明らかにする

繰り返しのループとなるように提案されたものである。このため**デミングサイクル**とも呼ばれる。→図表11-1-1

日本におけるPDCAのP、すなわち計画（Plan）とは、目標を設定して、それを実現するためのプロセスを設計・改善することである。D（Do）の実行とは、計画を実施し、そのパフォーマンスを測定することである。C（Check）の評価とは、測定結果を評価し、結果を目標と比較する等分析を行うことである。

PDCAサイクルは、計画（Plan）と評価（Check）に重点を置き、慎重な分析に基づく計画の実行（Do）を行い、日本では統計的品質管理（SQC）手法として広く普及した。すなわち、「計画−実行−評価−改善」のプロセスを循環させ、らせん状に品質の維持・向上等を推進する業務改善のモデルとして普及した。

他方、デミングサイクルはアメリカではC（Check）ではなく、S（Study ＝研究）であり、Aでは組織学習と戦略の再構築を意図したPDSAサイクルであった。特にデミングが強調したのは、品質管理とプロセス改善の重要性であり、計画の実行だけでなく、組織の戦略的な見直しや学習プロセスの改善に使われている点で、まったく異なる。

PDCAサイクルの考え方は、製造プロセスの品質向上や業務改善等に広く用いられている。ISO9000やISO14000等のマネジメント・システムに加え、ISO45001等ISO（国際標準化機構）による労働安全衛生マネジメント・システムにも取り入れられている。また、類似の管理プロセスや派生モデルも多数存在する。

PDCAサイクルには、従業員の作業単位の小さいサイクルから、組織全体にわたる大きなサイクルまで、さまざまな規模がある。従業員レベルの小さなサイクルとは、「作業開始時点で、その日の作業の優先度を決め（Plan）、その順番で業務を行い（Do）、うまくいったところとうまくいかなかったところを比較し（Check）、うまくいかなかった点については、明日以降はうまくいくように改善する（Act）」と言い換えることもできる。また、組織レベルの大きなPDCAサイクルにおいては、「トッ

プが方針を決定し（Plan）、これをもとに事業活動を行い（Do）、計画に
ずれが生じてないか、目標と計画とにぶれがないか、等を監視し（Check）、
もしあればそれらを改善し、正しい方向へと計画を再設定する（Act）」
と表現できる。

　PDCAサイクルの重要な点は、そのサイクルを「回す」ことで、循環
的な品質や業務、経営の改善が可能となる点である。従来の改善モデル
では、いわゆる計画（Plan）−実行（Do）−評価（See）という1回だけの
流れで完結し、その結果を次に生かすことはなかった。こうした一方向
のみの流れを循環させることで、シナジー（相乗効果）を生み出すこと
を可能にしたことが、PDCAサイクルの最大の特徴であり、重要な点で
もある。

　そのうえで、PDCAサイクルの中でも評価（C）と改善（A）が特に
重要なポイントとなる。PDCAサイクルの計画や目標を状況に応じて機
動的に変更できることを重視するならば、目標の達成のみを重視してき
た従来の評価のあり方に大きな変更が必要となる。予算計画のような、
環境によって大きく変化する可能性のある管理指標によるPDCAサイク
ルから、戦略目標や市場ポジショニングといった、より普遍性の高い計
画を重視したPDCAサイクルへの転換、あるいは、経営トップと事業部
門の戦略共有・調整のメカニズムを確立することを目的としたPDCAサ
イクルへの転換が必要となる。製品サイクルが短期化し、コモディティ
化速度が非常に速い環境では、経営計画の実行だけではなく、組織の戦
略的な見直しや学習のプロセスの改善が重要である。

経営戦略の統制と評価・フィードバック

学習のポイント

◆経営戦略の実行段階においては、計画の統制が必要になり、制御と影響という2つの視点からのコントロールが求められる。

◆統制システムの設計にあたっては、目標変数、測定方式、事前基準値の決定やコミュニケーション等、細かい注意点がある。

1 経営戦略と統制システム

計画を実行に移す段階に入ると、ほぼ同時に統制（コントロール）が必要になる。計画をどれほど緻密に策定したとしても、実行の段階では、計画どおりにはいかないからである。そのことに対処し、適切な行動をとるようにするための実際の行為が、統制である。

加護野ほか（1983）は、コントロールには、2つのタイプがあると指摘する。第1のタイプは、制御としてのコントロールである。これは、制御しなければならない仕事を持っている人が、自分で適宜制御活動を行っていくときのコントロールを指す。たとえば、現場の作業者が機械の調子や部品の在庫等の状況を見ながら、作業計画を変えていくことが、その例として考えられる。

もう1つのタイプのコントロールは、影響としてのコントロールである。代表的な手段としては、業績評価を挙げることができる。上司が作業者の業績を事後的に評価する。この事後的評価が、作業者による生産の制御活動に影響を与える。作業者には、事後的に業績が評価されると

いうことがあらかじめ知らされているため、その作業者は、よい評価を
得ようとして、適切な制御活動をとろうとするのである。

　この2つのタイプのコントロールは、上司が部下に仕事を委任したと
き、つまり権限委譲に際して、必ずといってよいほど同時に起こる。部
下は、仕事の制御というコントロールをみずから行うし、他方、上司は、
業績評価等を通じて、影響としてのコントロールを行うのである。

2　統制のプロセス

　次に、この2つのタイプのコントロールが、どのようなプロセスで行
われるのか、について考える。制御としてのコントロールは、典型的な
フィードバック・コントロールであり、それは次の3つのプロセスから
なる。

① 何かの制御行動をとる。
② その行動の結果として生まれる成果を測定・観察する。
③ 観察された成果をあるべき基準と比べて、評価する。

　また、影響としてのコントロールの典型を業績評価による影響に求め
ると、次のようなステップを繰り返す。

① 目標とすべき成果水準を決める。
② 部下が仕事の制御活動を実行する。
③ 一定の期間の後に、その期間における成果を測定・観察する。
④ その成果を評価基準と比較して、上司が評価する。
⑤ その評価に基づいて、上司は、報奨あるいはペナルティーを決める。

　このようなプロセスは、コントロールの相手が人間であるからこそ、
意味があるものとなる。業績評価にしろ、報奨やペナルティーにしろ、
人間であるからこそ意味があり、影響されるのである。その意味で、制
御としてのコントロールと影響としてのコントロールの間には、決定的
な違いがある。それは、人間的要素の違いである。そこで、この2つの
コントロールを区別する必要がある。

制御としてのコントロールと影響としてのコントロールは、同じ「コントロール」という言葉を使っており、1つの統制システムの枠組みで、2つが並行して起きるがゆえに混同しやすくなる。そして、上司の部下に対するコントロールを「制御としてのコントロール」とばかり考えてしまう間違いが、頻繁に起こる。部下のコントロールを制御一点張りで考えて、フィードバックを事細かに頻繁に行ってしまうのである。しかし、知覚と感情を持った部下は、あまりに細かく頻繁にフィードバックが行われると、自分は信じてもらっていないと思い、仕事がいやになってしまう。そうなると、自分に任されたはずの仕事の制御活動を怠るようになり、いわれたとおりにやればよい、という姿勢で仕事に臨んでしまう。つまり、部下を制御としてのコントロール一点張りでコントロールしようとすると、結果として、仕事のコントロールがうまくいかなくなるのである。したがって、影響としてのコントロールも重視し、適切に使い分けることが必要となる。

3 統制システムの設計

統制システムの設計にあたっての検討すべき課題としては、次の5項目が考えられる。
① 目標となるべき変数
② 測定法
③ 事前の基準値の決定方式
④ 成果測定の結果のコミュニケーションの仕方
⑤ 事後的な評価基準の決定方式

第1の課題は、目標となる変数を決めることである。ここで、目標となる変数とは、コントロールの対象にする仕事や成果を測定するための変数のことをいう。たとえば、予算管理では、事業部の売上高や製造費用、利益、あるいは成長率、利益率等が挙げられる。

第2の課題は、その変数の測定法を決定することである。たとえば、

利益といっても、部門の利益をどのように計算すべきかは、簡単な問題ではない。というのは、その利益計算に、どのような項目が含まれるかによって、コントロールの対象になる人々の行動に変化が出てくるからである。

同様に、測定することの難しい変数はあまりにも多い。たとえば、「品質」や「人材育成」というものをいったい何でどのように測定すればよいのであろうか。このような場合には、管理者の主観的観察等に頼るしかない。その際、この難しい観察をすることは、管理者の重要な役割の1つになるのである。

第3は、事前の基準値をどのように決定するのかという課題である。統制システムにおいて、フィードバックは、かなり重要な機能を果たす。そのフィードバックのためには、事前に何らかの意味で基準値を決めておく必要がある。目標（方針）管理システム等において、目標の自己申告制度では、その基準値については、部下の自己申告に基づいて上司との話し合いで決める方式をとっている。あるいは、過去の実績値を基準値とする決定方式がとられることもある。

実際の戦略実行においては、次に見る計画システムで策定される計画の一部に、この基準値が含まれなければならない。つまり、計画システムのアウトプットとして、目標変数の事前の基準値を決めるのである。もし、基準値を事前に決めておかないと、計画は、人々の制御活動に影響を与えることができなくなってしまう。ここで、計画システムと統制システムの接点が生まれてくるのである。

第4に、測定された成果を誰にどのような形で伝えるのか、つまりコミュニケーションの仕方を決めるのかも統制システムの設計においては、重要な課題である。それは、測定された成果は、事前の基準値と比較される形でフィードバックのための情報となるが、その情報は、制御としてのコントロールを行う人々や、影響としてのコントロールを行う人々に、何らかの形で伝わって初めて意味を持つことになるからである。

そこで、その情報を本人あるいは本人以外に、どのように伝えるかが

もう1つの課題となる。ヒトは、自分の成果を測定されるだけで、それに注意を集中する。さらに、その情報が事前の基準値との違いを示すものであったり、主観的な観測によるものであったりする場合には、それが誰にどのような形で伝わるのかに対して、人々はより敏感な反応を見せるようになる。たとえば、多くの営業所をコントロールする場合、すべての営業所の実績を全営業所にフィードバックするというコミュニケーションの方式をとることだけで、営業所間で競争意識を引き起こすことができる。このように、フィードバックのコミュニケーションの仕方によって、コントロールの効力を増減することができるのである。

コントロールシステムの設計の第5の課題は、事後の評価基準の決定方式をいかに決めるかということである。事後の評価基準とは、測定された成果の実績と比較されるべき目標変数の水準のことを指す。この水準としては、一般的には事前の基準値と同じものが使われるが、環境変化等の影響により、事前の基準値とは異なった水準に事後の評価基準が設定されることもある。さらに、妥当な事後基準を設定することは、きわめて難しい。というのは、環境変化を考慮するといっても、事後基準は「環境変化に適切に対応しているなら、この程度の成果は上がってしかるべきである」という評価基準を設定しなければならないからである。

ここでもう1つ注意しなければならないのは、その評価が公正に行われなければいけないことである。もし、評価が公正に行われなければ、影響としてのコントロールは、その機能を失ってしまうことになるのである。

<table>
<tr><td>第 3 節</td><td></td></tr>
</table>

| 第 **3** 節 | # 経営戦略とマネジメント・コントロール |

学習のポイント

◆統制システムをより実効的に運用するための管理システムが、計画システムである。計画システムの策定においてもいくつかの課題が考慮される必要がある。

◆計画システムの策定には、組織構成員のいまとるべき行動が明らかとなり、組織的コミュニケーションや問題解決が可能になるという意義がある。

1 マネジメント・コントロールとしての計画システム

　これまで見たようなコントロールシステムの戦略実行に際して、より実効的に運用するための管理システムが戦略的計画であり、計画システムである。

　計画システムの設計にあたって検討すべき課題としては、次の6項目が考えられる。

① 誰が計画を策定するのか。
② 計画をどの程度まで具体化するのか。
③ 計画をどの程度の頻度で見直すのか。
④ 計画のフォーマットをどのようにするのか。
⑤ 会議をどう持つのか。
⑥ 事後的な評価と計画をどのように連動させるのか。

これらの設計課題は、どのような組織の単位であれ、多くの人々が参

加して全体の計画をつくるといった場合には、必ず何らかの形で決められなければならない。以下では、これらの課題について、詳しく見ていくこととする。

（1）誰が計画を策定するのか

　計画システムを設計するにあたって、第1の課題は、誰が計画をつくるのか、ということである。これには2つの対照的なしくみがある。1つは、計画の専門スタッフが計画を策定するというしくみである。もう1つは、計画を実行するラインが、みずからの計画を策定するというしくみである。

　計画の専門スタッフが中心となって計画の全体フレームを策定し、それを具現化するやり方がトップダウン方式であり、ラインがつくった計画を積み上げていくことによって、全体の計画を策定するやり方がボトムアップ方式である。一般的には、実際に計画を実行するラインが計画を策定したほうが、実行への意欲が高まるし、情報の共有や問題解決を促進することができるとされている。しかし、ライン主導で計画が策定されたときには、全体としての整合性がとれないおそれがある。このような欠点を回避するために、まずラインが計画をつくり、スタッフがそれを調整するしくみ、つまりトップダウンとボトムアップの両方の折衷方式をとることが多い。

（2）計画をどの程度まで具体化するのか

　第2の課題は、どの程度まで計画を具体化すべきかである。長期的な戦略計画は、どうしても抽象的なものにならざるを得ない。これに対して、短期計画は、より具体的なものにすることができる。つまり、計画の種類や対象によって、具体化すべき程度が異なってくるのである。

　抽象的なレベルでの計画を議論していたのでは「総論賛成・各論反対」になってしまい、結果として真の整合化が期待できないケースが多い。少なくとも総論的な全体としての方向性を定めることが必要になる。計

画の具体性が高いものの場合、さまざまな部署の意見の対立が鮮明となり、情報の共有が進むようになるが、それだけコンフリクトが発生する等の深刻な問題も浮き彫りになる。いずれの方法にも長所と短所があり、企業にとって妥当なレベルでの具体性を持たせるように、それぞれの企業が努力しなければならない課題でもある。

（3）計画をどの程度の頻度で見直すのか

　計画の期間とは別に、計画をどの程度のサイクルで修正するかもまた、計画策定においては、重要な課題となる。たとえば、5年間の長期計画であっても、5年ごとに見直すやり方もあるであろうし、毎年見直すやり方もある。長期計画を毎年見直していくやり方をローリング計画という。

　計画を頻繁に見直すことの長所としては、見直すたびに情報の共有が進み、計画の妥当性や実現可能性が高まることが挙げられる。しかし、計画があまりにも頻繁に見直されると、逆に計画の調整機能が低下してしまうおそれもある。

（4）計画のフォーマットをどうするのか

　計画策定システムにおけるもう1つの課題は、計画のフォーマットをどのようにするかである。

　多くの企業がそれなりのフォーマットを持っている。そのほとんどは、一般的に計画の最も大事な内容やエッセンスをわかりやすく、かつ簡単にまとめる様式になっている。

　計画のフォーマットは、計画策定のプロセスにおいて、人々のコミュニケーションと議論の焦点をつくる役割を果たす。計画の本質をわかりやすく、かつ短く記述することによって、組織の構成員に深い思考を迫ったり、促したりすることができるのである。

（5）会議をどのように持つのか

　計画の策定プロセスにおいて、会議をどのように持つかも重要な課題

である。計画が最終的に確定するまでには、かなり多くの人々が参画する。その際、人々が計画策定に参画できる機会や意見を交換する場、あるいは議論する場をいかに設定すべきか、といった点は重要な課題となる。

それには、会議の性格や位置づけをどのようなものにするのか、会議の目的をどこに置くのか、その参加メンバーはどのように構成するのか、等の課題が含まれる。フォーマルな会議よりはインフォーマルな集まりのほうが、自由闊達な意見交換も期待できるであろうし、もし、最高意思決定を目的とするならば、取締役以上を出席メンバーとしたフォーマルな会議とすべきである。

（6）事後的な評価と計画をどのように連動させるのか

最後の課題は、計画と業績評価、さきに見た統制システムとをどのように連動させるのかである。業績評価は、計画された内容が計画期間の間に達成できるよう、実行にあたる現場の人々を導く機能を果たすための重要な要件となる。

計画された内容が忠実に達成されるためには、まずその内容が人々に真剣に受け止められなければならない。そのためには、第1の課題で述べたように、実行者みずからが計画を策定するほうが、他人から押し付けられた計画よりも真剣に受け止めやすい。また、もう1つの条件は、計画の内容を事後的な業績評価と連動させることである。後で評価されると思うからこそ、人々は真剣に対応するようになる。

しかし、計画のどの部分を業績評価と連動させるかは、そう簡単な問題ではない。計画は、あくまで事前の予想に基づいたものであるがゆえに、環境の変化によって、たびたび修正を余儀なくされるからである。こうした問題は、さきに見た統制システムがどのように設計されているのか、といったことにも大きく影響するため、統制システムと計画システムは、その設計段階において入念にお互いの関連性を確認しておく必要がある。

2　計画システムの意義

　以上に見たような計画システムの意義について、企業組織の側面から検討してみよう。

　その意義の第1は、計画を策定する人々が計画システムを通じて、自分自身の仕事とそれを取り巻く環境を理解することである。そもそも、**計画システム**は、①将来のことを事前に考えること、②目標の達成を考えること、そのために③いまとるべき行動を考えること、の3つを意味する。

①　将来のことを事前に考える

　将来のことを事前に考えることのもたらす意義は、大きく分けて2つあると考えられる。1つは、環境についての理解が深まることである。そして、環境が変化したときに、それを敏感に捉えることができるようになるのである。もう1つの意義は、不確実性を減らすことができることである。少しでもより精度の高い予測ができるように情報収集し、環境の変化に有効に対応することが可能となる。

②　目標の達成を考える

　目標の達成を考えることの意義は、目標をはっきりした具体的なものにすることによって、人々のモチベーションを高める点にある。目標を具体的なものにすると、それが達成されたときの喜びも大きくなる。

③　いまとるべき行動を考える

　いまとるべき行動を考えることは、いまとらなければならない行動とは何かを、計画システムによって迫られることを意味する。これは、選択を先送りするのが人間の常であるということを考慮すると、非常に大きな意義を持つといえる。

　計画システムの持つ意義の2つ目は、計画の策定プロセスにおいて、組織的なコミュニケーションと問題解決が適切に行われることである。これは、前述したように、計画を策定するプロセスが、組織内の**コミュニケーションの場**となっているからである。部下が作成した計画を上司

に承認してもらうプロセスは、まさにコミュニケーションである。こうしたコミュニケーションを通じて、他部署および組織全体の状況がより理解されるし、それによって計画策定プロセスもより合理化される。そして、このコミュニケーションの結果として、組織全体の共通のフレームワークが形成され、協働というしくみをより円滑に行うことができるようになるのである。

　このように、計画を策定するプロセスは、問題解決のプロセスでもある。計画を策定していくプロセスの中で、上司と部下が相互作用することによって、上司が部下の行動へさまざまな影響を与えることもできるのである。上司は、部下の計画を聞き、それを修正したり承認したりすることで、部下の目標設定のプロセスに影響を与える。また、計画を承認することは、目標とそれを達成するための努力、そして業績評価の基準が同時に設定されることにもなる。このプロセスの中で、ありきたりの問題解決が行われるのか、あるいは、創造的な問題解決が行われるのかが決まるのである。

　第3の意義は、計画策定プロセスの結果として、計画の調整と整合化を促すことができることである。企業の中に存在する計画は、行動の調整のための手段であるが、企業の中に多様な計画が存在するときには、それぞれの計画の間に調整と整合化も必要になる。したがって、計画の策定プロセスの中では、さまざまな計画に不整合が生じないように、そして、計画が調整の手段として十分な機能を果たすことができるように努めることが要求される。こうしたプロセスを通じて、既存の計画や他部署の計画との整合性がとれるようになるのである。

Column ☕ コーヒーブレイク

《経営計画の実際》

経営計画システムによって実際に策定された計画は、さまざまな形式で記述された後、実行に移される場合が多い。実際につくられる計画書の例として、以下のようなものが挙げられる。

A．中長期経営基本戦略
□ 経営理念
□ 経営ビジョン
□ 事業領域（ドメイン）
□ 経営目標（ゴール）
□ 組織変革
□ グループ企業統括方針

B．全社・グループ統括計画
□ 中長期　損益計画
□ 中長期　貸借対照表
□ 中長期　財務計画
□ 中長期　設備投資計画
□ 中長期　人員および人件費計画
□ 中長期　研究開発計画
□ 中長期　販売計画
□ 中長期　生産・物流計画
□ 中長期　外注計画
□ 中長期　仕入計画
□ 中長期　情報システム計画
（小売・外食・中食）（追加分）
□ 中長期　商品企画計画
□ 中長期　出店・新業態・S&B計画
（卸売・サービス）
□ 中長期　ロジスティック計画
□ 中長期　リテイルサポート計画

C．事業部門別計画
□ 事業ビジョン
□ 事業構造変革シナリオ
□ 目標とする市場ポジショニング
□ 事業目標（ゴール）

□ 組織体制
□ 新規事業計画

D．機能別計画
□ 販売計画
□ 生産・物流計画
□ 仕入計画
□ 研究開発計画
□ 組織・人事計画
□ 財務計画
□ 情報計画
（小売・外食・中食）（追加分）
□ 商品企画計画
□ 出店、新業態、S&B計画
（卸売・サービス）
□ ロジスティック計画
□ リテイルサポート計画

E．新規事業計画
（事業部門とグループ企業に所轄させない新規事業）
□ 事業コンセプト
□ 事業戦略
□ 長期事業収支計画
□ 投資計画
□ 人員計画
□ 仕入・在庫計画
□ 流通チャネル・ロジスティック計画
□ 販売計画
□ 原価・経費計画
□ 推進組織と運営体制
□ 推進責任者の権限範囲
□ 事業見通しおよび撤退基準

出所：丹羽（2004）

第4節　企業価値の内部評価（バランスド・スコア・カード）

学習のポイント

◆財務指標に偏らない多面的な視点から企業の内部を評価する手法が、バランスド・スコア・カードである。

◆バランスド・スコア・カードは、財務、顧客市場、業務プロセス、学習と成長の4つの視点から抽出される業務評価指標の集まりである。

1　バランスド・スコア・カードとは

　企業価値の外部評価で見たDCF（Discounted Cash Flow）法等の財務指標を中心とした企業価値の算定には、いくつかの問題点も指摘されている。その1つとしては、あまりにも財務指標やデータを重視しすぎており、企業の持つ潜在的な価値や顕在化しない知識、ノウハウ、ブランドといった価値が反映されていない、という点である。

　こうした財務指標を中心とした外部評価に対して、より多面的な視点から、企業の内部を評価する手法として提案されたのがバランスド・スコア・カード（Balanced Score Card：BSC、バランス・スコアカードともいう）　Key Word　である。

　バランスド・スコア・カードは、キャプランとノートンが、1992年に『Harvard Business Review』誌に発表した業績評価システムであり、「将来の企業における業務評価」という研究プロジェクトを通して考案したものである。従来の財務的指標中心の業績管理手法の欠点を補うものと

して、当初は、業績評価システムから出発し、意思決定のための経営者情報システムとして発展した後、現在では、戦略的経営システムと位置づけられている（キャプラン＆ノートン、2001）。

　バランスド・スコア・カードは、企業の業績を多面的に測る指標の一覧表といえる。戦略・ビジョンを４つの視点（財務、顧客、業務プロセス、学習と成長）で分類し、各企業それぞれに固有の戦略・ビジョンと連鎖した財務指標、および非財務指標を設定する必要がある。特に、知的資産やビジネスシステム等の非有形資産が競争優位の継続にとって不可欠な今日、企業価値の算定だけでなく、企業の戦略がどのように遂行されるかを測るためのしくみとして注目されており、経営品質の評価にも応用されている。

　現在、組織や個人の持つ知識やノウハウであるナレッジを共有し、創造し続けることが今日的な経営課題となっている。バランスド・スコア・カード開発の背景には、企業戦略の遂行状況の測定において、従来のような財務的評価だけではない多面的な視点が求められるようになったという経緯がある。

　バランスド・スコア・カードにおいて重要となるのは、必要な行動が具体的に定義できるようになっていることである。すなわち、１つ１つの業績評価指標は、企業のビジョンや戦略との因果関係が明確に説明されなければならない。逆に、戦略にあいまいさや不確かな部分があると、業績評価指標の策定・取捨選択は困難になる。

　また、バランスド・スコア・カードは、戦略を組織全体に伝達する役割を果たす。個人や組織がバランスド・スコア・カード上の指標を達成することによって、戦略は実現されていると理解することができ、この

Key Word

バランスド・スコア・カード──企業価値を評価するにあたって、より多面的な視点から統合的に評価するための手法。財務的指標のみならず、顧客の視点、業務プロセスの視点、学習や成長の視点からの多面的な評価を行う。

しくみは、従業員の立場からもわかりやすい。バランスド・スコア・カードによれば、自分の日々の行動と企業の業績との関係や、個人への期待と企業の戦略の実現との関係について、従業員1人ひとりが指標を通して理解することができることになる。

2　バランスド・スコア・カードの視点

バランスド・スコア・カードは、財務、顧客、業務プロセス、学習と成長の4つの視点から抽出される業務評価指標の集まりである（松永、2006）。ここでは、それぞれの視点に基づく考え方を検討する。→図表 11-4-1

（1）財務的視点

財務的視点の主な目的とは、株式市場における自社の評価であり、この点においてはDCF法等の企業価値の外部評価と一致する。株主の期待とは、TSR（Total Shareholder Return＝株主総利回り）の向上である。そこで、このTSRを向上させるためには、どこに重点を置いて経営戦略を策定し、運営していくかが検討課題となる。そのためには、より具体的で明確な数値的目標が重要となる。具体的には、売上成長率、キャッシュ・フロー、ROE（Rerurn on Equity＝株主資本利益率）、EVA（Economic Value Added＝経済付加価値）等の指標が挙げられる。

（2）顧客視点

企業を取り巻くステークホルダーの中で、直接的に企業の利益や売上げにかかわるのが顧客である。こうした顧客が自社に対してどういったものを期待しているのか、どのように考えているのかは、企業価値にとっても重要な指標となる。そこで、バランスド・スコア・カードには、業績評価指標として顧客満足度やリテンション（再来店利用）率、1人当たり売上高等を含める必要があるのである。

（3）業務プロセス視点

　実際に経営活動を行う中で、業務のプロセスが効率的に行われているかどうかは、企業にとって重要な指標である。業務プロセスの卓越性は、コスト、スピード、品質の3つから算定することが可能である。いかに安く、早く、ムダなく業務を遂行できるかは、企業の戦略や組織が効率的に運営されているか、実行されているかの重要な視点である。そこで、具体的には、工程当たり時間や不良品発生率等によってこうした業務プロセスの効率性を測定する。

　また、一方で効率性だけでない、効果の側面にも注目しなければなら

図表11-4-1 ●バランスド・スコア・カードの4つの視点

視　点	考え方	具体的指標（例）
財　務	財務的に成功するために、株主に対してどのように行動するべきか	・経済付加価値（EVA） ・株主資本利益率（ROE） ・売上高成長率 ・フリー・キャッシュ・フロー
顧　客	戦略を実現するために、顧客に対してどのような行動をとるべきか	・マーケット・シェア ・顧客満足度 ・新規顧客1人当たり年間売上高 ・繰り返し購買率 ・ブランド・エクイティ
業務プロセス	株主や顧客を満足させるために、どのような業務プロセスに秀でることが求められているか	・製品開発期間 ・サプライチェーン・リードタイム ・キャッシュ・コンバージョン・サイクル ・顧客応答時間 ・顧客希望納期遵守率
学習と成長	戦略を実現するために、どのようにして変化と改善のできる能力を維持するか	・従業員定着率 ・従業員満足度 ・能力向上率 ・生産性向上率 ・特許取得件数

出所：松永（2006）、p.8を一部改変

ない。つまり、業務プロセスは、イノベーティブなものでなければならない。そこで、新製品開発のスピードやコスト、新製品売上高等も注目しなければならない。

（4）学習と成長の視点

　企業を支える存在、それは従業員、ヒトである。彼らが継続的に能力を発揮・向上できるような組織的なインフラが整っていない企業は、成長の可能性は低い。そこで、こうした人的資源に着目した評価を企業価値に加える必要がある。具体的には、能力向上率、資格取得率、従業員満足度等である。これらは、短期間に効果を表すことは少なく、特に外部評価においては、コストとして測定されるかもしれないが、中長期的に見ると強く業績に影響する指標でもある。

　バランスド・スコア・カードの「バランス」という言葉は、前記に見た４つの視点から多面的に企業価値をとらえることで、
　①　財務項目と非財務項目のバランス
　②　短期と長期のバランス
　③　要因と結果のバランス
　④　外部と内部のバランス
をとった価値の測定を行う点を指している。もちろん、この指標以外にも、企業によってさまざまな指標や視点を加える必要がある。しかし、重要なのは「どの指標を使うか」ではなく「いかに正しく企業の現在の価値を認識するか」ということである。これは、ひいては戦略策定を正しく行い、また実行するために必須の条件であり、株式市場での評価だけでなく、企業が持続的な経営を実現するためにきわめて重要である。

第11章　理解度チェック

次の設問に、○×で解答しなさい（解答・解説は後段参照）。

1 PDCAサイクルとは、計画－実行－評価のプロセスを順に実施し、それを適時一巡させることで適時的な業務改善を行うことである。

2 統制システムにおいて重要となるのは、明確かつ適切な測定法の決定であるが、それは経営課題でもある。

3 計画システムの設計にあたっては、一度設計したシステムは基本的に修正することなく運用すべきである。

4 バランスド・スコア・カードによる企業価値の測定評価は、多面的な企業の価値的側面を包括的にとらえることができる点で非常に有効である。

第11章　理解度チェック

1 ×

PDCAサイクルとは、計画－実行－評価－改善のプロセスを連続的に何度も繰り返し実行することで、らせん状に品質向上や業務改善を推進する連続的サイクルである。

2 ○

統制システムの設計にあたって重要となるものの１つとして、測定法の決定が挙げられる。しかし、定性的な要因についての測定はきわめて難しく、管理者の主観的観察に頼るしかない場合も多い。

3 ×

計画システムは、計画とは別に少なくとも数年に一度は見直す必要がある。それは、システムの更新により、実際に作成される計画自体の妥当性や実現可能性が高まるからである。

4 ○

バランスド・スコア・カードは、DCFアプローチといった財務的分析ではとらえることのできない定性的な側面を含めた企業価値の評価が可能になる点において、非常に有益な企業価値測定指標といえるであろう。

経営戦略・イノベーション

経営戦略の革新

この章のねらい

　変化の激しい現代の社会・経済環境の中で、企業が今後存続していくためには経営戦略の革新が必要となる。本章では、こうした経営戦略の革新について考察し、企業に今後求められる経営戦略の方向性やイノベーションの可能性について検討していく。

　今後求められる企業の戦略行動の原理として、ここでは多義的意味情報を持つ戦略領域、広がり重視の戦略、外部資源活用の戦略、知識・情報化と活用戦略、キャッチアップとコモディティ化対応の戦略、サービス・ドミナントの戦略、持続成長志向の戦略の7つのポイントを挙げ、それぞれにおいて求められる企業行動や企業の能力について詳細に議論していく。

第 1 節　経営戦略の革新の必要性

学習のポイント

◆これまでの経営戦略の潮流は、高い技術力によって支えられた事業の展開、あるいは知識で差別化された事業展開といった、いわゆる知識集約型の戦略の流れであったが、経営戦略そのものの革新が必要である。

◆高度な技術と知識を積み上げても、キャッチアップとコモディティ化の速度が迅速化するため、対応を怠ると本業も侵食される。

1　経営戦略の革新の必要性

　戦略とは、元来、環境に対する適応パターンのことである。したがって、環境がより知識化し、情報化するにつれて、企業戦略もまたこれまでのモノ中心から情報とサービス中心へと移行している。ここでいう情報とサービス中心の戦略とは、高い技術力のみを追求することではなく、知識によって支えられた創造的な事業展開と知識を活用した事業の差別化をするなど、いわゆる知識集約型から知識活用型の戦略へ転換することである。

　実際に、主流となる産業も転換し、先端的なモノであっても日常使用され汎用化すると、モノを所有することから使用するサブスクリプションサービスやシェアリングサービスへ転換している。自動車が所有からカーシェアにより使用されるように、モノづくりを志向するグッド・ド

ミナント・ロジックの戦略から利便性や使用価値を求めるサービス・ドミナント・ロジックの戦略への転換が求められている。たとえば、アパレル企業のECサイトでは、単に洋服やファッション小物を販売するだけでなく、その人に合った着こなしをプロのスタイリストあるいはAIが個別に提案するというように、モノのサービス化が急速に進んでいる。こういった知識ベースの知識活用型戦略においては、創造性と差別性がカギとなっている。

　高度な技術と知識を積み上げて新しいモノをつくっても、瞬く間にキャッチアップされ、市場の成熟や競合の追随によって製品やサービスが差別化できず価格競争にさらされる。コモディティ化は、多くの産業において避けられない課題である。しかし、汎用化し広く普及することで社会全体の便益を増大させることができれば、市場も拡大する。逆に、選択と集中戦略によって、もうかる事業を選択し資源を集中すれば当面の利益の向上は可能であるが、発展可能性のあるコモディティ化市場を失い、本業も脅かされるリスクを招いてしまう。負ける産業は、ブルーオーシャンになる。

　したがって、持続成長するためには、コモディティ化に対応しながら新製品・新サービスを開発する二兎を追う戦略、いわゆる両利きの経営を行うことが重要となる。両利きの経営とは、既存の事業と新規の事業を同時に展開し、それぞれに適した組織やプロセスを持つことで、短期的な収益と長期的な成長の両立を目指す経営戦略である。

2　戦略志向性の変化

　企業は置かれた環境から、さまざまな変化のシグナルを読み取り、戦略を変革していく。環境は短期的には一見静態的であるように見えるが、長期的な視野に立てば大きな変化の流れがある。その変化の流れを予見し、長期的な戦略デザインを描き続けることが企業経営者の重要な職務である。この長期的な戦略志向性の変化には次のような方向性が見られる。

① 革新志向性

第1に、「革新志向性」の変化がある。かつては、フォロワーの利点を追求した企業も、やがて新製品などの開発を積極的に行おうとするイノベーター志向が高まってくるものである。たとえば、「産業のコメ」といわれ、シリコンバレーの灯を消すほどの勢いがあった日本の半導体をはじめ、電機、携帯音楽プレーヤーなど、安くて優れた日本の製品は世界市場を席巻した例もある。しかし、トップ企業は、成熟市場やコモディティ市場を戦略的に選択しなかった。

このとき、途上国はキャッチアップし模倣するスピードが加速しただけではなく、一挙に先進国を飛び越えるリープフロッグ（カエル跳び）現象を起こし、模倣を超える使いよい製品をコモディティ市場向けに開発した。コロナ禍、国境閉鎖、紛争時には、先進国ではエッセンシャルな汎用品が供給されず、経済安全保障が脅かされる事態も生じる。したがって、持続成長するためには、独創性と知識活用のほかに、オペレーションとビジネスモデルの両方を革新する志向性が求められる。

② 資源展開の機動性

第2には、「資源展開の機動性」の高まりである。かつては、事業の選択と集中により問題事業分野からの撤退と、新規事業分野進出のための買収・合併などが頻繁に行われ、M＆A（企業買収）活動が活発化した。しかし、急速に変化する環境では、経営資源の展開を柔軟に考えることが必要である一方で、将来必要となる資源の維持と育成が求められる。このように、資源展開の機動性とは、経営資源の獲得・蓄積・配分について、市場や競争環境の変化に応じて迅速かつ効果的に行うことができる能力である。

③ グローバル・バランスの志向性

第3には、「グローバル・バランスの志向性」の必要性が挙げられる。グローバル市場はますます一体化しつつあり、国境は消滅しつつある。とりわけ、IT通信技術の進展がこのグローバル化のスピードをさらに高めた。天然資源・材料・部品の調達から、現地生産、そして現地市場に

密着する企業は、ますますグローバルな連携を求めるようになってきている。

しかし、国際分業し他国に依存すれば、収益性は一時的に改善するが、過ぎれば不利益が起こる。グローバル化には罠も存在する。コロナ禍以降、グローバル環境が不安定化し、自由競争と相互依存の弊害が顕在化した。グローバル自由競争に対して保護主義、規制主義、あるいは国家資本主義との間で揺れ動くとき、国際法に実効力はない。いざとなれば各国は他国に対して自由に制限を設けることができる。必要な事業をいかに維持するか、グローバル・バランスを考慮した戦略が求められる。

④ コーポレート・ガバナンスの透明性

第4に、企業の社会性の増大である。企業にはさまざまな利害関係者（ステークホルダー）がいる。株主・投資家がその代表だが、彼らのほかに従業員や地域社会も大きな関係者である。企業の社会性が増せば増すほど、企業は一体誰のものかという課題に答えなければならなくなる。株主・投資家は企業からの利益提供を求めても、企業の永続には関心がない。投資家は株式の売買を優先する。その影響もあり、業界トップから大小にかかわらず企業の不祥事が多発するのは、利益追求をよしとする理念と企業文化の現れといえる。

他方、企業は長期的に存続することにより、世の中と労働者を含めた人々に対し社会的・経済的な役割を果たす責任がある。株主利益ひいては企業利益の追求は、誰に対し、何に対して、どのような責任を果たすべきか、これがコーポレート・ガバナンスの問題となっている。企業活動の意義と目標と実際の行動を透明化し、企業の社会的役割を社内外に明確に示す理念経営を実行する必要性が高まりつつある。

⑤ 持続成長志向性

最後に、「持続成長志向性」に対する関心が高まりつつある。これは、経済成長だけでなく、社会的・環境的な側面も含めた持続可能な発展を目指すという概念である。かつては、自社の利益やシェアを最優先するための競争が一般的であったが、現在は、異業種や他国との協業や共創

を通じて、社会課題の解決や価値の創造に貢献することが求められている。このように、持続成長志向性を持つ企業は、自社の競争力や収益性を維持・向上させるとともに、社会的な影響力や貢献度も高めることができる。

　持続成長志向性を高めるためには、自社の強みや特色を生かしながら、社会に内在するニーズや課題に応えることができる商品やサービスを提供することが重要である。また、その効果や評価は、経済的な指標だけでなく、社会的・環境的な指標も用いて測ることが必要である。つまり、競争が「勝ち−負け」のゼロサム・ゲームの状態から、「勝ち−勝ち」状況の非ゼロサム・ゲームに変わりつつある。競争優位を目的としたアライアンスやコラボレーションによる協調戦略から持続成長戦略へ転換している。

　日本企業はこの戦略志向性において大きな転換が求められている。これまで日本企業の経営の特性として、経営資源の内部蓄積が挙げられてきた。本来、経営資源の内部活用と外部活用とは二律背反的でもある。日本企業のこれまでの強みである経営資源の内部化を活用することと、チャンスがあれば買収や売却を活用するという戦略は、コンフリクトを起こす可能性がある。しかし、経営資源の内部蓄積は企業に長期的視点の導入を促進させると考えられる。いたずらに外部の株価に一喜一憂することなく、長期的観点から経営資源を展開することが大切であるというのが、日本企業の伝統的な経営哲学である。

　持続成長するためには、内部の資源を変革しながら、外部資源を内部資源化して活用する戦略が望ましい。この両者をバランスさせるべく、戦略は絶えず変化している。エッセンシャルで汎用性があるものは急速にコモディティ化し、普及して持続成長を可能とする大きな市場となる。このとき、シェアリングエコノミーや生成AIの実用化に象徴されるように、顧客との共創による価値創造を目指す持続成長が志向されている。

第2節 経営戦略の革新

学習のポイント

◆新たな戦略行動の原理は、多義的意味情報を持つ戦略領域、広がり重視、外部資源活用、知識・情報化と活用、キャッチアップとコモディティ化対応、サービス・ドミナントの戦略、持続成長志向という7つの点で特徴的である。

◆今後の新しい戦略パラダイムとして、新たなオペレーションへの変革と価値革新の両方を行う独創的戦略の積み上げなどが注目される。

1 経営戦略の革新

　新しい時代の企業はこれまでの企業とは異なった戦略行動をとる。これまでとはまったく異なる経営戦略が求められている。新たな市場創造を担うベンチャー企業、IT分野の新しい企業群は、これまでの工業化社会の論理とは異なる経営戦略を展開している。

　それでは、新しい戦略行動の原理とはどのようなものであろうか。それらは、次のような特徴を持っているものといえる。

　(1) 多義的意味情報を持つ戦略領域

　(2) 広がり重視の戦略

　(3) 外部資源活用の戦略

　(4) 知識・情報化と活用戦略

　(5) キャッチアップとコモディティ化対応の戦略

　(6) サービス・ドミナントの戦略

(7) 持続成長志向の戦略

これら7つの戦略は相互関係があり、1つの企業の戦略行動の中に全部が具体化されていることもあれば、あるいはこのうちの一部分のみが展開されていることもある。ここで、それぞれについて、個別に説明することにする。

（1）多義的意味情報を持つ戦略領域

① 戦略領域（ドメイン）の策定

戦略領域はドメインと呼ばれるが、それは「われわれはいったい何をする企業なのか」という企業のアイデンティティを定義したものである。鉄道会社がみずからを「鉄道事業」と定義するのと、「輸送事業」と定義するのとでは、その戦略展開の領域は大幅に異なる。この戦略領域の定義によって企業のとりうる戦略代替案の幅・深さは異なってくるし、その資源配分のパターンも異なってくる。

これまでの日本企業には、この戦略領域の策定はそれほど大きな課題ではなかった。というのも、欧米の先進企業という追いつくべきモデルが存在していたし、また、それほど多角化の程度も高くなかった。つまり、資源配分の問題にはそれほど悩まずに済んできた。しかし、現在では、環境が不確実性を増し、また、追いつくべきモデルが見当たらなくなり、みずからの意思でどのような事業にどれくらいの資源を配分するかを決定しなければならなくなっている。環境が不明確でモデルが存在しない状況においては、自社が何であるかを識別するのはきわめて困難である。こうした状況において企業の戦略領域を策定しておくことは、その企業の向かうべき方向を指し示すとともに資源配分のパターンを決め、さらには企業内のメンバーに対して行動指針と目的や目標を与えることができるようになる。

戦略領域（ドメイン）の策定は、単なる事業の定義以上のものである。それは、その企業の戦略のメッセージである。戦略領域を革新するということは、その企業の目指す戦略の範囲を変えることである。この点は、

単にCI（コーポレート・アイデンティティ）の変更とも異なる。それは、単なる企業のシンボルやイメージを決めることでもなく、また、コーポレート・カラーを決めることでもない。そこで必要となるものは、その企業の目指すべき戦略領域が企業の内外に対して発せられるコンセプトである。

同様に、戦略領域を伝えるコンセプトには、その戦略を実行するのに責任のある組織成員に対して、何らかの意味のあるメッセージを伝えなくてはならない。組織の中の一部の職務を担当する個人にとって、自分の仕事の意味を見いだすのは難しい。しかし、その仕事を何のためにやるのか、それが組織全体のミッションとどうかかわっているか、そして企業全体がどこに行こうとしているかを高い共感性を持って理解したときに、その組織の意図する戦略は真に機能するようになる。

この事実は、戦略領域を戦略と組織との視点から規定することの重要性を示唆している。戦略領域の策定は単なる事業の組み合わせでもなければ、組織成員と無関係なものでもない。企業が将来どのような姿になりたいのかを明示的に述べることは、戦略的に重要なことである。

② 「あいまい性」の活用

新世代の日本企業の多くは、その戦略領域をむしろ「あいまい」に定めている。これらの企業が目指すべき将来の環境は、不確実性に満ちている。そんな状況で将来の姿を、はっきりと正確に描くことは可能だろうか。また、逆に明示的にしている企業ほどその行動の幅を狭めているのではないか。本来、ビジョン的なものは、あいまいにすることでさまざまな「意味」を伝えるものである。人によってその解釈が異なるからだ。あいまいであることで創造力を発揮して新たな意味づけが、行動を通じてなされるようにするのだ。要するに、コンセプト・レベルのあいまいさを、行動によって、学習しながらその内容を具体化することである。あるコンセプトができたからといって組織が整合的に、内容的に豊かに動くものではない。さまざまな実験や試行錯誤を通じて、次第にその内容を豊かにしていくのである。

　企業が未知の海へと乗り出すには、大きな方向性を指し示すことしか
できない。この方向性さえ間違えなければ、その実行のレベルではさま
ざまな創造性が発揮され、失敗もありながらも次第にその行動の仕方が
具体化されていくことにつながる。

（2）広がり重視の戦略

① 「飛び石型」の多角化

　革新の第2の特徴は、かつてのような産業や企業の分類基準が通用せ
ず、業際化した事業の広がりを持つことである。情報知識と技術イノベ
ーションの普及がスピードアップし、これまでの産業分類をまったく無
機能化させ、あるいは融合させている。

　これまで多角化の成功の条件というと、川上から川下へと伸びる垂直
統合型、あるいは何らかの中核経営資源をテコとした関連多角化といわ
れてきた。これはいずれも本業を中核事業として、その関連分野や周辺
分野に事業を広げていくことである。ところが、近年の多角化はその様
相が異なってきている。

　それは、一見すると非関連分野への進出と見られる多角化が、その底
流の部分では強く結びついている点である。本業とは異質な事業に進出
することで、本業自体に化学変化を起こさせることが目的である。これ
までの多角化が、堅実な、逐次型の多角化であったのに対して、むしろ
「飛び石型」の多角化ともいえる。ちょうど、碁盤の上に石を飛び地とし
て配置し、そこを橋頭堡として本体とつなげてしまうのにも似ている。

　新世代の戦略には、こういった一見無関連とも見える事業に進出する
ことで、本体を脱成熟化させるという「広がりの戦略」がとられる。広
がりの戦略は、ムダも多いかもしれない。しかし、イノベーションとは
もともと何かわからないところで、これまでにないものを創造すること
である。

② 広くアンテナを張りめぐらす

　こうしたイノベーションを生み出すためには次の条件が必要である。

まず、アンテナをできるだけ広く張りめぐらせておくことである。変化や機会はどこから訪れてくるかわからない。情報理論の源流であるサイバネディクスの原理に「最小有効多様性 (Requisite Variety)」がある。これは多様性に対処するには多様性しかないという原理である。環境が多様になればなるほど、企業のビジネスチャンスも多様になってくる。しかし、その多様な環境のうちで、どれが本命となってくるかがわからないときには、広くアンテナを張りめぐらすことが対応策となる。

　もちろん、調査部門を強化するのもその対応策の1つだが、これには2つの問題がある。まず第1に、変化が起こってからアクションをとっていては遅すぎる事態になる。技術革新と市場の変化はますますスピードアップしていても、調査部門は保守的結論を導く傾向がある。この種の組織慣性を避けるためには、スピードのある変化にタイムリーに対応する能力（ダイナミック・ケイパビリティ）を日ごろから持ち、柔軟に小さくスタートし大きく育てることのほうが確かである。

　第2には、実行している者のみが享受できる知識である。知識は試行錯誤を通じて習得されてくる。実験もせずに頭の中だけでいかに学ぼうと、それは生きた知識とはならない。つまり、既存事業の知識、スキルを深めること（知の深化）と、新たな事業機会に関する知識、スキルを探索すること（知の探索）の両方をバランスよく行うことで、イノベーションを起こす両利きの経営が可能である。新規事業を苦労して育てている企業だけがその事業固有のノウハウを蓄積し、その差は大きくなる。とりわけ、これからの新規事業は単に設備を導入したからといって、容易に追いつけるものではない。たとえば、単にAIを導入しても情報を利用して事業展開できるものではない。むしろ、膨大な情報を取捨選択する知識を活用して探索し、変化に対応して革新を柔軟に実行して事業展開するケイパビリティの獲得に努めることが必要である。

　こういった傾向は、どの分野の新規事業にも共通である。もともと、リスクを冒さぬ限り利益を得ることができないのは経済の基本原理であり、多様性の増すこれからの環境においてはますますその傾向は高まっ

てくるといえる。

（3）外部資源活用の戦略

① 欧米企業の機動的な戦略

これまでの日本企業は、その戦略志向性において、経営資源を長期的に内部に蓄積し、その蓄積した経営資源を活用して新規事業を自前で行う、というものがあった。このような戦略志向性が生まれてきたのは、日本企業がこれまで置かれてきた環境によるものであった。

日本企業の成長パターンを見てみると、日本国内の市場の拡大につれて成長する段階から、国内市場が成熟化するにつれて海外市場へ進出するという段階を経てきた。この成長は本業を中心にして伸びることで達成されてきた。海外市場へ参入を果たした後に、日本企業は多角化への道を歩み出してきた。たとえば、繊維、鉄鋼、電機、カメラなどはこの成長のパターンをたどってきた。

しかし、成熟化すると、次の進化への道はまったく新たな事業へと方向転換を果たすか、本業の内容を質的に変えるか、事業の仕方（ビジネスモデル）を変革するか、3通りになる。個々の企業によって、その程度には違いがあるが、確実に成熟化した日本企業は多角化や新事業開発、あるいは本業の変身の道程に到達しているといえる。しかも、環境の変化はますます大きくなりつつある。とりわけ、大企業に成長した海外企業が、来るべき環境をにらんだ大胆な戦略を国家レベルで展開していることは、日本企業の戦略を考えるうえできわめて警告的である。

なかでも、新興国から誕生した企業の戦略は、模倣と急速なキャッチアップによる市場拡大と買収による企業拡大である。海外企業の機動的な戦略のねらいは、他者の経営資源を活用して事業拡大を果たそうとするものである。これに対して、日本企業はその多くが内部蓄積した経営資源によって多角化や自己変身を図ろうとしたため、キャッチアップを許して買収される結果を招いていた。

② 内部資源活用型・外部資源活用型のメリット・デメリット

内部資源活用型のメリットとしては、第1にコストが一般に安い点がある。もちろん、場合によっては逆のケースもありうるが、内部の人間をそのまま活用できること、既存の内部シーズで展開できることによって、総じて初期投資が少なくて済む。第2には、学習を通じて内部に経験が蓄積できる。内部の人間が新規事業に取り組み、彼らが試行錯誤を通じて経験したものを、本業に還流することで、ノウハウが蓄積できる。第3に、学習した知識の応用が可能な限り、知識と事業の創造的展開が好循環を起こす。事業が順調に成長している限りは有効であり、他の追随は容易でない。

しかし、そのデメリットとしては、第1にスピードの遅さがある。内部にすでにシーズがあるとしても、その事業化となると外部資源活用型よりはずっと時間がかかる。第2は、やっと製品化できたものであってもコモディティ化の速度が速い場合は、他者が容易にキャッチアップできる。第3は、知識と経験は増えるが、異質なコンセプトや発想法がとりづらく衰退するまで気づきにくい点がある。とりわけ、本業からの影響が強い場合には、獲得した能力がコンピテンシー・トラップとして障害となって、なかなか思いきった発想で新事業に取り組めず、取り組んだ場合にも多くは失敗に帰してしまう。

一方、外部資源活用の場合のメリットとしては、第1にスピードの速さが挙げられる。すでに世の中に存在しているものを取得するのであるから当然のことである。スピードはもう1つの側面ではタイミングにもつながる。事業機会は簡単には訪れないし、また豊富にあるわけではないため、タイミングよく意思決定することはきわめて重要である。第2のメリットとしては、企業自体に多様性が増すことである。異なるノウハウや人材が混じり合うことで、新たな資源が追加できる。そして、第3のメリットとしては、リスクが軽減できることが挙げられる。自前ですべてを行えばリスクはすべて自分で負担することになるが、他者を介在させることと、でき合いのモノを導入することでリスクを軽減することができる。

③ 外部資源活用型戦略の効果

こうしたメリットと環境変化とが相まって、外部資源活用型の戦略革新を行う必要性が高まってきている。この戦略は、企業に次のような効果をもたらす。

第1の効果は、スピードである。技術変化のスピードもさることながら、陳腐化速度がきわめて速くなった。その変化が急速なために、技術の陳腐化により失った市場を回復するには非常に高いコストがかかることになる。こういったスピードに対処するには、外部資源活用型戦略をとるほうがリスクは少ない。

第2の効果は、専門分野の広がりがますます進展していることである。技術の進歩は、個々の専門分野がますます深化すると同時に、関連したさまざまな専門分野が続々と生まれてくることでもある。ここにベンチャー企業を輩出する機会が生じてくる。そうした環境において、独自性の高い技術を確立している外部企業を自社に取り込むことが戦略的に重要である。1つの企業ですべての技術を自前でカバーすることは到底できない。したがって、重要な要素技術がある場合は、その技術を外部から内部に取り込んで変化する環境に対処することが必要となってくる。

新世代企業にとって、外部資源活用の戦略はその戦略行動に機動性を与えてくれる。外部資源の活用の方法は買収だけではない。そのほかには、緩い結合の提携、あるいは合弁といった形がある。日本企業は、どちらかといえばこの提携や合弁を多用しがちであった。買収といった強硬な手段によらずに、なるべく協調的な関係を保って外部資源活用のメリットを得ようとするものであるが、現状維持にこだわる関係では持続成長はできない。お互いに成長し合える Win-Win の協調関係を構築した企業は、たとえコモディティ化した成熟市場においても持続成長している。

しかし、買収という手段が完全な取り込みであるのに対して、提携や合弁は緩やかな組織間結合であるために、戦略コントロールという点では買収に比べて比較的弱い。これに対して、買収が非友好的な場合、その戦略実施において問題が生じやすいことに注意しなければならない。

非友好的な買収の場合には、被買収側からの戦略への支持が得られない
ために、その戦略の実施においてしばしば抵抗が生じ、結局は実を結ば
ないことが多い。たとえば、ある企業がベンチャー企業の技術取得を目
的として買収をしたが、その技術はベンチャー精神にあふれた技術者た
ちに付随していた。彼らは大企業に組み入れられることを嫌い、買収後
に大挙してスピン・アウトしてしまった。結局、買収の目的は達せられ
なかった、といった例が挙げられる。

しかし、まったく逆のケースが存在することも確かである。それは、
まずい経営のために経営資源が眠ってしまっている場合に、有能なマネ
ジメント陣がそれに取って代わって活用することである。多くの企業で、
トップマネジメント陣が環境変化に対応できないケースが見られる。そ
ういった企業に有能な経営陣が乗り込んでくれば、潜在能力が引き出さ
れるようになる。また、資金不足に悩む企業が買収される場合、より豊
富な資金源を得ることで新技術や新事業の開発を遂行できることになる。

日本では、企業は従業員のものであり株主のものではないという考え
方が支配していた。そのため、企業の業績が必ずしも良好でなくても、
あるいは企業革新がなかなか進まなくても、株主は不満を述べることが
少なかった。それに対し、株主のための企業という観点からすると、買
収による経営陣交代によって業績回復も必要である。近年では、選択と
集中の戦略と事業の分割・買収戦略が相まって、業界再編の流れが加速
してきており、事業規模の拡大と企業経営に多くの革新をもたらしてい
る。一方で、もの言う株主の圧力と経営者の暴走、あるいは短期利益志
向による投機的売買が行われる傾向があり、企業の持続性と統治のあり
方が問われ直されている。

（4）知識・情報化と活用戦略

① 変化する競争戦略

新世代企業の戦略、とりわけ競争戦略において、これまでの戦略様式
とは異なるパターンが生じてきている。これまでの競争戦略には、基本

型としてコスト・リーダーシップ、差別化、集中（ニッチ）というパターンがあった。コスト・リーダーシップは経験曲線効果を達成することで、価格リーダーシップを握って市場を支配しようとする戦略である。差別化とは、ライバル商品に対してより高い付加価値を付与することで競争する戦略である。集中（ニッチ）とは、特定のニーズを持ったすき間市場に対して集中していく戦略である。

　ところが、この3つの競争戦略のパターンに変化が起こりつつある。それは、競争がそのように簡単な構造ではなくなってきたことである。消費財メーカーの開発担当者をして「何が当たるかわからなくなった」といわしめるほど、市場は混迷を深めてきている。消費はますます多様化し、技術と製品の陳腐化速度が速くなり、商品のライフサイクルは短くなっている。また、競争相手の反応もすばやく、市場はまたたく間に乱戦に陥ってしまう。他方で、これまでのように高機能または高く売るためのモノづくりに成功しても、機能的に満足された商品はコモディティ化し市場が成長する。ここでは、安くてよいモノづくりができるケイパビリティを育てた企業が生き残り、消費者の支持を得て成長している。たとえば、コモディティ化した半導体を自国で調達し管理できなければ、他国に従属しなければならなくなる。

　このような市場の混迷に対処するのに、戦略革新として「知識・情報化と活用戦略」がとられ始めている。「知識・情報化と活用戦略」とは2つの意味がある。1つは戦略自体のソフト化であり、もう1つは情報をベースに戦略形成を行うことである。以下では、これらの意味について詳しく説明する。

② 戦略自体のソフト化

　戦略自体のソフト化とは、その競争戦略をソフトによって差別化することである。もはや価格とか品質といったものは均質化してきて、差別化が可能なところは目に見えない付加価値の部分になってきた。その付加価値は、技術そのものか、あるいは心理的な効用の部分で得られるものである。技術はもともと知識集約的なものであり、情報そのものとい

ってもよい。技術が独創的であると、価格による差別化戦略をとりがちである。バイオテクノロジーにおける新技術に基づいた新薬などは、模倣品または改良品が出現するまでは価格にかかわらず独占的地位を占めることができる。しかし、そのような独創的製品であっても、さらによくした模倣・改良製品が数カ月で出現している。しかも、コモディティ化した後発品として残るものは生活必需品として、エッセンシャルな商品となり、先発品市場以上に圧倒的に市場規模が大きくなっている。つまり、模倣・改良されるまでは、高技術イコール高付加価値となり、他者の追随を許さないが、独占利潤の獲得期間は短命化している。その後の汎用化市場の市場規模は先行品や新製品市場以上に大きくなり、後発企業に逆転する機会を与える。独創性を求めるときには、模倣とコモディティ化・汎用化に留意しなければならない。

戦略のソフト化のもう1つの側面が、心理的効果を追求したものである。かつては、有名ブランドなどは心理的な効用を高めるのに効果があった。しかし、もはや有名ブランドだけでは通用しなくなった。代わって主役に躍り出たアパレル通販サイトの成功に象徴されるように、リアルとネット（時にはバーチャル）を融合し戦略のソフト化が進んでいる。

高ソフト化はあらゆる領域に登場している。たとえば、今日の金融商品などは各社が知恵の競争に入った例である。金融商品の場合、損保、生保、銀行、証券、小売、信販とあらゆる業界から参入がなされており、各社のソフト開発力（商品開発力）が競争の行方を決める。自動車は走る半導体ともいわれ、マイクロコンピュータが30〜100個使われ、さまざまなものと連携されてきている。つまり、高ソフト化は、さまざまな業界と産業を融合していく。

もはや、商品のコストはそのもの自体のコストよりも、ソフト化されたもののコストのほうが高くなってきた。そして、そのソフトもソフト自体の質が問われるようになってきた。いかにソフトに投資したとしても、よいソフトが生まれるとは限らない。そこには知識とその使用方法が埋め込まれていなければならない。この目に見えない知識やソフトと

その使用方法が競争戦略の帰趨を決定するようになってきた。

③ 情報に基づいた戦略形成

「情報化の戦略」の第2の特性は、データに基づいた戦略立案と実行である。これまでは、市場や競争相手の動きは完全には読めないのが通念であった。したがって、企業の企画担当者は市場を調査し、予測し、計画を立てていた。そして、競争相手の動きに対してはできる限り対抗策を事前に講じておくのが一般常識であった。しかし、市場がますます読めなくなり、また競争相手が産業の融合化とともに他産業からも容易に参入するにつれて、これも読むことがきわめて難しくなってきた。

新世代企業は、この見えない市場に向かって積極的に情報システムの構築に挑戦している。情報システムの整備は、企業に巨大なデータベースを提供する。そして、このデータベースをどう使うかというソフトの部分が、戦略デザインの次の重要な課題となってくる。データベースはあくまで「過去のデータ」の集積にすぎない。このデータから一歩先に踏み込んで、データに付加価値を付与することで、新市場が創造されてくる。データベースはこの新市場の創造に向けられたときに初めて生きた原材料となる。原材料をただ単に加工するだけでなく、それに高い付加価値を付けたときに、その原材料の価値は数倍にも跳ね上がる。

戦略がソフト化するにつれ、ますます知識が創造されてくる。しかし、創造した知識は、たとえこれまでにない斬新なものであっても、創造方法も含めて早晩キャッチアップされる。新しい知識を創造することはもちろん必要であるが、コモディティ化に対応するためには、その活用法が重要である。新しい知識と活用法の創造は、さらに戦略のソフト化を進める。こうして独創的戦略が立案されていくことになる。

（5）キャッチアップとコモディティ化対応の戦略

日本は失われた何十年もの間、失敗を繰り返しながら、成長神話とイノベーション神話の夢を追い続けてきた。日本のモノづくりは独創性がなく、後追いでモノ真似開発をしていると、米国が対日産業戦略として

日本をけん制した。一方で、キャッチアップ国からは技術を模範され、持ち上げられた。これと相まって、産官学がそのような機運に誘導されてしまっていた。

米国は、日本とは違う道を歩みイノベーションを起こした。独創技術と製造技術を海外から積極的に導入し、汎用品（コモディティ）市場での競争力を高めながら、先端技術をキャッチアップしながら成功し成長できている。先端製品の開発ではモノマネ、あるいは導入品による成功確率が圧倒的に高いことを米国企業は理解していた。米国流オープンイノベーションで目指したものは、先端技術だけではなく、モノづくりと他社の技術をまねした応用開発であった。日本発の携帯音楽プレーヤーにネット音楽を融合し市場を横取りした。同じく、日本の独自の発明であったメールの送受信と、Webサイトを閲覧する携帯電話に日本が独自開発したタッチパネルを組み合わせただけの製品が、スマートフォンであり、ここにスマートモバイルが誕生し、イノベーションのインスタント化が始まった。

市場の成長はいつまでも続かない。あらゆるものはコモディティ化する。コモディティ化することは市場がなくなる、あるいは縮小するというわけではない。日用的に使用する衣食住の必要性はいつまでもある。また、車や航空機などの乗り物に使う部品や技術は、最先端のものは使わず、安全性が担保された汎用技術が使われる。車載半導体は、汎用化した半導体を用いて製造されるが、競争原理だけの戦略では何もつくれなくなってしまう。最先端で高付加価値型産業とされている医薬品市場では、ジェネリック医薬品市場の売上高が過半数を超え、売上高・利益率・市場シェア・製造力・開発力で新薬専業企業と比肩するまでに成長している。

コモディティ化への対応する戦略は2つの方向性がある。1つは、コモディティ化の流れに逆らって、最先端のモノづくりを続ける。ただその場合、自社の独自技術で先行し続けることには限度がある。もう1つは、コモディティ化市場を見据えて、安くて品質のよいモノをつくる。

さらに、品質だけではなく、使用性がよいモノをつくり続ける。百円ショップ、生活衣類、ジッパー、日用品、家具、小型高出力モーター等汎用部品では、日本企業もグローバル展開ができている。開発製造のノウハウを社内に蓄積するSPA（製造小売業）は、国内外の企業でさまざまな分野で成功している。

（6）サービス・ドミナントの戦略

どのように優れたモノをつくるかという世界観と戦略から、いかに活用性に優れるモノをつくるかというサービス・ドミナントの戦略は、価値共創や使用価値を前提とする「価値づくり」の世界観を持つ。サービス・ドミナントの戦略に基づいて、顧客のニーズに合わせたサービスを提供することで、顧客満足度を高め、競争優位性を獲得している。特にコモディティ化が進む製品では、モノづくりを戦略の中心とするグッズ・ドミナントの戦略からサービス・ドミナントの戦略へと転換することが必要である。

（7）持続成長志向の戦略

コモディティ化がいつ始まるかは容易には予見できない。留意すべきは、汎用品市場の成長率が小さいとは限らないことである。代替品により必要でなくなるモノは消滅するが、汎用化されれば市場は拡大する。エッセンシャルなモノの安定供給は持続成長のため必須である。相手の戦略に取り込まれないよう、有事にも備えることが必要である。

ブランド品に対して、安くて品質がよい機能付き生活品の市場が拡大し、高級品の必要性を少なくした。コモディティ化すると経験効果が大きくなるため、生産性が上昇するからである。たとえば、半導体はネジより安くなり、ネジ代わりに使われるようになった。ところが、これら日本独自のコア技術能力があるとされた事業は、選択と集中戦略を採用し、コモディティ化への対応を怠ったために、長期的には失敗を招いた。特に、「産業のコメ」と自画自賛された半導体と液晶、それを使ったパソ

コン市場のコモディティ化への対応を怠り、本業への影響が大きかった。これらは、すり合わせ型から組み立て型へ変わるとともに、基本的な要素技術の開発競争が終わったためである。

コモディティ化すると、受託生産企業はキャッチアップ能力と改良開発能力を高め、通信技術やネットビジネスでは先行する国々を追い越すまでになっている。世界市場シェアで上位を占めた日本企業は、受託生産を引き受けていた新興国の企業により多くが事業買収された。一方、米国ではコモディティ化に対応したハイテク製品の製造販売企業は、いまだに持続成長している。

あらゆる技術とモノはコモディティ化するという前提に立てば、モノづくり能力を深化することにより競争優位に立つことにのみ固執してはいけない。安くて品質のよいモノづくりを続けることが日本の得意技だという自覚を持てば、満足され、故障と欠陥のない品質確保は最低限の要件となる。技術開発競争後にも持続成長するためには、安くてよいモノづくりと、汎用化され拡大したコモディティ市場づくりを狙う戦略が求められる。

2 新たな戦略パラダイム

(1) オペレーション志向の終焉

これからの企業は、かつての企業とは明らかに異なる戦略行動が要請されている。それは、工業化社会の終焉とともに経済が次第に成熟化し、そして新たな次元へと飛躍するために、必然の行動である。これまでの戦略行動のパラダイムは、「オペレーション」の徹底した追求にあった。このパラダイムに従って、技術は海外から導入や模倣をし、その代わり徹底して品質や信頼性を追求してきた。この品質確保のためには内部で高い熟練を育成する必要があった。そこで、内部資源の長期的な蓄積という行動様式が生まれてきた。しかし、経済の成熟化とともに環境は大幅に変化し始め、もはやかつての「オペレーション志向」の行動様式は

通用しなくなってきた。

そして、ここに新たな戦略パラダイムが必要となってきている。それは「イノベーション」を核とした戦略行動パラダイムである。独自の能力でオリジナルなモノをつくり出し、新市場を創造する戦略行動である。この新しいパラダイムは、次の2つの特徴を持っている。

まず第1に、環境創造である。かつての企業は常に環境へ適合することが戦略課題であった。これに対して新しい企業は、みずからの独創性でもって市場を創造していくという、より能動的な行動が戦略課題といえる。これまでまったくこの世の中に存在していなかったモノを開拓することによって、環境を創造することが重要なことである。第2の点は、グローバル性である。もはや日本企業の戦略の広がりは、世界を抜きにしては考えられない。また逆に、世界との相互作用なくして個の行動も存立し得ない。戦略には空間的広がりが要求されている。こういった広がりが大きくなればなるほど、明確なパラダイムの存在が問われている。

この「イノベーション」パラダイムは、かつての「オペレーション」パラダイムとはどのような関係となるであろうか。まったく取って代わるものなのであろうか、それとも共存しうるものなのであろうか。「3％のコストダウンは難しいが、3割のコストダウンはやさしい」といわれるように、旧来の発想やコンセプトではほんのわずかのコストダウンも難しいが、まったく新たな革新的アイデアによれば大幅なコストダウンができる。百円ショップやカジュアルウェアのイノベーションは、コストダウンと新製品開発を同時に実現している。イノベーションはオペレーション効率の極大化とも一致する。つまり、イノベーションとオペレーションとは相対立する概念ではなく、共存しうるものである。むしろ、この2つのパラダイムを同時に行う両利き経営に成功した企業からは、新たな事業パラダイムが生まれている。

（2）独創戦略の積み上げ

工業化社会の中心であった現場中心の戦略（オペレーション戦略）の

上に、新たな独創的戦略（**イノベーション戦略**）を積み上げ、新しい戦略行動のパラダイムを自分のものにしていくためには、次の２つの点に留意することが必要である。

　第１は、「先に革新行動ありき」である。どんなに口でスローガンを述べても、過去の成功体験は捨てられない。まず、みずから革新することによってのみ知識の新しい活用と事業創造ができる。とりわけ、戦略的な領域へと思いきってジャンプすることが必要である。もちろん、リスクは高いが、これが世にいう「企業家精神」であり、これを持たない限り戦略的学習はあり得ない。

　第２には、「知識と情報」の活用である。情報化しても差別化はできない。知識と情報の活用とは、知識や情報をそのまま蓄積するのではなく、高い感性を持って将来のあるべき姿を描くことである。新しい戦略パラダイムはこういった柔らかな感性に基づいた、新奇なアイデアが生かされたものである。したがって、知識と情報の活用方法が、これからの企業が持続成長するためのケイパビリティとなる。つまり、持続的に成長可能なダイナミック・ケイパビリティを構築することで、競争優位を確立することができる。

　現在、企業は新時代を切り開く主役となってきている。その中で、試行錯誤を繰り返しながら、常に新たな戦略パラダイムを創造する挑戦が求められている。

第12章 理解度チェック

次の設問に、○×で解答しなさい（解答・解説は後段参照）。

1 今後の経営戦略においても、高度な技術と知識を積み上げてつくられた製品は長期にわたって競争優位性を確保できる。

2 企業が持続的に成長するためには、内部の資源を変革しながら、外部資源を内部資源化して活用する戦略が望ましい。

3 新たな戦略行動原理の革新において特徴的なのは、ドメインの定義において多義的な意味情報を多く含む点が挙げられる。

4 今後の経営において重要となるのは、「オペレーション」の徹底した追求する戦略行動のパラダイムである。

第12章　理解度チェック

解答・解説

1 ×
今後の経営においては、高度な技術と知識を積み上げて新しいモノをつくっても、瞬く間にキャッチアップされ、市場の成熟や競合の追随によって製品やサービスが差別化できず価格競争にさらされるコモディティ化は、多くの産業において避けられない課題である。

2 ○
これまで、日本企業の経営の特性として経営資源の内部蓄積が挙げられてきたが、今後は持続成長のために内部の資源を変革しながら、外部資源を内部資源化して活用する戦略が望ましい。

3 ○
経営戦略の革新において特徴的なのは、戦略領域が多義的意味情報を持つこと、広がり、外部資源活用、知識・情報化の戦略といった戦略展開の可能性である。その1つとして、ドメインの多義性確保、革新が挙げられる。

4 ×
今後必要となるのは、「イノベーション」を核とした戦略行動パラダイムである。独自の能力でオリジナルなモノをつくり出し、新市場を創造する戦略行動である。

技術革新の戦略

この章のねらい

　近年の企業を取り巻く外部環境の不確実性の大きな要因の１つとして、技術革新のスピードが極度に速まっていることが挙げられる。企業はこのような技術変化に対応する一方、コア技術をどのように蓄積するかという問題を突きつけられている。本章では、こうした環境下における企業の技術革新の戦略について見ていく。

　まず、技術革新を含めた広い意味でのイノベーションについて、詳細に解説していく。イノベーションとは、今後の企業経営における企業の競争力の源泉であり、また一方で、必然的に企業が大きな不確実性やリスクを抱え込むことにもつながる。そうしたイノベーションのジレンマについても検討していく。

　さらに、今後の技術革新の戦略として①技術領域の限定、②ドメインの設定、③企業固有の知識の構築、という３つのプロセスと、新たな潮流として①オープン・イノベーションとキャッチアップ型戦略、②イノベーションのインスタント化、③ダイナミックケイパビリティ、④両利きの経営、の４つの戦略的視点についても考えていく。

第1節 イノベーションの2つのタイプ

学習のポイント

◆イノベーションには、破壊的イノベーションと持続的（斬新的）イノベーションの2つのタイプが考えられる。

◆また、イノベーションが何に関するものかという点では、技術主導型イノベーションと市場主導型イノベーションの2つに分類される。

◆イノベーションのジレンマは成功した企業にとって特に深刻な問題であり、それをどう解消するかが次の成長に向けたカギとなる。

1 イノベーションの2つのタイプ

ここまで見てきたように、これから経営戦略において最も重要となってくるものがイノベーションである。**イノベーション**とは、もともとは「新しくする」という意味の言葉であり、新しい商品や技術、事業、ビジネスモデルを創造することである。今後の企業経営においてイノベーション、つまり新しさや革新性こそが企業の競争力の源泉となり、また一方で、そのことは必然的に企業が大きな不確実性やリスクを抱え込むことでもある。

イノベーションは「（技術）革新」などと訳されるが、前述したように、技術の新しさのみにとどまらず、その内容や程度はさまざまである。イノベーションのタイプにはいくつかの分類方法があるが、ここでは代表

的な2つの分類、すなわち破壊的イノベーションと持続的イノベーション、技術主導型イノベーションと市場主導型イノベーションという分類について検討していく。

（1）破壊的イノベーションと持続的（漸進的）イノベーション

　イノベーションは、既存企業と新興企業のどちらに有利なのであろうか。イノベーションの分類要因として重要となるものが、革新性の程度レベルである。既存の製品やサービスからどの程度新しいものなのかという基準である。この革新性の程度によって、イノベーションは大きく2つに分けられる。1つは破壊的イノベーションであり、もう1つは持続的（漸進的）イノベーションである。クリステンセン（2001）によれば、イノベーションが破壊的か持続的か、が既存企業と新興企業の競争の結果に大きく影響するとされる。破壊的イノベーションの場合は新興企業に有利であり、既存企業は競争に敗れてしまう傾向がある。一方で、持続的イノベーションの場合は、仮に初期に新興企業に技術開発の先行を許してしまったとしても、既存企業は十分に追いつき競争に勝つ傾向にあることが明らかにされている。

　破壊的イノベーションと持続的イノベーションは、その背景にある技術に対する評価基準が新しくなるか、旧来のままかにより区別することができる。破壊的イノベーションを引き起こすのは、破壊的技術である。破壊的技術とは、「旧来の顧客の評価基準では性能は劣ると評価されるか、新しい顧客の評価基準では性能は優れていると評価される新技術」である。一方で、持続的イノベーションは、それまでの製品の改良を進めるものであるから顧客の評価基準は変化しない。

　破壊的イノベーションが起こった場合、既存企業は、それまでの顧客の評価基準に照らし合わせて、破壊的技術は性能が劣ると評価してしまい開発に出遅れる。結果として、新技術による市場が大きくなった時点では既存企業は開発に追いつけなくなる。クリステンセンは、ハードディスク産業のイノベーションをもとに、この現象を説明している。既存

　企業が、容量等で性能が劣るとみなした小型ハードディスクが、小型パソコン市場で大きく成長した。だが、その時点では、既存企業はすでに新興企業に追いつけなくなってしまっていた。

　それまで、既存企業が新興企業に敗れるのは技術の速度が速い、技術の変化の方向性が見えないなど、技術の特性そのものが勝敗を決定すると主張されてきた。ところが、既存技術に対し破壊的技術が出現すると、新しい顧客の出現によって技術への評価基準が変わってしまうこと、その変化に気づき自社の経営資源を新技術へ移動できないこと、という認知や意思決定の問題であるとことが明らかにされた。

　すなわち、破壊的イノベーションとは、従来まったく存在もしなかった製品やサービス、新たな市場をつくり出すような革新的な製品を生み出すようなイノベーションを指す。一方、持続的イノベーションとは、既存の製品やサービスを改善するような形で起こるイノベーションを指す。企業が有する技術について考えると、破壊的イノベーションはこれまでにないまったく新しい技術を必要とするが、従来の技術の延長線上で対応できるイノベーションは持続的イノベーションと呼ぶことができる。

　こうしたイノベーションの違いは、それに対する戦略的対応やマネジメントの違いとして現れる。確かに、破壊的イノベーションは市場に大きなインパクトを与え、企業成長に対して多大な貢献をするかもしれないが、一方でそれまで投資してきた技術や保有顧客、ブランドなどを捨ててしまうことになるかもしれないし、本質的にそうしたイノベーションを計画して起こせるものかどうかという点では議論の余地があるであろう。一方、漸進的イノベーションは市場や企業にとってのインパクトは小さいかもしれないが、長期的で安定的な成功を重要視する場合、継続的な改善活動を効果的に実施するほうがより重要となることも多い。ハイエンド製品の開発や研究に限らず、コモディティ化市場や成熟化市場における長期的に安定する戦略とビジネスモデルを構築することは重要である。

　破壊的イノベーションと漸進的イノベーションの分類は、クリステン

センの研究に基づいているが、イノベーションの革新性は、製品や技術の性能だけでなく、市場や顧客のニーズにも依存する。つまり、同じ製品や技術でも、市場や顧客によって、破壊的か漸進的かが異なる。また、破壊的イノベーションと漸進的イノベーションの間には、既存の市場や顧客のニーズを満たすとともに、新たな市場や顧客のニーズを創出する中間的なイノベーションも存在する。このように、イノベーションの革新性は、単純に2つに分けることができるものではなく、多様な要因や状況によって変化するものであることを理解して戦略を立てる必要がある。

（2）技術主導型イノベーションと市場主導型イノベーション

イノベーションが何に関するものか、という視点からとらえる分類が、技術主導型イノベーションと市場主導型イノベーションの分類である。多くの場合、商品開発に関する革新性というと通常は技術的な革新を指す。しかし、技術的には革新的とはいえない商品でも、市場でのインパクトが大きいものもある。このように、市場における革新性と技術に関する革新性の2つの軸でイノベーションを考えたのが、この技術主導型と市場主導型によるイノベーションの分類である。

経営戦略をこの分類に沿って考えると、必ずしも技術主導型か市場主導型のどちらかが戦略的に優れているというものではない。たとえば、市場においても技術が変化すれば必然的に技術主導型イノベーションに追随する戦略を策定する必要がある。また、既存技術が市場を拡大する方向に変化していれば、市場主導型イノベーションに追随する必要がある。経営戦略は環境への適応を目的としている点から、このことは明らかである。また、延岡（2006）によると、市場の革新性と技術の革新性の両者を追い求める戦略は、成功確率が低く、リスクが高いとされている。ところが、技術の市場での実用化が急速に進んでいるため、両方を達成する戦略をとることが必要である。こうした経営方法は、日常業務を行いながらイノベーションを行い、企業自身が変革を推進する両利きの経営として議論されている。このように、戦略を立案する際には、自

社の強みや弱みを分析して対応するだけではなく、強みを変革する戦略も求められる。

　総じて、新しい製品・サービスに対する成功と失敗については、直接競合するかしないかにより既存企業と新興企業の成功と失敗は異なる。直接競合する場合、既存企業は圧倒的に有利である。一方、既存市場では直接競合せずにすみ分けして、間接的に競合する場合、新興企業が市場参入に成功する。

2　技術革新とイノベーションのジレンマ

　近年の企業を取り巻く外部環境の不確実性の大きな要因の1つとして、技術革新のスピードが極度に速まっていることが挙げられる。企業はこのような技術変化に対応する一方、コア技術をどのように蓄積するかという問題を突きつけられている。コア技術を蓄積すると同時に、技術と市場を取り巻く環境変化に適応するために必要なコア能力を間断なくシフトすることも必要である。

　クリステンセンは、現在の製品によって成功を収めている企業は既存の能力に依存する傾向が強いが、新しい顧客とその評価軸に対応する製品を開発するために、社内の資源を移動しにくいことを明らかにした。さらに、特に大きな顧客ベースを持ち、その顧客の要望に対応することに優れた能力を持つ成功企業は、それらの主たる顧客の声に忠実でありすぎたため、やがて大きな市場となる新しい顧客向けの製品開発に対応できずに競争に敗れることを示した。これを、「イノベーションのジレンマ」と呼ぶ。

　イノベーションのジレンマは、成功した企業にとって特に深刻な問題である。成功した企業は、既存の市場や顧客の要望に応えることに優れた能力を持っているが、その能力は破壊的なイノベーションに対応する能力とは異なる。破壊的なイノベーションは、既存の市場や顧客の要望を無視し、新たな価値やニーズを提供することを要求する。成功した企

業は、既存の市場や顧客の要望に応えることに固執し、破壊的なイノベーションに対応する能力を構築する戦略を無視する傾向がある。

　クリステンセンが述べるように、多くの企業にとって技術の構築と転換は避けられない問題であるが、優良企業は既存の顧客に忠実すぎる結果、競争に敗れる例は多い。しかし、一方で、他社に真似のできない高度な技術を構築することができれば、それは企業にとっての大きなチャンスとも考えることができる。経営戦略として技術革新を促すような戦略が構築でき、そしてそれらが持続的に維持できれば、企業にとって長期的な成長が可能になるであろう。ここでは、そうした技術革新のための経営戦略について、考察していきたい。

　技術革新の戦略とは、企業が自身の技術的能力をもとに、どのような技術領域に注力し、どのようなイノベーションを生み出すかという方針を決めることである。技術革新の戦略は、企業の事業戦略と密接に関係しており、事業戦略が市場や顧客のニーズに応える製品やサービスの提供を目指すのに対し、技術革新の戦略はその製品やサービスに必要な技術の開発や獲得を目指す戦略であるといえる。技術革新の戦略は、企業の競争力を高めるために重要な役割を果たすが、同時に多くの課題を伴うものでもある。

　技術革新の戦略における最大の課題は、技術の不確実性である。技術は常に変化し、予測しにくい性質を持っている。技術の変化には、漸進的なものと破壊的なものの2つのタイプがある。漸進的な技術変化とは、既存の技術を改良し、性能を向上させるような変化である。破壊的な技術変化とは、既存の技術を置き換えるような革新的な変化である。漸進的な技術変化は、既存の市場や顧客のニーズを満たすことができるが、破壊的な技術変化は、新たな市場や顧客のニーズを創出することができる。

第 2 節　技術革新の戦略

学習のポイント

◆技術革新の戦略立案には、①技術領域の限定、②ドメインの設定、③企業固有の知識の構築、という３つのプロセスが必要である。

◆イノベーション戦略の新たな潮流として、①オープン・イノベーションとキャッチアップ型戦略、②イノベーションのインスタント化、③ダイナミックケイパビリティ、④両利きの経営、の４つの戦略的視点が注目される。

1　技術革新の戦略立案

　こうしたイノベーションを生み出す組織的な能力・技術による強みを持続するための組織能力を構築し、活用する技術戦略をコア技術戦略と呼ぶ（延岡、2006）。コア技術戦略に必要な組織能力は、他社に真似できないコア技術を保有することと、コア技術を日々研鑽することである。また、コア技術戦略にとって重要なのは、長期的な視点から、技術開発と商品開発の間に相乗効果を生み出すような戦略と組織のしくみを構築することである。

　企業は、市場や顧客に対応することで、モノづくり組織能力を絶え間なく鍛えられ構築してきた。一方で、既存の市場や顧客のニーズに応えることに集中しすぎると、成功の罠（サクセストラップ）に陥り、市場や顧客の新たなあるいは潜在的なニーズを無視し、新たな価値やニーズを提供することを要求する破壊的な技術変化に対応できなくなる。

しかし、破壊的な技術変化への対応に成功した企業は、新たな市場や顧客のニーズを創出することができる。たとえば、デジタルカメラの登場は、フィルムカメラの市場を破壊し、写真の撮り方や保存方法に新たな価値やニーズを創出したが、携帯端末に組み込まれることにより、さまざまな便利な用途やサービスが出現している。

柔軟な技術革新の戦略を立案するには、以下の3つのプロセスが必要である。

① 技術領域の限定
② ドメインの設定
③ 企業固有の知識の構築

それぞれについて概観していこう。

（1）技術領域の限定

コアとなる技術の蓄積のためには、どのような分野の技術領域を企業のコア技術として蓄積していくかを戦略的に決定する必要がある。自身の技術的能力や事業戦略に基づいて、注力すべき技術領域を選択するには、技術の発展可能性や市場の将来性などを考慮する必要がある。技術領域の限定は、企業の資源を効率的に配分するために重要である。企業が選択する技術には、長期にわたって広がりを持つ技術であること、すなわち発展性と汎用性が必要となってくる。そのためには、限定された1つの技術だけではなく、かといって広く考えすぎると焦点が定まらない。そこで、どの程度の広がりや深さを求めるかは、次のドメインの設定が関係してくる。

（2）ドメインの設定

ドメインの設定については、すでに第4章において詳しい検討を行った。ドメインを適切に設定していれば、おのずと自社で扱う技術の領域も定められる。さらに、技術同様に市場についても、適切なドメインの設定が必要となる。戦略的決定に基づいたドメインの領域に沿って、技

術や市場を構築し、創造していく必要がある。

　ドメインの設定が戦略策定の重要な要素であるのと同様に、技術戦略にとって技術領域を正しく選択することはきわめて重要である。さらに、少なくともその技術を必要とする戦略を策定している限りは、こうした領域からブレないことも重要である。技術の蓄積や開発は一朝一夕には不可能であり、ある程度の時間とコストがかかる。このことを意識し、長期的視点に立つことがコア技術戦略には必要である。こうすることで、選択した技術領域において、企業自身が目指すイノベーションの方向性や目標を明確にすることになる。ドメインの設定には、技術の革新性や市場のニーズなどを考慮する必要がある。このように、ドメインの設定は、企業の技術革新活動におけるビジョンやミッションを明確にするために重要である。

（3）企業固有の知識の構築

　技術の蓄積によって、組織には体系的な知識が蓄積される。選択した技術領域と設定したドメインに沿って、企業自身の技術的能力を高めるために必要な知識や技術を獲得する。こうした企業固有知識こそがコア技術そのものなのである。コア技術に関する組織能力の留意点として、具体的には次の４つが挙げられる。

① 要素技術

　要素技術が商品化を繰り返し継続的に蓄積と開発をされることで、さらに洗練され、また複数の要素技術を取り込みながら企業固有の技術として強化されていく。こうした技術は、最終的に競合他社が追いつけない絶対的な競争優位の源泉となり得る。一方で、サクセストラップに陥らないためには、市場と技術の変化に対応する戦略が必要である。

② 技術領域の拡大と深化

　複数の要素技術は蓄積と強化を経て、それぞれが広がりを持つようになる。この広がりは、企業固有の技術知識の体系の発展を促し、企業は自身の技術的能力を生かして、新たな技術領域に進出したり、既存の技

術領域を深化させたりすることが必要である。技術領域は、企業が技術的に優位性を持つことができる範囲や分野を指す。技術領域の拡大と深化には、技術の多様化や統合などの活動が必要である。これによって、企業自身の技術的能力を広げ、深化させることができる。

　特に技術の融合や相互作用が重要となる分野、たとえば、バイオテクノロジーやナノテクノロジー、自動運転や人工知能などの分野では、技術領域の拡大と深化がイノベーションの源泉となる。

③　コア技術を具現化する知識

　技術は、具現化、すなわち製品化されて初めて意味を持つ。企業は、自身の技術的能力を製品やサービスに具現化するために必要な知識や技術を獲得することが必要である。しかし、そうした技術を製品化するためには、顧客に受け入れられるように具現化する知識が必要となる。コア技術を具現化するための知識とは、コア技術を市場に適合させるための知識や技術であり、商品開発やマーケティングなどの活動を通じて獲得することができる。

　長期的に顧客にとって有用なコア技術を蓄積することで、その技術に関する多様な応用製品を開発し、市場に導入するノウハウが企業には蓄積される。こうした知識は、コア技術に必須の知識として暗黙的に企業に蓄積され、他社に真似のできない優位性となる。一方で、コモディティ化や新たな技術に対しては、サクセストラップとなる原因となることに注意する必要がある。

　このために、コア技術の具現化の知識には、コア技術の特性や機能、市場のニーズや嗜好、競合他社の動向などを考慮する必要がある。コア技術の具現化の知識によって、企業は自身の技術的能力を市場に適応させることができる。コア技術の具現化の知識は、特に市場の変化や競争が激しい分野や、高度な技術を必要とする分野で重要である。たとえば、スマートフォンやロボットなどの分野では、コア技術そのものよりも、コア技術を具現化する知識がイノベーションの源泉となる。

④　コア技術の深耕と知識と組織の硬直化

　日本企業はコア技術を深耕し続けることで、確固たる事業ドメインを確立し、全社一丸となって大きな成果を上げてきた。この戦略は、日本型経営システムに適していたといえる。しかし、技術変革が激しくなると、使用する技術の選択肢が増え、選択の幅も広がる。また、技術の普及とコモディティ化が進むと、安価なモノづくりが主流になる。

　このような状況では、自前開発はムダが多くコスト高となる。しかし、知識と組織は急に変えられない。つまり、コア技術を深耕することで得たコンピテンシーが、変化の妨げとなる。コンピテンシー・トラップに陥ると、組織は硬直化し、変革は困難になる。したがって、このような状況に陥る前から知の深化を行う一方で、知の探索を怠らない組織体制やルールづくり（両利きの経営）が求められる。日本の半導体と電機は、自前開発にこだわり続けた結果、ハイエンド型製品開発に集中し、自国の市場も失う結果を招いた。

2　イノベーション戦略の新たな潮流

（1）オープン・イノベーションとキャッチアップ型戦略

　コア技術戦略をとる企業では、成功したヒトやモノをお手本とする傾向があり、社外からのヒトや技術が入っても入れ替わりが起こりにくい。このようなクローズ・イノベーションに対し、広く知識・技術の社外からの取り込みを図るオープン・イノベーションが普及している。産学官連携プロジェクト、異業種交流プロジェクト、大企業とベンチャー企業による共同研究のような狭いものに限らず、広く課題を公開したり、公募したりすることでイノベーションアイデアを求め、成功している企業も多い。

　研究開発をすべて自社内で行う企業は、製品の市場投入までに時間がかかる。一方、研究開発に多くの投資をせず、自社と外部の知識を組み合わせて活用できる企業は、製品をより早く市場投入できる。オープン・イノベーションは、協働する相手を常に探索しつつ、自社独自の技術や

独創性を求めるのではなく、外部から移入する**キャッチアップ型戦略**を行う。日米ではこの点で、イノベーション・パラダイムが、まったく異なっていたようである。

（2）イノベーションのインスタント化

ロジャース（1962）のイノベーションの普及モデルでは、新しいモノを進んで採用する革新的採用者（イノベーター）の後に、流行には敏感で、みずから情報収集を行い判断する初期採用者、追随者、遅延者が採用されていくという普及過程をとることが少なくなってきた。

モバイルデバイスやその他の端末がコンピュータ化され、インターネットに常時接続されるオールウェイズ・オン（Always-on）の状態では、製品やサービスの使用性が消費者によってすぐに検証され、その結果が共有される。生産者と消費者の間で調整が同時または迅速に行われ、修正が加えられる。この結果、生産者と消費者が一体化しやすくなり、他の業種からの参入も容易になる。結果として、産業分野の融合が加速している。

このような状況下では、生産者と消費者が迅速に探索と検証を繰り返すことで、**イノベーションのインスタント化**が実現される。業界の融合が進むことで、異なる産業間での知識や技術が交流され、新しいビジネスアイデアが生まれやすくなる。その結果、新たなニーズに応えるビジネスモデルが誕生し、使用したいときに使用できるサービスが普及している。カーシェアリングなどのシェアリング・ビジネスはその一例である。このような環境では、急速に変化する市場に対応するため、企業は柔軟性と革新性を持ち続ける必要がある。

（3）ダイナミック・ケイパビリティ

企業が現在の事業や市場に適合するためには、能力と知識を深耕するだけでは不十分である。そのためには、**第5章**で解説した**ダイナミック・ケイパビリティ**を強化することが不可欠である。これは新たな能力を開

発し、既存の能力を適応させることを指す。現代のビジネス環境は高い不確実性を伴っており、企業はアジリティ（俊敏性）を強化するだけでなく、即座な（インスタントな）対応をする必要があるからである。単にベンチマーク化されたベスト・プラクティスに頼るだけでは、持続可能な競争力を獲得することはできない。したがって、知識の探索性と革新性を持ち続ける必要がある。

（4）両利きの経営

　現業を重視する戦略行動パラダイムは、オペレーションの徹底追求であった。これに対して、イノベーションを核とした戦略は、モノやしくみ、サービス、組織、ビジネスモデルなどに新しい考え方や技術を取り入れて、新たな価値を生み出し、社会にインパクトのある革新や刷新、変革をもたらすことである。言い換えれば、環境の創造とグローバルな適応性の2つのイノベーションを軸とした戦略行動パラダイムが有効であり、求められている。このことに成功した企業は、オペレーションの徹底追求と新たなイノベーションを同時に行う「両利きの経営」を実践しており、これからさらなる新たなパラダイムが生まれている。

　オライリー（2016）によれば、両利きの経営は、順番に起こすイノベーションの流れ（イノベーションストリーム：漸進型、不連続型、破壊的）であり、多様な選択肢の中からよいものを選択し、維持していくプロセスによって達成されるとされている。既存事業の改善と新規事業の創造を両立させるには、深化と探索の戦略的な意図を明確にすると同時に、経営陣が従業員に対して明確な目的を示し、支援することが重要である。そのためには、組織構造や考え方、リーダーシップも適切に調整する必要がある。両利きの経営を成功させる企業は、変化の激しい時代においても新たな価値を生み出し、競争力を高めることができる。→図表13-2-1

図表13-2-1 ● ダイナミック・ケイパビリティ、両利きの経営、
　　　　　　　進化論的考え方の比較

ダイナミック・ケイパビリティ	両利きの経営	進化論	
センシング（察知）	アイディエーション（着想）	多様性	つかむ
シージング（獲得）	インキュベーション（育成）	選択	動かす
トランスフォーミング/シフティング（再構築、変容）	スケーリング（規模拡大）	リテンション（保持）	更新する

第13章 理解度チェック

次の設問に、〇×で解答しなさい（解答・解説は後段参照）。

1 持続的（漸進的）イノベーションとは、従来からある製品に改善を加えることで、よりよい製品へと漸進させるイノベーションを指す。

2 技術革新の戦略とは、企業が技術的能力をもとに、どのような技術領域に注力し、どのようなイノベーションを生み出すかという方針を決めることである。

3 顧客の要望に対応することに優れた能力を持つ成功企業は、顧客の要望に対応し続ける限り持続的なイノベーションを実現することが可能となる。

4 ドメインの設定は事業戦略において重要であるが、技術戦略においてはそれほど重要ではない。

5 既存事業の深化と新規事業の探索を同時に行うことが両利きの経営であり、二兎を追う戦略ともいわれる。

第13章　理解度チェック

解答・解説

1 ○
持続的（漸進的）イノベーションは、従来の評価軸の中で技術的に改善を加えることである。

2 ○
技術革新の戦略は、企業の事業戦略と密接に関係しており、事業戦略が市場や顧客のニーズに応える製品やサービスの提供を目指すのに対し、技術革新の戦略はその製品やサービスに必要な技術の開発や獲得を目指す戦略であるといえる。

3 ×
特に大きな顧客ベースを持ち、その顧客の要望に対応することに優れた能力を持つ成功企業は、それらの主たる顧客の声に忠実でありすぎたため、やがて大きな市場となる新しい顧客向けの製品開発に対応できずに競争に敗れることを示した。これを、「イノベーションのジレンマ」と呼ぶ。

4 ×
ドメインの設定が戦略策定の重要な要素であるのと同様に、技術戦略にとって技術領域を正しく選択することはきわめて重要である。さらに、少なくともその技術を必要とする戦略を策定している限りは、こうした領域からブレないことも重要である。

5 ○
従来、難しいとされていたオペレーションを強化することと、イノベーションを同時に達成する戦略でもある。

第14章

事業創造の戦略

この章のねらい

　現代の環境変化の特徴の1つとして挙げられるのが、IT やバイオ、エンターテイメントやコンテンツなど、新たな産業へ経済の中心がシフトしつつあることである。こうした新たな産業に対して、新たなベンチャー企業が生まれてきてはいるものの、世界と比べて日本はこうした新規事業創造の例はまだ多くない。日本が次の世代でも世界経済においてパワーを持ち続けるためには、新たな企業や産業の育成が不可欠である。

　本章では、こうした新規事業開発のパターンとして、企業内部での開発、社内ベンチャー、ジョイント・ベンチャー、戦略的買収を挙げ、それぞれについて詳しく解説していく。また、新規事業開発の成功要因について、競合様式により成功・失敗することを理解し、外部資源の活用が重要である。そのために、企業間のネットワーク戦略を用いる。実際の例として、産業クラスター戦略について理解しておく。

　また、M&Aは、企業が長期的に価値創造を行うための時間を圧縮するための1つの方法であるが、将来の企業価値の評価方法について紹介する。

第1節 新規事業開発

学習のポイント

◆企業が新たな産業の新興や技術環境の変化に対応するためには、みずから新たな事業を創造していかなければならない。新規事業開発は、企業のみならず、今日の経済社会にとって最大の関心事である。

◆新規事業開発には内部開発、社内ベンチャー、ジョイント・ベンチャー、戦略的買収（M&A）、の4つのパターンがある。

◆新規事業を策定するためには、①市場性、②成長性、③採算性、④競合性、⑤既存資源の活用、⑥タイミング、⑦政府・経済・社会的条件、⑧キャッチアップ、の8つを考慮する必要がある。

1 新規事業開発の必要性

① 環境変化への対応

今日の企業を取り巻く環境は、急速に変化しており、これまでの企業が行ってきた現状維持または発展を目指す持続型のイノベーションだけでは、競争力を維持することが難しくなっている。これは、次世代の新しい産業群が次々と出現しているからである。企業は、新たな事業の創出と、持続可能なビジネスモデルの構築が必要である。

新規事業開発は、すべての国と企業にとって、最大の関心事である。先進国においては、次世代を担うリーディング産業の育成が国家的な課題となっている。20世紀までの歴史を振り返ると、石油、自動車、家電、

航空、情報通信などの産業を発展させた国々が世界経済の中心に位置していた。そして、これらの産業は成熟化し、次の産業の探索が始まっている。

21世紀に入って、パソコンからモバイルへの移行、インターネットとクラウドサービスと生成AIの日常化、コンテンツのマルチメディア化が進み、生活の一部となった。ヘルスケアでは、再生医療やゲノム情報・ゲノム編集を利用した新しい生命産業が誕生している。情報革命では見られなかった業界間の障壁を超え、予測できなかった新規事業が登場している。

新規事業と産業の探求が始まり、顧客に新しい価値を提供している。IoE（Internet of Everything）、XR（Extended Reality）、生成AIなどのDX（デジタルトランスフォーメーション）技術は、産業をこれまでにない形で変革している。これから生まれた新しい技術やサービスは、簡便かつ即座に利用できるようになっている。したがって、新規事業を迅速に生み出すためには、戦略的アプローチと具体的な行動が必要である。

新しい価値創造は、単なるモノからサービスの提供以上の影響を及ぼす。具体的には、再生医療やゲノム編集といった生命科学の進歩、バイオ燃料や代替食糧といった持続可能な資源の開発、マルチメディアや生成AIのような情報技術の革新が、新たな製品やサービスの波を生み出している。これらの技術は、既存の市場を再定義し、消費者のニーズに応える新しい方法を提供している。さらに、これらの進歩は、社会の持続可能性にも貢献し、経済だけでなく環境や健康、生活の質にもよい影響を与えている。このように、新しい価値創造を行うには、多角的な視点から考える必要がある。

新規事業開発は、業界間の境界を超え、新しいビジネスや企業の急速な成長を促している。これは、既存の企業にとって脅威であり、新素材、エレクトロニクス、情報通信、Fintech（金融×テクノロジー）、サービス、バイオテクノロジー、ヘルスケア、クリーンテクノロジー、エネルギー、ロボティクス、スマートシティ、航空宇宙などの分野への進出を

促す動機となっている。さらに、AI、持続可能な農業、EdTech（教育×テクノロジー）、サイバーセキュリティ、量子コンピューティング、データアナリティクス、VR/AR（仮想現実／拡張現実）技術など、ほかの重要な分野への進出も促されている。これらの分野は、消費者体験の向上、製品開発の加速、効率的な運営管理など、ビジネスにあらゆる面で革新をもたらし、企業に新たな機会を提供し、社会全体の持続可能な発展に寄与している。

② 新たな雇用の吸収

新規事業は、単独で資金を集めて会社を設立するか、あるいは大企業の中から生まれる。しかし、最も典型的な新事業創造の例は、独立系のベンチャー企業によるものである。一般に、ベンチャー企業による新規事業創造が国内で盛んかどうかは、事業所統計の創業率と廃業率を見ればわかる。日本の場合、創業率は上がってきているものの、同様に廃業率も上がっている。つまり、日本では新規事業が事業として軌道に乗る確率は決して高くない。

これと対照的に、シリコンバレーに代表されるベンチャー企業が活躍している米国の場合、中央および地方政府、大学による支援に加え、学生や社会人の起業意識が高い。また、大企業においても労働流動性が高く、大企業からのスピンアウトもあり、生まれてくる企業の絶対数が圧倒的に多い。たとえ厳しい環境下にあっても、このようにベンチャー精神を実現させる機会が多いため、多くの高成長企業が登場している。

このことからわかるように、明らかに日本は量的にも質的にも新規事業創造において米国や新興国に遅れをとっている。日本企業が次の世代も世界経済においてパワーを持ち続けるためには、新しい企業や産業を育成する制度設計が必要である。成熟産業においては、リストラが進展し、雇用維持がますます厳しくなりつつある。新たな雇用は新規産業が吸収するものであり、その意味でも、新規事業の創造と起業による雇用創造は企業の重要な使命である。

③ 新興国への対応

　新興国は多くの産業で急速に競争力を高めている。繊維、電気電子、電機、半導体、インフラなどの産業では、低コストの利点を生かしグローバル市場で地位を確立している。特にアジア諸国は、独自の技術開発力を持つようになり、その結果、日本の産業は市場シェアを失いつつある。この問題に対処するためには、単に高付加価値産業へシフトするだけでなく、新興国からの挑戦に対応する新たな戦略が必要である。

　コモディティ化して低価格化が進んだ市場から撤退せず、低コストで対応する戦略は有効である。良品質ショップ、百円ショップ、ジッパー、生活衣類、ガラス製品、和食や麺類のチェーン、水洗トイレ、エアコンなど、海外展開に成功し新興国市場で勝ち抜いている成熟産業がこれを証明している。グローバル経営では、汎用品や基幹製品の製造を疎かにすると、企業だけでなく国民経済にも悪影響を及ぼす。半導体不足や生活必需品不足は主力事業に打撃を与えるため、これを回避することが重要である。新興国は脅威であると同時に、学びと機会を提供する。技術開発や事業開発を単に模倣するだけでなく、自社独自の道を切り開くことも可能である。

　多くの企業が新興国市場に進出し、成熟した市場からの脱却や将来の成長分野への足がかりとして、新規事業を展開している。また、コモディティ、エッセンシャル産業において活動を広げている。進出方法は自社開発、合弁、買収、技術提携、社内ベンチャー、出資など多岐にわたり、それぞれコミットメント、リターン、リスクが異なる。

　新興国とは能力獲得競争の関係がある。相手側は情報を得て立場を逆転するための陽動戦術を用いる。たとえば、製造段階の利益が最低だとするスマイルカーブは、新興国の下請け企業が提唱し、日本企業の戦略を誤らせた。これは日本の製造業の競争力を削ぐために行ったとの見方ができる。新興国に限らず先進国も、提携先を追い越す戦略を官民一体となって遂行している。

　新興国への進出は、技術導入と資本導入が奨励されるため障壁は低い。しかし、知識・技術と資本の回収や撤退は困難になることが多い。新興

国の受託企業は技術蓄積を進め、ケイパビリティの幅を広げ、企業規模を大きくして逆転の機会をうかがっている。安価な労働力に頼る国際展開は当面の利益をもたらすが、長期的には国内市場を失う危険もある。このように、新興国市場への進出は機会とリスクが共存する。

2 新規事業開発のパターン

新規事業への進出の仕方は、いくつかのパターンがある。企業が新規事業に取り組む方法や政策、そしてコミットメントの度合いによって、進出の仕方は異なる。そこで、新規事業への進出パターンを分類し、それを概念図化すると図表14-1-1のようになる。

図表14-1-1 ● 新規事業開発のパターン

	連続 ←（技術・ノウハウ）→ 不連続	
不連続 ↑（市場）↓ 連続	社内ベンチャー	戦略的買収（M&A）
	内　部　開　発	ジョイント・ベンチャー

この概念モデルは、2つの軸で構成されている。一方の軸は「技術・ノウハウ」で、その企業の保有する技術基盤が連続して使用できるかどうかという軸である。もう一方は「市場」に関連しており、既知の市場から連続的に取り組めるかどうかを示す軸である。この2軸から構成されるマトリックスでは、技術と市場の組み合わせにより、4つのパターンに分類できる。

第1の「連続-連続」のボックスは、内部開発である。技術と市場の両方が連続的に展開できる状況、いわゆる従来の新規事業開発のスタイ

ルである。

第２の「連続－不連続」のボックスは、技術は連続的に展開できるが、市場は不連続な状況であり、「社内ベンチャー」と呼ばれ、既存の社内技術者がまったく新しい市場に乗り出していくスタイルである。

第３の「不連続－連続」のボックスは、技術は不連続ながら、市場は連続的に展開できる状況で、外部のその技術を持つ相手を求めて「ジョイント・ベンチャー」などの方法で新市場に進出する。

最後の「不連続－不連続」のボックスは、技術と市場の両方が不連続な状況で、戦略的買収（M＆A）などが用いられる。

もちろん、これら４つのタイプ以外に提携や社外ベンチャーなどが存在している。提携は自社にない経営資源を補完的に求めて新規事業へ乗り出すものであり、ここでは「ジョイント・ベンチャー」の一部として考える。また、社外ベンチャーは、子会社の形にして本体の外部で行うものである。「社内ベンチャー」は、広義には企業が自社内で他者の力を借りずに新規事業を展開する。両者は、新規事業に対して他者の持つ経営資源を利用するか、しないかという点で異なる。

次に、それぞれの新規事業開発のパターンについて、概観する。

（１）内部開発

最も伝統的な新規事業開発は、自社内の既存経営資源、特に基盤技術を活用し、新市場に進出する方法である。これが内部開発のパターンである。一般的に、企業は内部開発に経営資源を大いに投入し、事業に対するコミットメントも高い。

内部開発の利点としては、既存経営資源を活用することが挙げられる。既存の資源を活用するため、シナジーが発揮しやすく、比較的少ない投資で済む。開発に他者を関与させないため、秘密保持が可能であり、成功すれば創業者利益を独占できる。特に、企業のコア・コンピタンスに関連した新規事業は成功例が多い。

しかし、内部開発には技術の陳腐化、リスク負担、時間と複雑さ、視

点の固定、ライセンス導入に対する内部反対、競合のとらえ方と市場評価の問題、直接競合しない新規参入を許す等の欠点もある。

　まず、技術は容易にキャッチアップされ、陳腐化するリスクがある。しかし、すべてのリスクを負うため、失敗した場合の損失が大きい。また、巨大かつ複雑な新規事業の立ち上げには時間がかかるが、既存事業の経験やノウハウに縛られ、まったく新しい視点から新規事業に取り組むことが難しい。そのため、内部開発ではなくライセンス導入を検討する際には、社内が新規事業の敵になることが多い。

　新規事業が自社の既存製品やサービスと直接競合する場合、成功する見込みが少ないとしても、内部開発を優先する傾向がある。しかし、直接競合しないが間接的に競合する製品やサービスについては、市場性を過少に評価するか無視する。たとえば、対面販売とネット販売は直接競合しなかったにもかかわらず、いくつかの実店舗販売の業界リーダーは事業を縮小したり、廃業した。また、初期の電子ブックやデジタルカメラは既存製品と直接競合しなかったものの、市場を奪った。このように、新規事業の可能性を適切に評価することは、企業の生死を決定する。

　逆に、リーダー企業による妨害がないまま間接競合する市場を創造した新規事業の成功例は、バイオ医薬、コロナ禍のおかげで実用化されたRNAワクチン、オンライン証券、スマートフォン、ネット書店、音楽・書籍・映像等のオンラインコンテンツ配信業界、ネットを活用した配達・配車サービスやシェアリングサービス、ペットボトル入りのお茶、カテキン茶、百円ショップ、生活ウェア、機能性生活ウェアなど、あらゆる産業分野において、例を挙げることができる。

　このような事態に陥り、市場を失ったある電機会社の経営者は、事業の失敗について次のように述べている。「われわれは技術を過信し、"よいモノなら売れるはずだ。それを買わない消費者のほうがおかしい"という論理がまかり通っていた」。内部開発が成功する分野は、戦略の転換を必要としない事業分野である。組織の慣性の原因ともされる影響力維持志向の変革と発想の転換は、経営者の責任である。

（2）社内ベンチャー

　社内ベンチャーは、内部開発の弱点を克服するための取り組みである。基盤技術やノウハウを活用しながら、従業員が発想の転換を行うことを目指す。さらに、社内ベンチャー制は、大企業内でベンチャー・ビジネス的に新規事業を起こすためのしくみであり、既存事業とは切り離して行われる

　この社内ベンチャー制の目的は「発想の転換」にある。本体にとっては、遠く離れたところで何かを行っているように感じるかもしれない。これは、本体側の心理的・物理的なコミットメントを弱めることになるため、本体に影響を与えることなく新規事業が展開されるというプラス面があるが、本体からの支援を得にくくなるというマイナス面もある。

　プラスの面としては、既存の勢力に妨害されることなく、新たな発想で新規事業を行える点が挙げられる。しかし、本体にインパクトを与えないため、本体が変革しないことにもなる。新規事業と本体の間にはシナジー関係が必要であるが、本体と切り離すほどこのシナジーは期待できなくなる。この観点から、ベンチャー・チームを社内に置くべきか、それとも社外に置くべきかは、本体からの抵抗の度合いに応じて判断する必要がある。

　社内ベンチャーを奨励するための方法としては、応募制度を設ける、軌道に乗るまで社外にスピンアウトさせて隔離する、人事と予算権を持つスポンサーが成功を競い合う制度をつくる、などがある。

（3）ジョイント・ベンチャー

　ジョイント・ベンチャーは、他者の力を利用しつつ、自社のコミットメントを高める方法であり、一時的なプロジェクトから長期にわたるものまでさまざまな形態をとる。基盤技術やノウハウ、資源を他者に求めながらも、自社が提供するものは既存の経験や資源に基づく。ジョイント・ベンチャーには、コミットの方法によりさまざまなタイプがある。一方の極には、提携（アライアンス）という最も緩いコミットメントが

あり、もう一方の極には合弁がある。

提携には生産提携、販売提携、技術提携がある。近年、異業種間の提携は急増している。この提携の目的は補完関係の充足にあり、互いに欠ける経営資源を提供し合うことで共存を図るものである。

提携をさらに強化するために、互いに出資するだけでなく、人材を送り込んで合弁会社を設立し、新規事業に取り組むことがある。合弁にはリスクを分散できる利点がある反面、参加するメンバーが多いほどコンフリクトが生じやすく、その調整には多大な努力が必要である。それにもかかわらず、合弁の件数が増え続けているのは、自社単独では環境変化に対応できないためである。

新規事業を共同開発するために、資本関係を持った合弁企業を設立することもあるが、このほかに資本関係を持たないものもある。それは「協同組合方式」と「コラボレーション」に分類される。協同組合方式の代表例は、かつて旧通商産業省のもとで組織化された「次世代半導体共同開発組合」である。日本の複数の半導体開発メーカーがこの組合に参加し、次世代半導体の開発を行った。競争相手である企業が、共同で技術の開発し、その成果を共有化するものであった。同様なものとして、「技術研究組合最先端半導体技術センター（LSTC）」もつくられた。この組合は、次世代半導体の設計・製造基盤を確立するための新しい研究開発組織として設立され、日米共同での次世代半導体の技術開発・量産化を目指している。米国や欧州でも、同様に国が主導する形で共同開発組合が組織化されている。これらの取り組みは、新たな技術開発を推進し、産業全体の競争力を高めるための重要な戦略となっている。

ただし、日米での共同開発の意味は必ずしも同じではない。米国の一部の企業は、自前開発を行わず、最適な技術を外部から集めてベストなモノを選択するオープン・イノベーションを行い、持続的な競争優位を築こうとしている。たとえば、モバイルデバイスやパソコンのリーダー企業は、自社で開発したOSやデザインを活用しつつ、他社の半導体やディスプレイなどを組み合わせて製品をつくる。それと反対に、日本の半

導体企業は、かつて世界市場シェアのトップを独占し半導体王国と豪語していたにもかかわらず、独創的技術開発にこだわり続けた結果、首位の座を失った。技術と流行の先端を走っていたポータブル音楽プレーヤーやディスプレイの企業も同じく成功の復讐から免れなかった。技術のキャッチアップに時間を要する時期には、自社で先端技術を開発し、それを応用した新製品を独占することが可能だが、技術が瞬く間に普及する時代に入ると、模倣を超えるキャッチアップ戦略、あるいはシーズのアウトソース戦略をとる企業が優位に立つ。バイオ医薬の開発競争は数週間〜数カ月の差があるにすぎない。

新しいタイプの共同開発方式が、コラボレーションである。パソコンの開発は細かく水平に分業化されている。たとえば、オペレーティングシステム（OS）、データベース、本体であるハードウェア製造企業、CPU（中央演算処理装置）、記憶半導体、液晶ディスプレイなど、それぞれに個別の企業が存在している。

そのため、電子媒体、インタフェース、ソフトウェア、パソコンなどでは規格ごとに連合軍が組まれ、熾烈な競争が行われる。デ・ファクト・スタンダード（事実上の標準規格製品）をとったほうが勝ちになるわけだから、それぞれの連合軍は必然的にコラボレーション（協働）せざるを得ない。協働をはじめあらゆる提携では、能力獲得競争が行われている。技術開発の後に、あらゆる製品はコモディティ化するので、最後の勝ち組となるのは、模倣やキャッチアップが困難な技術開発ができる企業か、コモディティ化市場向けの技術と製造能力を持つ企業である。

（4）戦略的買収（M&A）

新規事業開発で最も劇的で影響力のある手法が買収である。企業戦略として買収や事業買収を決定するのは、スピードが重要である。この機を逃すとその分野への参入が不可能になる等の危機感から選ばれる。このように買収は戦略の加速を目的としている。日本では、戦略としての買収も増加しており、中小企業の事業承継の選択肢としてM&A紹介事

業も積極的に行われている。しかし、買収や提携では見込み違いや過大評価のリスクがある。適切な事業選択、交渉能力、社内外のマネジメント知識を持ち、事業を有利に展開する能力と戦略が求められる。

戦略的買収は、日本企業の中では比較的、暗いイメージでとらえられてきた。終身雇用制と「イエ」意識に基づく社会的かつ心理的抵抗もあったためであろう。しかし、現在では企業が生存するための戦略の1つとして、企業買収やTOB（Takeover Bid＝株式公開買付け）などが定常的に行われるようになってきている。株主投資家や経営者の暴走から守ると同時に、守るべき企業倫理やコンプライアンスの問題、そのための法的整備の必要性など、多くの課題も残っている。

なお、以上に見たジョイント・ベンチャーを含めた外部組織の活用ならびに戦略的買収に関しては、次節以降において詳細に検討していく。

3　新規事業開発の成功要因

新規事業開発を成功に導くためには、戦略が必要である。新規事業開発は、しばしば生物の種の保存戦略にたとえられる。たとえば、サケのような生物は、その種を保存するためにたくさんの卵を産む。その卵のうちのほんのわずかだけが生き残って、またたくさんの卵を産むことで種の保存の循環ができ上がる。これに対して、人間や象などの大型哺乳類は、少数の子どもを産み、時間をかけて丁寧に育て上げる。この両者の違いは、前者が多産多死の戦略をとり、後者が少産少死の戦略をとることである。サケのような生物には危険が満ちているために、できる限りたくさんの子どもを産んでその危険に対処する。一方、大型動物には危険が少ないので、少ない子どもで十分なのである。

新規事業開発の戦略も同様である。1つは、多くの新規事業を立ち上げ、その中からわずかな成功事例を見つけ出す方法である。もう1つは、限られた数の新規事業をスタートさせ、徐々に成長させていく方法である。どちらの戦略も、新規事業にはリスクが伴うが、リスクをどのよう

に管理するかが、戦略的な観点で重要である。

新規事業開発では、以下の点を考慮し、戦略を策定する。

① 市場性

② 成長性

③ 採算性

④ 競合性

⑤ 既存資源の活用

⑥ タイミング

⑦ 政府・経済・社会的条件

⑧ キャッチアップの出現

市場性では、ニーズの有無を問うが、図表14-1-2のように市場での
ポジションにより市場性評価が異なる。自社製品と直接競合し置換され
る場合は、是が非でも開発する必要がある。逆に、競合しない、あるい
は間接的に競合する異なる製品コンセプトの場合は、市場性は僅少だと
して放置することができる。市場でのポジションによって、開発するか
しないか見解が分かれるのはそのためである。

また、市場にはさまざまなニーズが存在するが、それが必ずしも事業
につながるとは限らない。しかし、既存にはない新市場をつくる破壊的
イノベーションでは、新市場は既存市場を代替する。既存企業にとって、
顕在ニーズよりも潜在ニーズを見つけ出すほうが難しいからである。既
存事業にとって脅威となれば新参企業は敗北してしまうことを考慮した
うえで市場性評価をする必要がある。しかし、既存企業は、新規事業よ
り本業に代わる次の成長機会を提供することを優先する。結果として、

図表14-1-2 ● 市場における競合様式と成功・失敗の関係

市場における競合様式	市場におけるポジション	
	既存企業	新規参入企業
直接競合	成功	失敗
直接競合しない（間接競合）	失敗	成功

将来市場の成長性と代替性の有無よりも、本業を優先して評価してしまう点に注意が必要である。

このように、新製品・新サービスの市場性を評価する際には、本業に直接脅威となるもの、つまり本業と直接競合する場合、既存企業が市場開発に成功する。既存市場を失うと困るからである。他方、直接競合せず、現状で脅威とならない異なる事業に対しては、将来的に市場が代替されるとしても市場性がないまたは非常にわずかであるとみなす。新規参入にとっては、抵抗されないまま、新規事業の開発を成功できる。したがって、新規事業の市場性と成長性をいかに予測するかが重要である。

このことに関連して、採算性評価にあたり、投資収益率（ROI）の計算方法を将来への投資が可能になるように改良する必要がある。一般には、3年で黒字転換、5年で累積損失一掃というのが標準的投資回収ルールである。近年では、DCF（Discounted Cash Flow＝ディスカウント・キャッシュフロー）法を利用した算定方式が普及しているが、将来得られる利益を割り引く際に、財務部門は手元資金を増やすために、過大な割引率を使わせる。財務指標は一時的に改善されるが、将来の生存可能性は低くなる。財務と長期投資のバランスには注意を要する。

新規事業は決して独り舞台ではない。最初にその事業を始めても、必ずしも創業者利潤は自分の手に入るわけではない。むしろ、後から来た大手に侵食されることが多い。そうでなくても、新興国や他の企業に横取りされることがある。つまり、新規事業を起こそうとする場合は、常に将来起こりうる競争の姿を思い描き対処する必要がある。

タイミングも重要な検討要因である。多くの新規事業が失敗する大きな原因にタイミングがある。多くの新規事業は「早すぎる」という問題を抱えている。タイミングよく成功した好例は、日本企業のいいとこ取りをしたスマートフォンである。先端を走っても時機尚早ということが多い。

政治・経済・社会的条件の検討内容は常に見直す必要がある。これまでとまったく異なる方向へ変化しているためである。DX（デジタル・ト

ランスフォーメーション）は、企業や社会全体のデジタル技術の活用を促進し、これまでつながっていなかったものをつなぎ、データの分析を通して新しい価値を次々と生み出している。これに加え、スマートフォンやタブレットなどのモバイル端末が普及し、AI（人工知能）が日常生活と仕事や多くのビジネス分野で活用され、社会経済や生活全般に大きな変革が起こっている。

このように予測不能な状況に対し、自由をどこまで規制するのかで揺れ動いている。多くの国で、自立を目指し国益を優先しようとする意識が明確化してきた。特に、歓迎されて進出した企業が、相手国の都合で国際法に基づく取り決めや慣習を反故にされることもある。資金や投下資本の持ち出しを制限する国もある。途上国に限らず先進国においても、自国のための保護規制が突然発動されることもある。

他方、規制緩和は大きなビジネスチャンスを生み出す。航空会社、携帯電話、通信事業、電力、小売業、金融サービス、医薬品、運輸、そして高等教育などの規制事業が好例である。これらの産業は、規制緩和により市場への新規参入が容易になり、競争が活性化されることで、新たなビジネスモデルやサービスが生まれている。逆に、規制関連事業を新規事業にすることは困難が大きい。建設産業、郵便事業、上下水道などがその例である。エッセンシャルなモノやインフラとなる産業について、他国からの自由な進出を許せばすべての国内産業が影響を受ける。大局的な視点での検討が求められる。

最後に、キャッチアップを利用するだけでなく、予期しないところからの動きに注意を要する。標準化とグローバル化は、主流となる国や企業が進め、競争優位を強化するための道具でもある。ところが、標準化しても変化が止められない環境下で、インフラを整備してしまうと、それに拘束されて容易に変革できない。それに比べて、最新のインフラを最初から整備できる新興国は、リープフロッグ型（急速な技術革新が発生すること）発展を遂げている。たとえば、固定電話や金融インフラを持たなかった国で、携帯電話と電子決済が一挙に広まった。これら新し

いテクノロジー企業から、先進国やそのプラットフォームであるGAFA（Google、Amazon、Facebook、Apple）等に代わる新しいプラットフォーム企業が誕生している。また、プラットフォーマーの囲い込み戦略に対し、直接競合しない形で市場を塗り替えようとする動きもある。所有から使用が重視される時代になり、新規事業の機会があふれる一方で、予測が困難になっている。したがって、現状に対応しつつ新規事業開発を行う両利きの経営が求められるわけである。

第 2 節 外部組織の活用

学習のポイント

◆企業の外部戦略には分社化、グループ戦略、戦略的提携、の3つがある。
◆戦略的提携は多くのメリットがある一方で、あいまいな関係を維持することが難しいため、提携後の実行管理が重要となる。
◆企業間のつながりを企業間ネットワークと呼び、戦略的に構築と維持をしていく必要がある。
◆特定の地域に特色のある企業が集積しネットワークを構築しているものを、産業クラスターと呼ぶ。

1 戦略的提携の管理（アライアンスマネジメント）

　第2章でも見たように、戦略的提携は、契約までのプロセスも重要であるが、契約後の提携の実行プロセスも同様に重要である。経営資源の組み合わせが適切な相手を選択し完璧な提携契約を交わしたとしても、それだけでは提携による成果は得られない。実際、半数近くの提携が失敗に終わり、その原因が企業間の組織文化や業務プロセスの違いによることが明らかになっている。提携は市場取引と合併の中間であり、両者のメリットを最大限享受できるように思われるが、実行の管理と成果の確保が難しい。経営資源の適切な共有や組織間学習の促進によって提携を成果に結びつけるには、どのような工夫が必要であろうか。

　その点に関し、近年では、戦略的提携を管理するうえで、特に提携の実行管理の重要性が指摘されている。それをするために、米国では、戦

略的提携の専門管理者を育成する目的を持った団体（The Association of Strategic Alliance Professionals）が設立され、提携実行管理の専門家や提携管理担当の専門部門の設置に力点が置かれている。日本でも、提携管理の専門家を社内に配置する企業もある。提携管理の専門家、あるいは専門部門が、組織間コンフリクトを回避・解決することによって提携解消を避け、提携の成果を得られるように組織間・組織内の問題解決を支援する。提携管理の専門家を支援するツールやチェックリストが整備され、こうしたツールを利用することで提携を上手に運営できるようになっている。

　ただし、注意が必要なのは、提携管理は専門家や専門部門を設置すればそれでよいわけではなく、全社的に提携に適応した組織構造やプロセスを同時に整備することが必要である。特に、オープン・イノベーション時代にあってはアライアンスマネジメントの重要性が増している。

2 企業間ネットワーク戦略

（1）企業間ネットワークが求められる背景

　現在の企業が直面する経営環境はきわめて不安定でスピードが速く、不確実性が高い環境にある。こうした環境下では、それぞれの企業が自社のみで環境に適応することが難しくなっている。そのため、他の企業との積極的な連携によって環境適応を果たそうという動きが活発になってきている。このような企業間のつながりを指して、企業間ネットワークと呼ぶ。

　企業間ネットワークには、以下のようなメリットがある。

　1つ目は、異質な情報や知識、経営資源の獲得によるイノベーションの可能性が挙げられる。特に、グローバルな企業間ネットワークにおいては、自社のみでは得られない他社からの知識や情報との融合が図られ、それがイノベーションへとつながる可能性が高まる。

　2つ目は、自社が持たない技術を持つ企業との相互補完によって、環

境の複雑性に対応できる点が挙げられる。ある技術において専門性を持っていても、その技術だけでは対応できない場合、補完できる技術を持つ企業との企業間ネットワークを構築することで、自社の技術を生かしたイノベーションや製品化が可能になる。

　企業間ネットワークはもはや経営戦略の一環として、意図的に構築される。従来の株式の持株制度やメインバンク制、系列企業とは違った、新たな価値の創造を前提とした企業間ネットワーク戦略が重要となってきている。

（2）企業間ネットワーク戦略

　企業間ネットワークを戦略的に構築するにあたって、注意すべき経営戦略において重要な企業間ネットワークの特徴をいくつか挙げる。

① ネットワークの経済的効果

　企業間でネットワークを構築することは、経済的な意味を持っている。その理由は、規模の経済、範囲の経済、およびネットワーク外部性が関与するからである。

　規模の経済性は、生産や流通において規模を大きくすることによって費用を引き下げる効果である。企業間ネットワークを構築する場合、複数の企業が協力して事業を行えば、一企業よりも規模の経済性を発揮しやすくなる。

　範囲の経済性は、1つの業務単位内の諸過程が複数の製品の生産や流通に用いられるときに発生する費用削減の効果である。企業は経営資源をすべて活用できているわけではなく、遊休部分が発生する。企業間ネットワークを通じてお互いに利用し合うことで、範囲の経済性が発揮できる。異なる製品を販売したり、別の製品に組み込んで新たな製品として販売したりすることで、遊休資産を有効活用できる。

　ネットワーク外部性は、「同じ製品やサービスを消費する個人の数が多ければ多いほど、その製品やサービスの消費から得られる効用が高まる」現象を指す。たとえば、電話やファックスは利用者が少ないと価値

が低いが、利用者が増えると通信相手が増え、価値が向上する。この価値は利用者増により増加する。

② 計画型ネットワークと創発型ネットワーク

取引のネットワークを考えた場合、それは取引条件を共有し、相互にそれを守りながら迅速かつ正確な行動をすることが前提となる。どちらかの指示に対して、一方は迅速に従うというタイトな、硬い関係によって成り立つ。一方、取引以外のネットワークを考えた場合、信頼以外の両者の共有条件は薄い。一方の依頼に対して、他方が応じる義務は発生しない。その点から見ると、相互に自立した関係であり、こうした自立した関係によって成り立つのがルーズな、柔らかいネットワークであるということができる。

この点から企業間関係を見ると、その形態には計画型と創発型の2つが考えられる。計画型ネットワークは階層的な構造を持ち、全体の目標や役割が明確に定義されている目的遂行型のネットワークである。これは、硬いネットワークであるともいうことができる。一方、創発型ネットワークは構成主体の関係が対等であり、ネットワークの目標や機能が関係性から流動的に決定される。ネットワーク構造や構成主体の目的は刻々と変化する。柔らかいネットワークであるといえる。

こうした企業間ネットワークの違いがある中で、今後の経営戦略で求められていくのは、柔らかいネットワークであろう。柔らかい、ルーズにつながれた企業間ネットワークは、イノベーションや企業革新に深く影響を及ぼす。企業間ネットワーク戦略とは、環境に適応しうる企業間ネットワークの構築であり、いわば環境に適応した企業革新の戦略なのである。

（3）産業クラスターとネットワーク

日本には、特定の地方に特色のある企業が集積している例が多く存在している。たとえば、兵庫県、大阪府、京都府では産学連携をベースにしたバイオテクノロジー産業が盛んである。また、東京都大田区や大阪

府東大阪市では、中小企業による金属部品加工などのモノづくり関連企業が集まっている。

　産業クラスターは、学際的な研究領域である。経済学からのアプローチとして経済地理学や空間経済学、さらに経営学からのアプローチとして経営戦略論、ネットワーク組織論、イノベーション研究といった学問領域からのアプローチがある。少なくとも5つのアプローチが類似した議論を進めているため、微妙に言葉遣いが異なるが、ここでは主として経営学の研究結果を紹介する。たとえば、クラスターに属することの優位性は、経済学的視点ではスピルオーバー、経営学的視点では知識移転の議論である情報の粘着性から語られる。同じ現象であっても概念が異なるため、注意が必要である。

　クラスターは、以下のように定義されている。「特定分野における関連企業、専門性の高い供給業者、サービス提供者、関連業界に属する企業、大学・規格団体・業界団体などの関連機関が地理的に集中し、競争しつつ、同時に協力をしている状態」（ポーター、1998）である。

　ポーターは産業クラスター論において、競争戦略論を国（あるいは地域）の競争優位について議論を拡張している。彼は、なぜ特定の国や地域に属していることが企業の事業活動にとって有利に働くのかを考え、国やクラスターが競争優位を確保するための4つの条件とそれらの複雑な相互作用により、全体としての競争力を高めようとすることをダイヤモンドモデルとして示している。

① 関連・支援産業

　有能な供給業者や競争力ある関連産業が存在していること。ただし、ダイヤモンドの相互作用があることに力点がある。

② 要素（投入資源）条件

　自然資源、人的資源、資本、物的インフラ、行政インフラ、情報インフラ、科学技術インフラなど。つまり、要素の量とコストによって要素の質と専門化が決まる。

③ 企業戦略と競争の環境

地域における競合企業間の競争のタイプや程度を決定づける規範、ルールなど。たとえば、投資環境（労働市場などの各種市場）と政府の規制と許認可政策がポイントである。

④　需要条件

要求水準の高い顧客、先取的な顧客ニーズ、世界的に展開可能な専門セグメントでの例外的な需要。たとえば、日本企業にとって日本市場は世界で最も厳しい要求水準を出す市場であった。

産業クラスターは、国や地域にとって重要であることもさることながら、企業にとっても有効に活用する必要がある。地理的に近接し産業が集積すると、集積の利益が発生する。

産業クラスターに所属する利点としては以下のものがある。

①　粘着性の高い情報へのアクセス

産業集積がある地域に所属しなければアクセスに時間がかかる情報の入手ができることを意味する。たとえば、最新の学術成果は論文になる前に小規模な地域内での研究発表などで知ることができるため、この地域にいる企業はより早くアクセスが可能である。

②　組織間学習の促進

地域の分業ネットワークに所属することによって、組織間での知識の迅速な共有が可能になる。

③　専門人材の確保

地域内で転職が容易になり特定の職種の専門人材が集まり、また融通が可能になる。

④　正の外部経済の享受

通信・輸送費用の削減、同業者の集積による規模の経済や範囲の経済など、正の外部経済による利益を享受できる。

⑤　正統性の確保

特定の地域に位置していることが、企業の評価や社会的正統性を向上させることを意味する。シリコンバレーに所属していることが一流のIT

企業として認知されることなどの例がある。

　近年では、産業集積の中心的役割を果たすアンカー企業に注目が集まっている。関連部品製造企業やサービス関連企業は、アンカー企業がもたらす地域外部にある需要によって取引が拡大し、立地の優位性が保持される。さらに、関連企業や研究所などの集積が連鎖することにより地域内で密なネットワークが形成され、効率的で効果的な組織間ネットワークが形成されていくからである。

第 3 節 M&Aの戦略

学習のポイント

◆M&Aは、時間を圧縮するための方法の１つであり、自社では効率的でない事業を整理したり、逆に自社にとって必要な資源を入手するために行われる。

◆企業価値の評価にあたっては、インカム・アプローチ、マーケット・アプローチおよびコスト・アプローチの３つのアプローチがあり、アプローチごとに各種評価手法がある。

◆エンタープライズDCF法は、資金提供者に帰属する将来キャッシュフロー（フリーキャッシュフロー）を、株主資本コストと負債コストの加重平均資本コストで現在価値に割り引いて事業価値を算出する手法である。

◆類似会社比準法は、類似する上場会社の株式時価総額を、営業利益等の財務数値で割って倍率を算定し、その倍率を非上場会社の財務数値に乗じることで間接的にその非上場会社の株主資本価値を算定する手法である。

1 M&Aと企業価値評価

　Mは Merger（合併）、Aは Acquisition（買収）の意味を持つ。自社で長期的に成長をねらうことは時間がかかる。M&Aは、時間を圧縮するための方法の１つである。自社では効率的でない事業を整理するか、逆に自社にとって必要な資源を入手するために行われる。日本ではバブル期以降にM&Aという呼称が定着した（北地・北爪、2005）。ただし、そ

れ以前にも事業の売却や買収が珍しかったわけではない。無関連な多角化から、より戦略性とコア・コンピタンスを意識した事業の絞り込みや整理という意識から積極的に検討されるようになったのである。

M&Aでは、どのように多角化するのかという全社戦略を軸に、戦略性やコア・コンピタンス、そしてシナジーを踏まえてM&A戦略を考える必要がある。外部環境分析、SWOT分析、製品市場マトリックスの分析、経営資源を分析するVRIO（Value：価値、Rareness：希少性、Imitability：模倣可能性、Organization：組織）フレームワークによる自社内の経営資源の分析やシナジー分析等を行って戦略を立てる。経営戦略の基本的なスキルが重要な要素である。

M&Aについては以下のような手順で行う。ここで重要なことは、契約前と契約後でマネジメントできる対象が異なるということである。

プレ・ディールとは、ディール（M&A案件の契約）の前（プレ）を意味する。契約前のマネジメントのプロセスには、次のようなものが含まれる（北地・北爪、2005）。

① 現状分析
② M&A戦略の設定
③ M&Aの計画
④ M&Aの候補作成
⑤ M&Aの候補への接触
⑥ ターゲットへのアプローチ

①では、経営戦略論のフレームワークを活用して、自社事業と外部環境の分析を行う。そして、②でも、同じく経営戦略論のさまざまなフレームワークを用いて基本的な戦略を設計する。事業を拡大するにあたって市場の成長性や自社のノウハウがうまく活用できるかなど、十分に注意する必要がある。

③では、事業のポートフォリオ、社内資源、シナリオ分析、M&A後の組織の形態を検討する。④では、戦略的スクリーニング、デューディリジェンス、社内体制を検討する必要がある。

　ポスト・ディールとは、ディール（M&A案件の契約）の後（ポスト）を意味する。つまり、M&A後の統合のマネジメントである。契約後のマネジメントのプロセスには、次のようなものが含まれる（北地・北爪、2005）。

① 買収基本合意
② デューディリジェンス
③ 価格設定
④ 買収契約と契約のクロージング
⑤ 統合

①の買収基本合意後に、②の本格的なデューディリジェンスを行う。ここには、財務面だけではなく法務面での分析が加わる。③の価格設定と交渉の後、④の最終的な買収となる。だが、⑤の統合作業をいかにうまく進めるかが買収後の成果の差に表れる。組織文化が大幅に異なる場合や業務の標準的プロセス（SoP：Standard Operating Procedures）が異なる場合には、すぐに統合の効果が出ない。あるいは買収が失敗に終わる可能性もある。

　プレ・ディールとポスト・ディールでできることとできないことを正確に判断し、そのうえで問題解決には早期に対処していくことが必要になる。

2　企業価値評価のフレームワーク

　M&Aのように経営支配権を取得するような長期投資において、買収先企業（以下、「ターゲット企業」という）が買収後も自社とシナジー効果を発揮して長期にわたり成長可能なのかを見極め、適切な企業価値評価を行うことは重要である。そのため、経営者はまずターゲット企業の買収価格の客観性を確保するべく、公認会計士等第三者評価機関による企業価値評価書を入手し、それを参考にしつつ、価格交渉を行っていく。もっとも企業価値は株価のように一義的に決まるものではなく、さまざ

まな前提状況を踏まえて多面的に算出されることから、前提条件によって評価額が大きく変わりうるものである。その際、売り手と買い手の双方が企業価値評価に関するフレームワークを共有していれば、評価の前提条件や評価手法等が妥当なものであるのか議論を行い、交渉をスムーズに進めていくことが可能となる。したがって、最初に企業価値評価のフレームワークについて述べていく。

（1）3つの価値概念

まず、企業価値評価の前提として、事業価値、企業価値、株主資本価値という3つの価値概念がある点を理解しておく必要がある。後述する評価手法には、直接事業価値を算定するもの、企業価値を算定するもの、株主資本価値を算定するものがあるため、この3つの価値の関係を把握しておけば、どの価値も間接的に算定することができる。→図表14-3-1

① 事業価値……事業価値は、事業から創出される価値を指し、事業用資産と事業用負債を後述する評価手法を用いて評価したものである。貸借対照表に計上されない事業用無形資産等もここに含まれる。

② 企業価値……企業価値は、事業価値に加え、非事業用資産・非事業用負債も含めた企業全体の価値を指す。事業用資産・負債と非事

図表14-3-1 ●事業価値、企業価値、株主資本価値の関係

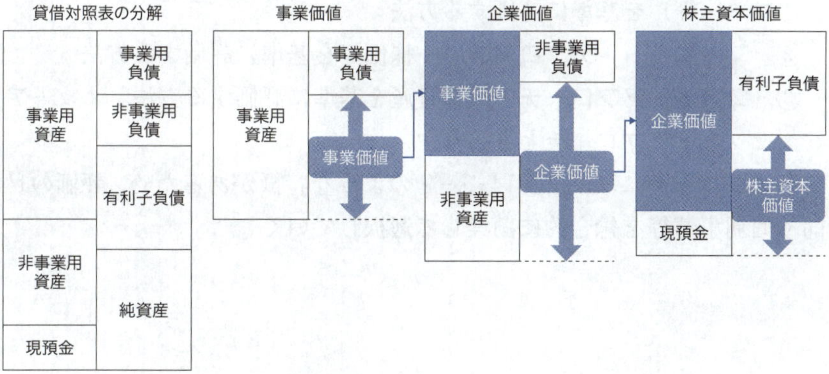

業用資産・負債の区分にあたっては、事業運営に直接関係するか否かで判断する。たとえば、事業には直接関係のない投融資や遊休資産等は非事業用資産となる。

③ **株主資本価値**……株主資本価値は、企業価値から他人資本である有利子負債（借入金・社債等）を控除した、株主に帰属する価値を指す。

（2）取引価格の決まり方

M&Aにおいては、株主資本価値はスタンドアローン価値とも呼ばれターゲット企業が単独で事業継続した場合の価値のことであるが、これにM&Aによるシナジー効果を織り込み、取引価格を検討する。売り主にとっては、売却価格がスタンドアローン価値を上回ることが望ましく、買い主にとっては、買収価格がスタンドアローン価値にシナジー効果を加えた価値より下回ることが望ましいが、最終的には両者の交渉の結果、取引価格が決まる。

（3）企業価値評価の３つのアプローチ

企業価値評価手法にはさまざまなものがあるが、通常、以下の３つのアプローチが採用されている。

① **インカム・アプローチ**……期待される収益力（利益、キャッシュフロー等）を基準に評価する方法

② **マーケット・アプローチ**……株価等を基準に評価する方法

③ **コスト・アプローチ**……純資産を基準に評価する方法。ネットアセット・アプローチともいう

各アプローチには、図表14-3-2のような特徴があるため、評価の目的や個別事情等を総合的に勘案して選択していく。

図表14-3-2●3つの評価アプローチの一般的な特徴

項　　目	インカム・アプローチ	マーケット・アプローチ	コスト・アプローチ
①客観性	△	◎	◎
②市場での取引環境の反映	○	◎	△
③将来の収益獲得能力の反映	◎	○	△
④固有の性質の反映	◎	△	○

◎：優れている　○：やや優れている　△：問題となるケースもある

出所：日本公認会計士協会『企業価値評価ガイドライン』p.27より

（4）評価手法

　M&Aにおける企業価値評価手法には、図表14-3-3の手法がある。各手法には長所・短所があるため、ターゲット企業の事業特性、ライフステージ、財産内容および取り巻く環境等によって妥当な評価手法を選択していくこととなる。

　企業価値評価額の客観性や妥当性を高めるために、複数の評価手法を併用する場合もある。たとえば、DCF法による評価額が1,400百万円から1,800百万円、類似会社比準法による評価額が1,600百万円から2,000百万円であるとした場合、その重複する1,600百万円～1,800百万円を評価結果とするようなケースである。→図表14-3-4

3　DCF（Discounted Cash Flow：割引現在価値）法

　インカム・アプローチの中でよく利用されているのがDCF法である。DCF法は、まず事業価値として、将来キャッシュフローを一定の割引率で割り引いて現在価値（割引現在価値）を算定する。その後、非事業用資産・負債の加減を通じて企業価値を算出し、最後に有利子負債（借入金・社債等）を控除して、株主資本価値を算定するという手順をとる。→本節 2（1）参照

図表14-3-3 ● 主な評価手法の概要・特徴

評価アプローチ	評価手法	概　要	特　徴
インカム・アプローチ	DCF（割引現在価値）法	・企業が生み出す将来キャッシュ・フローを、想定割引率を用いて現在価値に割り引き、企業価値を算定する方法	・企業固有の収益力、リスク、時間的価値を考慮することが可能 ・将来の収益力、割引率、成長率等に関する判断が恣意的にならないよう工夫が必要
マーケット・アプローチ	株式市価法（市場株価法）	・ターゲット企業（上場企業）の株価の一定期間の平均値をもって評価する方法	・市場価格に基づくため客観的 ・計算が容易 ・市場取引価格と実際の価値と乖離している場合は調整が必要 ・非上場企業の評価には不向き
	類似会社比準法（倍率法・乗数法）	・ターゲット企業と類似する上場企業の株式時価総額を、利益等の財務数値で除して株価倍率を算定し、ターゲット企業の財務数値にその株価倍率を乗じて評価する方法	・市場価格に基づく類似企業の株価倍率を参照するため客観的 ・計算が容易 ・非上場企業の評価にも利用可能 ・類似企業の選定において恣意性が入る可能性がある ・企業固有の事情が反映されない
	類似取引比準法	・類似するM&A取引事例を用いて取引倍率を算定し、ターゲット企業の財務数値にその取引倍率を乗じて評価する方法	・実際の取引事例に基づく類似企業の取引倍率を参照するため客観的 ・非上場企業の評価にも利用可能 ・類似取引の選定において恣意性が入る可能性がある ・我が国ではM&Aの取引データが整備されておらず、取引事例の入手が困難な場合も多い
コスト・アプローチ	修正純資産法（時価純資産法）	・ターゲット企業の貸借対照表の資産・負債を時価で評価し直し、純資産額を算出して評価する方法	・個別資産・負債の分析を伴うものであり、比較的客観的 ・将来の収益力が評価に反映されない

出所：KPMGFAS（2011）p. 171 を改変

図表14-3-4 ● 複数の手法を併用する場合

（単位：百万円）

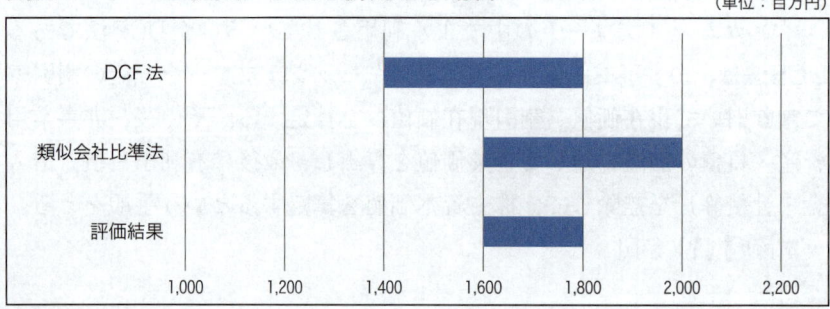

DCF法							
類似会社比準法							
評価結果							
1,000	1,200	1,400	1,600	1,800	2,000	2,200	

（1）割引現在価値とは

　いま手元にある100万円は1年後の100万円と同じ価値であろうか。金利を5％とすると、手元の100万円は1年後には100万円×1.05＝105万円になり、この105万円を将来価値と呼ぶ。逆に、1年後の100万円を現在の価値に引き直す（割り引く）と、100万円÷1.05≒95万円ということになる。1年後の100万円の現在価値は95万円ということとなり、手元の100万円より下回る。したがって、手元にある100万円のほうが1年後の100万円よりも価値があるということになる。このように、割引現在価値とは、将来の収入が現在はいくらの価値を持つかを表すものである。

　さきのケースは、1年後に100万円を受け取るという1回限りのケースであったが、毎年継続して永久的に100万円を受け取るとした場合の割引現在価値はいくらになるであろうか。→図表14-3-5

図表14-3-5 ●割引現在価値のイメージ

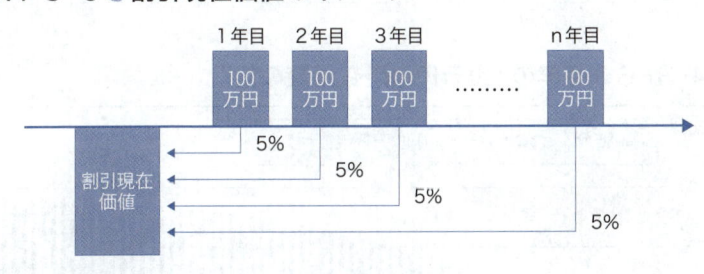

$$1年後の100万円の現在価値 = \frac{100万円}{1.05} \fallingdotseq 95.2万円$$

$$2年後の100万円の現在価値 = \frac{100万円}{1.05^2} \fallingdotseq 90.7万円$$

$$10年後の100万円の現在価値 = \frac{100万円}{1.05^{10}} \fallingdotseq 61.4万円$$

$$50年後の100万円の現在価値 = \frac{100万円}{1.05^{50}} ≒ 8.7万円$$

$$\vdots$$

$$70年後の100万円の現在価値 = \frac{100万円}{1.05^{70}} ≒ 3.3万円$$

$$\vdots$$

割引現在価値はこれらの現在価値をすべて足したものであり、最終的に以下の算式で求められ、

$$割引現在価値 = \frac{100万円}{0.05} = 2,000万円$$

となる。→図表14-3-6

$$割引現在価値 = \frac{キャッシュフロー}{割引率}$$

図表14-3-6 ● 毎年の100万円の現在価値の累計

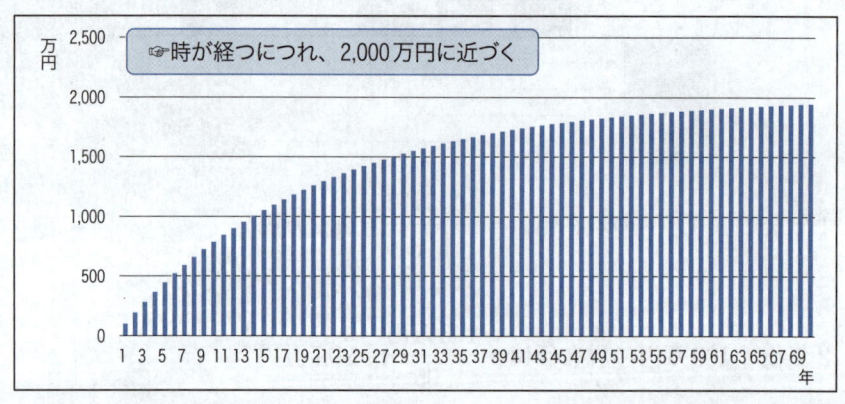

ところで、さきのケースでは、毎年受け取る金額が100万円という固定額であったが、企業経営の現実においては、固定額の受け取りということはあり得ない。特にM＆Aに際しては、ターゲット企業が成長する

という前提で行うものであることから、一定の成長率を見込んで割引現在価値を算定すると、次のとおりとなる。→図表14-3-7

図表14-3-7 ● 成長率を加味した割引現在価値

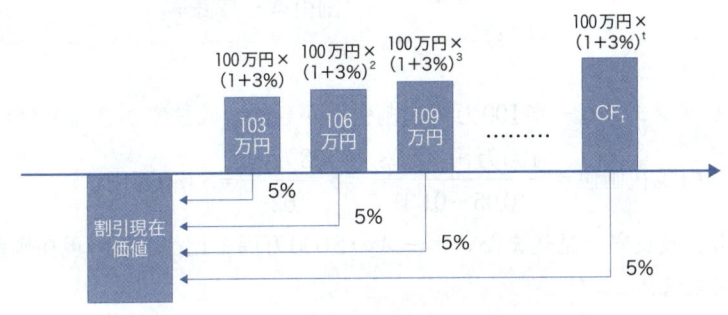

$$1年後のCFの現在価値 = \frac{100万円 \times 1.03}{1.05} \fallingdotseq 98.1万円$$

$$2年後のCFの現在価値 = \frac{100万円 \times 1.03^2}{1.05^2} \fallingdotseq 96.2万円$$

$$10年後のCFの現在価値 = \frac{100万円 \times 1.03^{10}}{1.05^{10}} \fallingdotseq 82.5万円$$

$$50年後のCFの現在価値 = \frac{100万円 \times 1.03^{50}}{1.05^{50}} \fallingdotseq 38.2万円$$

$$70年後のCFの現在価値 = \frac{100万円 \times 1.03^{70}}{1.05^{70}} \fallingdotseq 26.0万円$$

※CF = キャッシュフロー

すなわち、成長率を加味した割引現在価値は、次の算式のとおり、キ

ャッシュフローに成長率を加味した金額を（割引率－成長率）で除して求めることができる。

$$割引現在価値 \ = \ \frac{キャッシュフロー×（1＋成長率）}{割引率－成長率}$$

キャッシュフローが100万円、割引率が5％、成長率が3％の場合、

$$割引現在価値 = \frac{100万円×1.03}{（0.05-0.03）} = \frac{103万円}{0.02} = 5,150万円$$

となり、成長率を見込まないケースの2,000万円と比べ、割引現在価値は大きくなる。

（2）エンタープライズDCF法

DCF法にもさまざまな手法があるが、M&Aにおける企業価値評価の実務で活用されているのがエンタープライズDCF法である。エンタープライズDCF法は、投資家目線のみならず、債権者目線も加えた企業目線（enterprise value）としての企業評価（株主価値＋債権者価値）の考え方をとっている。具体的には、資金提供者（債権者＋株主）に帰属する将来キャッシュフロー（フリーキャッシュフロー）を、株主資本コストと負債コストの加重平均資本コスト（WACC：Weighted Average Cost of Capital）で現在価値に割り引いて事業価値を算出する手法である。

エンタープライズDCF法では、予測期間（通常5年）のキャッシュフロー（CF）は事業計画等をもとに予測を行い、6年目以降のキャッシュフローについては、残存価値（継続価値ともいう）という考え方を用いて算定を行う。残存価値とは、6年目以降は一定の成長率でキャッシュフローが獲得できるという仮定した場合の、5年目終了時点の割引現在価値である。割引率にはWACCを用いる。そうすると、次の算式により事業価値の算定が可能となる。→図表14-3-8

$$事業価値 = (A)予測期間の CF の現在価値の総和 + \frac{(B)残存価値}{(1 + WACC)^5}$$

$$(A)予測期間の CF の現在価値の総和 = \frac{1年後の CF}{(1 + WACC)}$$

$$+ \frac{2年後の CF}{(1 + WACC)^2} + \frac{3年後の CF}{(1 + WACC)^3} + \frac{4年後の CF}{(1 + WACC)^4}$$

$$+ \frac{5年後の CF}{(1 + WACC)^5}$$

$$(B)残存価値 = \frac{5年後の CF \times (1 + 成長率)}{割引率 - 成長率}$$

図表14-3-8 ●エンタープライズDCF法のイメージ

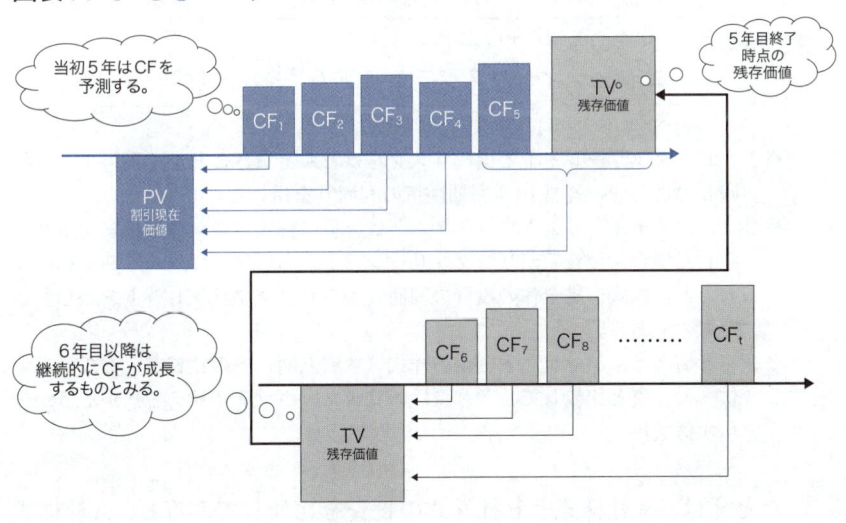

出所：宮川（2016）p. 70を一部加筆修正

（３）割引率

WACC（加重平均資本コスト）は次の算式で算出される。

WACC＝株主資本比率×株主資本コスト＋負債比率×負債コスト×
（１－実効税率）

$$※ \quad 株主資本比率 = \frac{株式時価総額}{株式時価総額 + 純有利子負債(有利子負債 - 現預金)}$$

$$※ \quad 負債比率 = \frac{純有利子負債}{株式時価総額 + 純有利子負債}$$

① 株主資本コスト

株主資本コストは、投資家がターゲット企業に投資する際に期待する投資利回りのことで、経営者にとっては越えなければならないハードルでもあるため、ハードルレートとも呼ばれる。株主資本コストは、以下の算式によって算出される（CAPM理論：Capital Asset Pricing Model）。

> 株主資本コスト＝リスクフリーレート[※1]
> ＋エクイティ・リスクプレミアム[※2] × β（ベータ）値[※3]

※1　リスクフリーレートとは、リスクをほとんど負うことなく獲得できる利回りのことで、通常10年長期国債の利回りを用いる。

※2　エクイティ・リスクプレミアムとは、仮に株式市場全体に投資すると仮定した場合、投資家がリスクフリーレートから追加的に求める期待利回りのこと。株式市場全体の投資の利回りからリスクフリーレートを差し引いたものである。

※3　β値とは、ターゲット企業の株式（個別銘柄）への投資が、株式市場全体への投資と比較して、どれだけのリスク（ボラティリティ）があるかを示す係数。

たとえば、A社株式とB社株式の投資を比較してみると、A社株式（$\beta < 1$）は、株式市場全体よりもボラティリティが低く、B社（$\beta > 1$）は株式市場全体よりもボラティリティが高いことを示している。したがって、β値が大きいほどリスクが高くなる。また$\beta = 1$の場合は、個別銘柄のリスクは株式市場全体のリスクと同一であることを意味する。→図表14-3-9

図表14-3-9 ●ベータの概念図

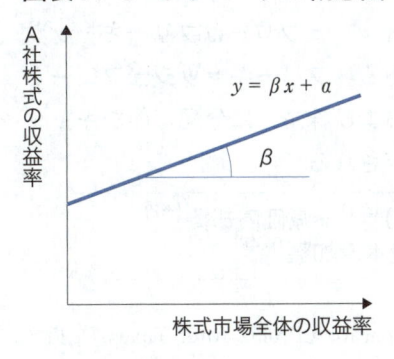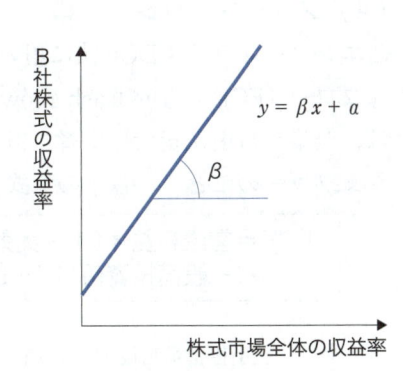

出所：宮川（2016）p.51を一部加筆修正

② 負債コスト

負債コストは、有利子負債のコスト、つまり金利を指す。ただし、支払利息は法人税の課税所得の計算上損金算入されることから、その節税効果を反映し、（1－実効税率）を乗じて算定する。→図表14-3-10

図表14-3-10 ● WACCの算定例

		Weight
①リスクフリーレート	1.0%	
②エクイティ・リスクプレミアム	5.4%	
③β（ベータ）値	1.2	
株主資本コスト＝①＋②＋③	7.5%	60%
④負債利子率	2.0%	
⑤実効税率	30.0%	
税引後負債コスト＝④×（1－⑤）	1.4%	40%
WACC	5.0%	

（4）フリーキャッシュフロー

　エンタープライズDCF法に用いるキャッシュフローはフリーキャッシュフロー（FCF：Free Cash Flow）である。**フリーキャッシュフロー**とは、企業が自由に資金提供者（債権者および株主）に分配可能なキャッシュフローのことで、以下の算式で算定される。

> FCF＝営業利益×（1－実効税率）[※1]＋減価償却費[※2]
> 　　　－設備投資額[※3]－運転資本増加額[※4]

※1　税引後営業利益（NOPAT：Net Operating Profits After Taxes）を指す。営業利益として、金利・税金差引前利益（EBIT：Earnings Before Interest and Taxes）を用いることが多い。
　　　すなわち、NOPAT＝EBIT×（1－実効税率）となる。
※2　減価償却費は、資金流出を伴わない会計上の費用であることからFCFの算定上、足し戻す。
※3　設備投資額は、資金流出を伴うが、会計上の資産であり費用ではないことからFCFの算定上、控除する。
※4　運転資本増加額とは、売上げや仕入れの計上と入出金のズレである売掛債権、買掛債務等の増減額のことで、運転資本（売掛債権等－買掛債務等）が増加する場合利益から控除し、運転資本が減少する場合は足し戻す。

　以上のように、FCFは会計上の税引後営業利益を出発点とし、キャッシュベースに修正を加えることで、間接的にキャッシュフローが算定されることとなる。

（5）エンタープライズDCF法による算定例

　以上説明してきた点を織り込んで、エンタープライズDCF法で株主資本価値を算定してみよう。→図表14-3-11
　事業計画に基づき予測された利益計画をベースにFCFを算定すると、（1年目）△55百万円、（2年目）182百万円、（3年目）221百万円、（4年目）254百万円、（5年目）290百万円となる。これらをWACC（5％）で割り引くと、現在価値は、（1年目）△53百万円、（2年目）165百万円、

図表14-3-11 ● エンタープライズDCF法による算定例

（単位：百万円）

	1年目	2年目	3年目	4年目	5年目	6年目以降
売上高	2,000	2,200	2,420	2,662	2,928	
売上総利益	800	880	968	1,065	1,171	
（売上総利益率）	40%	40%	40%	40%	40%	
販管費	511	552	596	655	720	
受取配当金	8	8	8	8	8	
EBIT	297	336	380	418	459	
（売上高EBIT比率）	15%	15%	16%	16%	16%	
法人税等（実効税率30%）	89	101	114	125	138	
NOPAT	208	236	266	292	321	
減価償却費	60	70	80	90	100	
設備投資額	(300)	(100)	(100)	(100)	(100)	
正味運転資本増加額	(23)	(23)	(26)	(28)	(31) 直近3年平均値↓	
FCF	(55)	182	221	254	290	255
成長率（6年目以降）						2.0%
残存価値						8,669
割引率（WACC）＝5％	0.9524	0.9070	0.8638	0.8227	0.7835	0.7835
現在価値	(53)	165	191	209	227	6,792
事業価値	7,532	←上記現在価値の合計				
非事業用資産	150					
非事業用負債	(70)					
企業価値	7,612					
投融資	200					
現預金	400					
有利子負債	(2,500)					
株主資本価値	5,712					
発行済株式総数（千株）	1,000					
1株当たりの株主資本価値（円）	5,712	※（ ）はマイナスを表す。				

（３年目）191百万円、（４年目）209百万円、（５年目）227百万円という結果となる。

　一方、残存価値は３年目から５年目の平均FCFである255百万円を成長率２％、WACC５％の前提で算定すると、8,669百万円となる。これをさらに、WACC５％で割り引いた現在価値は6,792百万円である。

1年目から5年目の各期の現在価値および残存価値の現在価値を足し合わせると、7,532百万円という事業価値が算定される。これに非事業用資産・負債を加減算した企業価値が7,612百万円、これに投融資と純有利子負債（有利子負債－現預金）を加減算した株主資本価値が5,712百万円となる。これを発行済株式総数で割ると、1株当たりの株主資本価値は5,712円ということになる。

果たして5,712円がこの企業の適正な価値を表しているかどうかは、事業計画や成長率、割引率次第であることから、これらが妥当であるか売り手と買い手が納得するまで試算および議論を重ね、これにシナジー効果による価値を考慮したうえで、交渉がまとまれば、M&Aにおける取引価格が決まるのである。なお、シナジー効果については、事業計画に反映する場合もあれば、プレミアム的な形で価値算定を行うという方法もある。

4 類似会社比準法（倍率法・乗数法）

次に、マーケット・アプローチの1つである類似会社比準法を見てみよう。類似会社比準法は、非上場会社の株主資本価値を算定するにあたり、類似する上場会社の株式時価総額を、営業利益等の財務数値で除して倍率を算定し、その倍率を非上場会社の財務数値に乗じることで間接的にその非上場会社の株主資本価値を算定するという手法である。倍率法または乗数（マルティプル）法とも呼ばれる。→図表14-3-12

この方法は、上場会社の類似企業の公表財務数値や株価に基づいて評価額を算定することから比較的客観性の高い評価手法であり、また計算方法がDCF法のように複雑ではないので理解しやすいという長所がある。一方で、類似会社を選択するにあたって恣意性が伴ったり、類似会社が見つからなかったりするという短所もある。

M&Aの評価の現場においては、エンタープライズDCF法を基礎としつつも、マーケットの評価を反映した類似会社比準法でDCF法の評価結

図表14-3-12●類似会社比準法の概念図

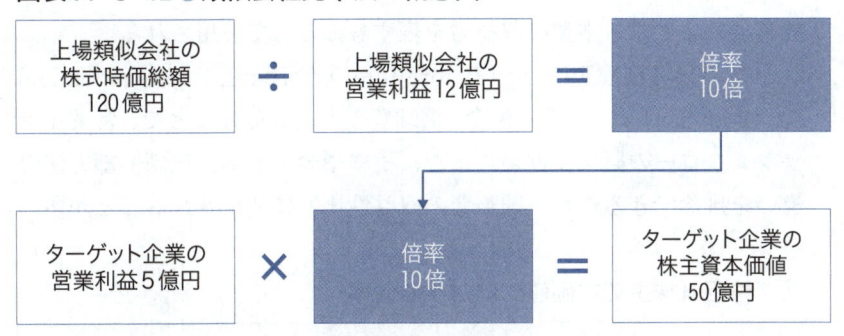

(注) 実際には営業利益を倍率とする指標で直接求められるのは事業価値であり、そこから本節 **2** (1) に掲げた調整により間接的に株主資本価値が求められる。

出所：KPMGFAS（2011）p. 55を一部修正

果を検証することが多い。

(1) 倍率

　類似会社比準法に用いられる主な倍率には、以下のようなものがある。
　① 事業価値に対する倍率

$$\cdot 売上高倍率 \ = \ \frac{事業価値}{売上高}$$

$$\cdot 営業利益倍率 \ = \ \frac{事業価値}{営業利益}$$

　② 企業価値に対する倍率

$$\cdot EBIT倍率 \ = \ \frac{企業価値}{EBIT}$$

$$\cdot EBITDA倍率 \ = \ \frac{企業価値}{EBITDA}$$

EBIT（Earnings Before Interest and Taxes）は、金利・税金差引前利益のことで、本業の収益力を表すものとして使用される。

一方、EBITDA（Earnings Before Interest, Taxes, Depreciation and Amortization）は、金利・税金・償却費差引前利益のことで、営業キャッシュフローの概念に近い。また、税率や金利水準、減価償却方法の違いを排除できるため、国際間の収益性比較に使用されることが多い。

③ 株価（株主資本価値）に対する倍率

$$\text{PER} = \frac{\text{株式時価総額}}{\text{当期純利益}} = \frac{\text{株価}}{\text{1株当たり当期純利益（EPS）}}$$

$$\text{PBR} = \frac{\text{株式時価総額}}{\text{純資産}} = \frac{\text{株価}}{\text{1株当たり純資産（BPS）}}$$

PER（Price Earnings Ratio）も PBR（Price Book ratio）も株式投資における代表的な指標である。PERは株式時価総額が利益の何倍の水準にあるかを示すもので、PERが高いほど株式が買われていることになり、投資家が将来の利益成長を期待していることになる。分母には、一時的な当別利益や特別損失が含まるので、異常値を示すこともあるため、分母に経常利益を用いることもある。

一方、PBRは、株式時価総額が純資産の何倍の水準にあるかを示すもので、PBRが1倍を下回っていることは解散価値よりも低いことを表す。ただし、分母の純資産は簿価ベースであるので、含み益が反映されていない点に留意する必要がある。

（2）類似会社の選定

類似会社の選定にあたっては、業種・業界、規模、事業戦略、製品・サービス構成、地域、資本構成、利益率および成長性等を総合的に勘案し、ターゲット企業に類似した上場企業を5社から10社程度選定するこ

とが望ましい。

（3）類似会社比準法の算定例

　上場している類似会社から5社選定し、公表財務数値等から各種倍率を計算するが、実績値よりも業績予想数値を用いることが多い。ただし、実績値と乖離している場合は原因を究明したうえで調整を加える必要がある。また、株式時価総額についても一定の幅を持たせて算定するケースが多い。

　その後、各種倍率を図表14-3-13のように算出する。倍率算定にあたっては、実態に応じて5社平均値や中央値（メディアン）を用いる。

　次に算定した類似企業の各種倍率から、ターゲット企業の評価を行う。本ケースにおいては、平均値を用いることとする。ターゲット企業の各

図表14-3-13●類似会社の各種倍率算定例

（単位：倍）

ベース	指標	A社	B社	C社	D社	E社	平均値	中央値
事業価値	売上高倍率	4.1	3.5	2.7	2.2	1.7	2.8	2.7
	営業利益倍率	30.4	19.5	35.2	27.4	21.0	26.7	27.4
企業価値	EBIT倍率	26.0	32.1	23.3	15.8	22.7	24.0	23.3
	EBITDA倍率	22.8	30.2	18.2	21.8	15.2	21.6	21.8
株主資本価値 （株式時価総額）	PER	18.3	16.1	14.8	13.4	14.0	15.3	14.8
	PBR	1.8	1.3	1.2	0.9	0.7	1.2	1.2

図表14-3-14●ターゲット企業の事業価値・企業価値および株主資本価値の算定例

（単位：百万円）

ベース	指標	ターゲット企業の予測値	倍率平均値	事業価値	非事業用資産－非事業用負債	企業価値	投融資	純有利子負債	株主資本価値
事業価値	売上高	2,000	2.8	5,600	80	5,680	200	2,100	3,780
	営業利益	289	26.7	7,716	80	7,796	200	2,100	5,896
企業価値	EBIT	297	24.0	7,048	80	7,128	200	2,100	5,228
	EBITDA	357	21.6	7,631	80	7,711	200	2,100	5,811
株主資本価値 （株式時価総額）	PER	480	15.3	9,164	80	9,244	200	2,100	7,344
	PBR	6,250	1.2	9,320	80	9,400	200	2,100	7,500

種財務数値に倍率を乗じることで、事業価値・企業価値および株主資本価値が図表14-3-14のように算定される。

　前記の算定結果、類似会社比準法による事業価値・企業価値および株主資本価値は以下のとおりとなる。

事業価値	5,600百万円 　～　 9,320百万円
企業価値	5,680百万円 　～　 9,400百万円
株主資本価値	3,780百万円 　～　 7,500百万円

　一方、エンタープライズDCF法で算定した事業価値7,532百万円、企業価値7,612百万円、株主資本価値5,712百万円と比較してもこの範囲内に収まっていることから、マーケットの視点で見ても、概ね妥当な範囲内であると判断される。

Column　コーヒーブレイク

《会計の終焉?》

　昨今、企業価値を大きく決定する要因となっているのは研究開発投資や知的財産投資等の無形資産である。しかし、現在の会計基準においては無形資産の多くがオフバランスとなっており、財務諸表には表れてこない。

　レヴ&グー（2016）では、膨大な量の精緻な実証研究をもとに、従来の財務諸表の有用性の低下を論証しており、「会計の終焉（the end of accounting）」と表現している。そして、持続的な競争優位を獲得するにあたって、投資家の事業の戦略や経営者による実行の程度を評価するために必要となる本質的な情報を投資家に提供することを目的として、「戦略的資源・帰結報告書（SR & CR：Strategic Resources & Consequences Report）」の導入が提案されている。

　また昨今、長期投資家が投資リターンのみならず、社会課題の解決に真摯に取り組む企業に投資するESG投資が世界的な潮流となってきており、企業価値評価に必要な情報も従来の財務情報から無形資産や非財務情報に大きく変化している。これらの情報を各種評価手法においてどのように織り込むべきなのかまだ統一された見解はなく、現在、試行錯誤が続けられているところである。

第14章　理解度チェック

次の設問に、〇×で解答しなさい（解答・解説は後段参照）。

1　新規事業開発のパターンとして、市場の動向と株式市場の動向、景気動向などの変動パターンによって４つに分ける分類が挙げられる。

2　新規事業の内部開発の問題点は、結果として企業の持つこれまでの経験や技術に影響を受け、まったく新規のモノをつくり出すことが難しいという根本的問題である。

3　企業間ネットワークは、現在の経営においては経営戦略の一環として意図的に目的を持って構築されるものとなっている。

4　DCF法では、事業の過去の実績から得られた価値を現在価値に計算し直すことにより、事業の現在価値が決められ、投資評価を行うための尺度となる。

第14章　理解度チェック

1 ✕

新規事業にとって重要なのは、扱う製品やサービスの市場の連続性とテクノロジーの連続性がどう位置づけられるかである。その2つの軸を中心に、内部開発、社内ベンチャー、ジョイント・ベンチャー、戦略的買収といった4つのパターンに分類される。

2 ◯

新規事業の内部開発は、利点として既存の経営資源が利用できる点があるが、それゆえ、これまでの経験や資源、ノウハウに依存してしまい、まったく新しい事業創造が難しいという本質的なジレンマが考えられる。

3 ◯

企業間ネットワークは、従来の株式の持ち株制度やメインバンク制、系列企業とは違った、新たな価値の創造を前提とした、経営戦略の一環として意図的に目的を持って構築される企業間ネットワーク戦略として重要となってきている。

4 ✕

DCF法は、事業から将来的に得られる価値を現在価値に計算しなおすことで、投資評価を行うための尺度とする。このようにして得られた事業の現在価値を合計すれば企業の現在価値＝企業価値となるため、異なる企業間の企業価値を定量的に比較することができる。

これからの経営戦略

この章のねらい

　これからの経営はさまざまな難しい課題を抱えることとなるであろう。本章では、これからの経営戦略を考えるにあたっての3つの大きな流れについて考察する。1つ目は、グローバルな競争激化である。企業はすでに国内市場のみでは成長が難しくなってきている。国際化が進む中で、企業はどういった経営戦略を策定していくべきなのか。2つ目は、企業価値創造の経営である。資本市場の発達により、企業は自社の製品やサービスの市場だけでなく、資本市場において自身の企業価値を高める経営を求められている。3つ目は、企業の社会貢献活動である。CSRは企業経営に欠かせない要素であり、環境や人権に配慮する姿勢が重要視されている。企業は業績だけでなく、社会的課題への取り組みも評価される時代になっている。また、その評価が資本市場において高い企業価値を生み出す源泉ともなるのである。

第 1 節 | 国際化と 戦略・組織の変化

学習のポイント

◆国際化には多くの困難が伴う。これまで企業が直面してきた問題とその克服の方法を知ることで、国際化のための戦術を理解する。

1 国境を越えると変わる要因

現代において、企業活動が国内で完結することはなくなった。それは生産、販売、調達、研究開発、サービスの提供が一国内で完結することはなくなってきたことを意味する。たとえば、アパレル産業である。その生産は主に発展途上国で行われる。

国際化した企業の活動は、当該国から海外に出ていく活動と海外から入ってくる活動に大別される。前者は、国内企業による国内工場での製品生産から国内販売、そして国内製品の海外輸出を指す。海外輸出は経営の国際化を考えるうえでの第一歩である。一方で後者としては、海外からの技術導入また原材料の輸入から始まる国際経営が挙げられる。

経済産業省海外事業活動基本調査によれば、2022年度末における現地法人数は製造業、非製造業を合わせておよそ2万4,400社である。これだけ多くの日本企業が海外に進出すれば国内産業の空洞化が深刻な問題になるように思われる。だが、天野（2005）は、積極的に国際化している企業のほうが国内への雇用の還元が大きいのではないかという仮説を示している。企業レベルにおいても国際化によって負の側面ばかりに注目

するのではなく、積極的に国際展開することによって国内雇用に貢献する姿勢が求められるであろう。

　企業が自国から他国へと進出していくことによってどのようなことが変わるのであろうか。ヒト、モノ、カネ、情報といった経営資源は、国境を越えるときにどのような点が異なるのか。国境を越える際に企業が考慮すべきポイントは以下のとおりである。

① 　文化的な隔たり

② 　制度的な隔たり

③ 　地理的な隔たり

④ 　経済的な隔たり

　これらの要因は海外で活動をする企業に問題と制約をもたらす一方で、それによるメリットをもたらす要因でもある。

　第1に、文化的な隔たりである。これは、生活様式、宗教、言語など、文化にかかわる国ごとの違いである。たとえば、ある国では大きな自動車が好まれる傾向にあるが、別の国では環境に配慮したコンパクトカーが好まれる傾向にある、といったことである。

　第2に、制度的な隔たりである。各国の法律、また政治を挙げることができる。たとえば、企業としては安い労働力を使い、世界中から良質で安価な材料を調達し、生産を行いたいが、各国の政治によって実現が阻まれる、といったことである。

　第3に、地理的な隔たりである。地理的な隔たりとは、本国の本社からの距離である。距離が離れるほど時差、移動時間が負担になり、進出国のマネジメントが困難になる。

　第4に、経済的な隔たりである。先進国、中進国、新興国では、所得水準が大きく異なる。本国の製品では、スペックが高すぎることが多いため、進出国に合わせた開発が必要になる。

2　国際経営と競争

（1）国際化と競争

　技術革新のスピードと並んで、現在の経営環境の不確実性増大の大きな要因となっているのが、グローバル環境下における競争の激化である。従来、日本を含め多くの先進国は自国の市場において、自国の企業間で競争し、その中で生存していくことができた。しかし、多くの産業がすでに自国の市場だけでは企業成長を実現することが難しくなり、その目を海外の市場へと向けたのである。日本企業をはじめとした先進工業国企業の場合には、成長のために市場を拡大するだけではなく、進出先の国の規制、特に輸入代替政策への対応として現地での雇用や波及効果をもたらすために現地生産に移管していった経緯もある。

　企業における国際化と戦略のあり方について考察を加えているバートレット＆ゴシャール（1998）の研究をもとに、グローバル経営とは何かを検討し、国際経営環境下において企業がとるべき戦略とは何かを考えていくこととする。

（2）グローバル経営における戦略

　グローバル経営の本質は、基本的には通常の企業経営と何ら変わるところはない。大きな違いがあるのは、先述したように経営環境や利害関係者が複数の国家や文化圏にまたがっていることから、きわめて複雑であり、同時にきわめて不安定で不確実な点である。

　そうした環境でいかに競争上の優位性を築くのかが、グローバル経営の要諦となる。世界規模での競争優位性を構築するためには、企業は3つの戦略目標を達成しなければならない。それは、効率、柔軟性、学習である。

①　効率

　グローバル経営において、企業は自社の実行している活動の中に世界規模の経済性を実現しなければならない。さまざまな企業活動を世界的

規模で統合することから得られる利益、つまり、規模による経済性から得られる利益である。一方で、各国ごとに変更することから得られる利益もある。この2つの利益をいかにバランスよく選択するために、次に述べる柔軟性を持つことが重要となる。

② 柔軟性

グローバル経営では必然的に各国・各地域に個別の対応を促す柔軟性を備えていなければならない。文化差や制度の違いがあるため、柔軟に現地ごとに対応する必要がある。

そのためには、各企業には新たなリスクと機会を生むさまざまな変化と不連続性を見極めるだけの環境分析と、すばやい反応が求められる。このような状況では、企業の戦略は、先取り的に資源を確保し長期的なプランニングを追求することより、漸進的で状況に応じた戦略展開、すなわちプロセス型の戦略策定が重視される。

③ 学習

グローバル経営において直面する経営環境の特徴は多様性である。この多様性の存在は、直面する企業に多くの刺激を与え、内部に多様な能力を開発する機会を与えると考えられる。つまり、純粋に国内だけで事業を行う企業と比較し、広く学習する機会を得ることができるのである。グローバル経営の最後のポイントは、こうした組織の内部に取り込まれる多様性によって実現する広範な組織学習をいかに企業の優位性として持続的に維持できるか、という点にある。

しかし、単に多様性があるだけでは、組織学習は進展しない。組織学習を可能にするには、企業として学習を進める機会を明確な目標としてとらえ、この学習プロセスを促進するしくみ・システムを構築する必要がある。

（3）グローバル経営における経営戦略

以上に見た戦略目標を実現するためには、従来のグローバル経営では難しいと考えられる。バートレット＆ゴシャールは、分散と集中のバラ

ンスの観点から、グローバル経営における企業戦略を以下の4つに分けている。

① マルチナショナル戦略

② インターナショナル戦略

③ グローバル戦略

④ トランスナショナル戦略

それぞれの戦略を見ると、マルチナショナル戦略は、各国ごとの差別化アプローチを進めることを目的とし、インターナショナル戦略は、コストを削減し売上げを増やすための技術革新を達成することを目的としている。グローバル戦略は、コスト面の強化を行うことで競争優位を確保することを目的としている。これらの戦略は、グローバル経営における部分的な利益しか享受できてない、とバートレット＆ゴシャールは指摘する。そして、これらの戦略のすべての目的を達成する戦略こそがトランスナショナル戦略である、と述べている。

トランスナショナル戦略においては、企業は資産と能力を活用するために複雑で差別化された構造を築き上げることが必要となる。資源の適切な分散と集中を行い、さらに組織の構造も権限を分散するのではなく

図表15-1-1 ●グローバル経営における経営戦略の特徴

	マルチナショナル戦略	インターナショナル戦略	グローバル戦略	トランスナショナル戦略
戦略の目指す方向	強力で、資源を備え、企業家精神を備えた各国支社を通じて、各国ごとの差異に対応する柔軟性を築く	世界規模の拡張と適用を通じて本社の知識と能力を開発する	世界規模の、中央に集約された経営を通じてコスト優位性を築く	世界規模の効率、柔軟性、学習能力を同時に開発する
資産と能力の構成	権限分散とかなりのレベルの自己充足性	重要なコンピテンシーの集約化とその他の分散化	中央集約化と世界規模の拡大	拡散化、相互依存、専門化

出所：バートレット＆ゴシャール（1998）、p. 76を一部改変

広範に機能するような組織形態（たとえば、マトリックス組織）を模索する必要がある。以上、それぞれの戦略の特徴をまとめたものが、図表15-1-1である。

　しかし、実際にこうしたトランスナショナル戦略を実行できている企業は、世界的に見ても非常に少ない。近年では、一国の国内市場だけでも非常に複雑性が増し、変化のスピードも速まってきている。さらに、政治的情勢や世界経済の状態も不安定になってきており、グローバル経営におけるリスクや不確実性は増大する一方である。従来の分析型アプローチでは、常に変化する環境に対応することは難しい。そのためにも、より柔軟で迅速あるいは即座に対応するプロセス型の戦略アプローチが必要となるのである。

（4）企業の国際化とその発展段階

① 多国籍企業

　多国籍企業とは、一般的に海外子会社や合弁会社を持って国際的に経営活動をしている企業を指す。企業が多国籍化する背景は、歴史的状況によりそれぞれ異なる。日本の例を挙げれば、国際化は輸出中心の活動から始まった。その後、1985（昭和60）年のプラザ合意を経て、企業は海外生産にシフトを始めた。しかし、なぜ企業は国際化・多国籍化するのであろうか。製造業を例に考えてみたい。

　先述したように進出先の国において、経済、文化、政治はそれぞれ異なり、企業は活動に対するリスクを背負っている。外国企業が、その国の現地企業に交じって事業活動を行うのはなぜなのだろうか。国際経営のパイオニアであるハイマー（1960）は、その理由として特に「優位性の保有」*を指摘している。外国企業が現地国企業をしのぐ経営資源などの優位性を保有している場合、現地国企業よりも大きな収益が見込まれる。よって、その収益確保の1つの方策として現地への進出が考えられるのである。優位性を利用する前提となるのは市場の不完全性である。市場競争が十分でない場合、またその不確実性が高い場合、外国企業は

情報やコストなどの優位性を用い、利益を確保しようとする。しかし、優位性を持っているからといって、現地へ進出するかどうかは別問題である。わざわざ外国へ行かずとも、優位性を持った製品を国内から輸出すればいいのである。進出するかどうかは基本的に進出にかかわる費用条件で決まる。

> *ハイマーは2点を指摘しており、もう1つは「競争の排除」である。他国の企業を支配することで、自社企業との競争を排除しようとするとき、多国籍企業が生まれる。

② プロダクトサイクル理論と国際経営

優位性を別の観点から考察した理論に、プロダクトサイクル理論がある。製品が導入期、成長期、成熟期、衰退期というライフサイクルを進むに従い、製品の生産技術が向上することで、生産コストが低下する。また、他の企業による製品の模倣が可能となる。そのような状況で、競争優位を保つため、生産コストが低い海外に工場を立地していく。このように、新製品が先進国で開発・生産されてから開発途上国に生産が移るまでの貿易と直接投資の動態的な変化を説明できる。

導入期においては、ユーザーからのフィードバックと市場ニーズに対応するため、国内生産が望ましい。成長期に入ると競争が激化し、企業は低価格化に対応する必要がある。この段階では、輸出を続けるか現地生産に切り替えるかを検討する必要がある。すなわち、模倣品や類似製品、ライバル企業の出現が、現地への進出を促す要因となる。この先、低賃金労働力を利用する目的だけで現地生産を始めると、価格競争の結果、現地からの輸入が増加する。プロダクトサイクル理論では、製品のライフサイクルに応じて市場戦略を調整することが重要であるとされるため、成長期や成熟期には現地生産や現地市場への進出が必要となる。これは、競争優位性を確立するためだけでなく、模倣品や類似製品などの競争の脅威に対応するためでもある。

ところが、近年のグローバル化は、プロダクトサイクル理論と現実の間にギャップを生じさせている。多国籍企業は一国中心のピラミッド型

からネットワーク型組織へと進化し、親会社だけでなく海外子会社も多様な機能を持つようになっている。これにより、新たな戦略の策定が必要となっている。

たとえば、**グローバル・バリュー・チェーン（GVC）理論**は、設計から販売までの全プロセスが国際的に分散されていることを説明する。この理論は、企業がグローバルなネットワークを構築し、各国の比較優位を活用する方法に焦点を当てている。

また、**ネットワーク理論**は、企業が国際的なネットワークを通じて資源や情報を共有し、競争力を高める方法を説明する。この理論は、企業間の協力やパートナーシップの重要性を強調している。

さらに、**エコシステム理論**は、企業が他の企業や組織と協力し、共生関係を築くことで全体の競争力を高める方法を説明する。この理論は、特に技術革新や新興市場での成功に重要とされており、新しい国への進出や進出後の市場維持にも適用できる包括的な理論である。企業は国際的な共生関係を築くことで技術革新や市場適応を促進し、競争力を高めることができる。

③ 非製造業の「輸出」

一方、現代ではモノの消費から体験の消費へ、つまり第3次産業、サービスへの注目が高まってきた。サービスについては、その体験の瞬間しか経営資源を使わない、という特徴があり、経営資源そのものを専有することはコスト高となってしまう現実がある。

サービスの特性としては、

① 無形性……目で見えず、行為・作用・機能として把握される
② 同時性（不可分性も含む）……売り買いした後にモノが残らず、生産と同時に消費される。生産と消費を切り離すことが不可能
③ 異質性……品質の標準化と均質化の達成が難しい
④ 非貯蔵性……サービスは消滅する
⑤ 非有形性……触ることができない、はっきりとした形がないため、商品を購入前に見たり試したりすることが不可能である

が挙げられる。

サービスの核となるものは（ラブロック＆ジップ、1996）、

① 人が生み出すサービス……医療・飲食・宿泊など。立地制約的なもの

② 所有物に対するサービス……車の修理・クリーニングなど。近年は遠隔地からも可能なものが増えている

③ 情報を基盤とするサービス……価値を創造するサービス（銀行など、データの計算・解釈・伝達を行い、価値を創造する）

であり、以上をいかに提供していくのかが重要となる。提供形態として考える必要があることは2タイプあり、モジュラー化が可能なサービスなのか（技術設計など）、もしくはインテグラル型のサービスなのか（個別対応サービス）を見極める必要がある。つまり、国際経営を行う企業全体を見る包括研究よりも、業種別での分析が必要である。

④ 国際対応の人材と内なる国際化

以上のように企業が国際展開をするうえでは、勘案する点は多く存在する。その中でも国際的にどのような人材を発掘し、育てていくのかは重要な問題である。

まず多国籍企業を考える中で、人材は①本国籍人材、②子会社の所在する国の人材、③本国籍人材でも現地国籍人材でもない、というパターンが存在する。さらにその人材の働く場所を考えると、本国、現地、まったく関係ない国という3つのパターンが存在し、その採用・人材育成を考慮する必要が出てくる。

人材育成といっても、(1) 現地におけるビジネスの制度や環境の影響がある。どんなにすばらしい人材育成プログラムを考案しても、影響をあらゆるところから受ける。また、(2) 子会社から見れば親会社からの国際的適合への圧力がある。親会社が持つ商工慣行、商習慣の影響を受けてしまう場合、そして親会社の本国の商習慣が親会社を通じて移転してしまう場合がある。そして、(3) 他の組織におけるよりよいシステムやベストプラクティスを学ぶ場合である。以上から考えられることは、人材

育成について、一般化が可能なのか、もしくは一般化は無理であると考えるのか、さらに一般化は無理であるとは思うが、育成のシステムを導入するのに積極的なのか消極的なのか、にパターン化される。

アベグレンは、1958年に『日本の経営』において、日本企業に共通する特徴として「終身雇用」「年功序列」「企業内労働組合」の3つを指摘した。これがのちに「日本的経営の三種の神器」とも呼ばれることとなる。しかし、日本的な経営実践が競争力を失いつつあるのは事実であり、国際的な潮流に合わせ国際化に対応する必要が出てくる。

吉原（2002）によれば、日本企業において、海外子会社の人の現地化はロワー・マネジメントではほぼ進行済みであるが、上層階層（特に社長や役員レベル）の現地化はほとんどないと指摘している。日本企業の国際経営は、日本人が経営する国際経営である。経営判断が求められる重要事項でのコミュニケーションが日本親会社と行われるとき、現地語を使用することがない。つまり、親会社を中心に経営が行われる現状では、日本語を使うことになる。

かなり以前より、内なる国際化の必要性が叫ばれている。内なる国際化の概念はさまざまな分野で用いられているため、混乱の多い概念である。国際経営学の分野では、内なる国際化を日本の親会社の国際化として用いている。それは、(1)日本の親会社の意思決定過程に外国人が参加していること、あるいは、(2)外国人が参加できる状態にあること、を意味している。

一般的に外国人の人材活用は、特に国際進出の著しい企業にとって今後の成長に欠かせないが、国際化する企業特有の以下の問題がなかなか解決されていない。

① 現在でも日本語が公用語となっている

いくつかの企業が英語の社内公用語化に取り組んでいる。だが、ほとんどの企業において公用語は日本語である。内なる国際化のことを考えれば、日本語が公用語になっている企業で日常的に外国人が活動することは難しい。

② グラスシーリング「ガラスの天井」が存在する

管理職、取締役会の構成員を見ればすぐにわかるように、外国人比率がきわめて低い。

ただし考えなければならないのは、どのような人材を育てたいかである。多国籍企業のメリットとして各国の優れた経営資源、特に人材を自社の経営資源として活用できることが挙げられる。しかし、経営資源としての人材が、そもそも一般化が無理なのであれば、親会社を向いた人材という可能性があり得るのも確かである。人的資源のパターンを考え、個別最適化ではない全社的な戦略を考える必要がある。その先にグローバル人材としての姿を見ることができるのではないだろうか。

第 2 節 企業価値創造の必要性

学習のポイント

◆事業環境の変化と資本市場の発達により、企業は、顧客市場（製品・サービス市場）だけではなく、資本市場においてもみずからの価値について意識し、企業価値を創造することが求められている。

◆企業価値を創造するためには、さまざまなステークホルダーとの適切な協働が不可欠である。

◆企業価値を創造するための設計図が経営戦略であり、それぞれの企業にマッチした指標設定と経営者・従業員によるモニタリングが重要である。

1 企業価値認識の重要性

　現在、株式会社では、2種類の市場で競争するための戦略が要求されている。2種類の市場とは、製品・サービス市場と資本市場である。これまでの経営戦略の主要な関心は、前者の製品・サービス市場に向けられていた。極端にいえば、経営者は、製品・サービス市場に対してよりよい製品を安く提供してさえいれば、企業そのものの資本市場での価値、すなわち「企業価値」について特に意識することなく企業経営に携わることができたし、多くのステークホルダーや社会的環境もそれを是とする傾向にあった。そのことから、経営者の多くは、資本市場に対して特別な関心を持たず、意思決定の基礎となる会計データについては、比較的大雑把なものを扱うだけであった。

　しかし、現在の企業環境のもとでは「企業価値」を十分に理解することが要求される。そして、経営者は企業価値を高めるため、価値そのものを創造するための不断の経営努力を求められている。なぜなら、資本市場での競争で勝ち残るためには、**キャッシュフロー**をベースとした経営を行い、適正な利益を確保し、資本市場での自社の企業価値を高めることが必要になるからである。

2　企業を取り巻く環境の変化

（1）事業環境の変化

　コープランドほか（1993）は、企業が資本市場においても自社の企業価値について意識することが求められるようになった背景として、以下の事業環境の影響を挙げている。

①　機会の均等化

　今日では、入手可能な資本の増加、有能な人材の流動化、経営支援サービスの利用および入手可能な情報の増加等により、企業規模にかかわらず成長機会の均等化が進んでいる。たとえば、資金が投資機会を求めて自由に移動し、**ベンチャー・キャピタル**や高利回り債権への投資、クラウドファンディングへの投資等が活発化している。こうした環境下では、大規模な一流企業でなくても、高い成長性を期待できるベンチャー企業や、高度な技術力を持つ中小企業等が市場から必要な資金を調達できるようになる。要するに、これまでどういう企業であったか、どのぐらいの規模なのか、といった評価もさることながら、今後どういった成長をしていくのか、企業価値を高めていけるのか、といった将来志向的な視点で評価を受けることができれば、小規模・新興の企業であっても資金調達や成長機会を享受することが可能となってきている。

②　不確実性の増大

　企業を取り巻く環境の変化が激しくなり不確実性が増大しているため、従来の優位性が失われてきた。たとえば、金融等の規制緩和に続き、電

話通信・電力・教育をはじめ多くの産業で規制緩和が進行している。さらに、多くの産業でグローバルな競争がより激しく展開され、グローバルな規模でリストラクチャリング、戦略提携や買収・合併が増加している。このような環境変化の中で、企業は経営戦略やそれぞれの事業戦略を常に見直さざるを得なくなっている。とりわけ、リストラクチャリングや買収・合併等の巨額投資についての意思決定を限られた時間の中で行わなければならない。そのために必要となるのが、財務指標の分析・評価や企業価値分析である。

③　事業の非統合化

事業の多角化を推進することに代えて、1つの事業に資源を集中することによって、効率性と成長性を獲得している企業の台頭が挙げられる。この要因として、垂直統合や水平統合のメリットが少なくなっていることが考えられる。垂直統合をする代わりに、アウトソーシングを活用したり、開発等の業務をオフショア化したりすることにより外部化し、固定費と人件費を削減しながら変化への迅速な対応を可能とするのである。つまり、自社の強みが十分に発揮できる重要なステージに資源を集中することが、企業成果の最大化につながる。また、環境変化が激しい中で、異事業を水平統合すると変化への対応能力が低下してしまう等、水平統合のマイナスの影響も見られるようになっており、水平統合は、これまでに考えられていたほど企業価値を生み出さなくなってきている。

（2）資本市場の発達

日本企業がみずからの企業価値について理解し、企業価値を創造することが求められるようになった1つの背景には、以下のような資本市場の発達がある。

従来、日本企業は、顧客市場（製品・サービス市場）に対して、よりよい製品・サービスを安く提供していれば、資本市場における企業価値については、あまり意識することなく企業経営に携わることができた。つまり、日本企業は、世界一厳しい目を持つ日本の消費者に鍛えられ、

製品・サービスの品質を極限まで高め、マーケット・シェアや売上高を拡大することに注力してきた。そして、日本企業の資金調達は、銀行等からの間接金融が主たる手段であり、メインバンクとの良好な関係が経営安定に資するとの考えも強く、まだ層の薄い資本市場において、投資家等との関係を重視しないまま経営を行ってきた。さらに、株式持ち合いにより、株主総会の議決権行使の局面においても、企業側の議案がほとんど「シャンシャン」と可決され、多くのステークホルダーや社会環境もこのような状況をそのまま受け入れる傾向にあった。

　ところが、2018年3月末の東証1部の投資部門別株式保有率（東証調査）によれば、日本における機関投資家の株式保有比率は、42.9％（個人やその他を加えると59.9％）にまで達しており、銀行等の金融機関や主要取引先との株式持ち合いの時代は終焉したといえる。実際に、上場企業の株式持ち合い比率は、1990年には34.1％であったが、2018年3月末には9.5％にまで減少した。そして、2020年6月の株主総会では、314社の議案が2割以上の反対を受け、株主総会での白紙委任状提出による「お互い様」経営が許されない状況となってきている。また、株主総会に株主が議案を提案するのも珍しくなくなり、2021年6月の株主総会では、株主による議案の提案が48社に上り、実に2014年の2倍近くに増えている。

　これと並行して、いわゆる「物言う投資家」が多く現れるようになってきた。物言う投資家の台頭は、1980年代に米国で、株主としての権利を行使し、企業価値が向上するよう経営の見直しを求める投資家が活発に活動するようになったといわれている。このような物言う投資家を中心にして、日本企業へ低収益性の改善を求めるようになってきた。投資家が重視する収益力の代表的な指標である売上高営業利益率（ROS）等を比較すると、日本企業は欧米企業のほぼ半分程度であり、この傾向は長く続いている。イノベーティブと考えられていた日本企業が、実は持続的な低収益性という状況に陥っていることに対して、投資家等からは、企業価値を向上させよと突きつけられているのである。

　そして、このような資本市場の変動の中、東京証券取引所と金融庁を共同事務局とする「コーポレートガバナンス・コードの策定に関する有識者会議」が組成され、民間有識者の知見を生かしつつ、2015年3月「コーポレートガバナンス・コード原案～会社の持続的な成長と中長期的な企業価値の向上のために～」が公表された。これを背景に、上場企業を中心に企業価値の向上に取り組む機運が高まってきた。その後、同年9月から「スチュワードシップ・コード及びコーポレートガバナンス・コードのフォローアップ会議」が開催され、2021年6月には、コーポレートガバナンス・コードの改訂が行われた。

3　企業価値とは

　ここで、改めて企業価値について考察しておこう。経済産業省の伊藤レポート（2014）によると、「企業価値」について以下のような考え方が示されている。

> 「一般には、株主価値・経済価値として株式時価総額や、企業が将来的に生み出すキャッシュフローの割引現在価値（DCF）等に焦点を当て、中長期的に資本コストを上回る利益を生む企業が価値創造企業として評価される。一方、企業価値をもっと広く捉える考え方がある。それは、ステークホルダーにとっての価値であり、株主価値、顧客価値、従業員価値、取引先価値、社会コミュニティ価値等から構成さる。その総和が『企業価値』ともいえる」

　このような考え方をどのように整理すべきであろうか。本章第1節でも述べたとおり、日本企業は、顧客市場（製品・サービス市場）では努力を払って顧客と向き合ってきたが、資本市場のメインプレイヤーである投資家との関係には十分な注意を払ってこなかった。投資家は、定量化された企業価値である株主価値に最も着目するという傾向を踏まえ、企業価値を株主価値ととらえ、その創出に最も注力すべきであるとも考えられる。しかし、株主価値だけを独立で企業価値としてとらえず、顧客価

値、従業員価値、取引先価値、社会コミュニティ価値等の価値を創造することで、株主価値の創造にも還元され、ステークホルダー全体の価値を高めることになり、中長期的な企業価値の創出につながるものであると考えられる。たとえば、顧客価値や従業員価値を重視して得られたキャッシュを短期的に株主還元に充てることができ、それを繰り返すことで企業の持続可能性が高まり、中長期的に資本市場において企業価値が高まるのである。2019年に米国経営者団体ビジネス・ラウンドテーブルは、株主、経営者、従業員、取引先、地域社会等すべてのステークホルダーに等しく目配りをすると宣言し、従来の株主第一主義から転換している。

4 企業価値創造の重要性

（1）資本効率の向上

　欧米企業と比較して、日本企業の収益性が低い状況が長期にわたり続いている。よくいわれることの１つに、欧米企業は、短期的な収益に着目するが、日本企業は、長期的な経営を重視しているため、短期的には収益性が高まらないということが挙げられる。しかし、収益性が低い状況が続いていることについては、これでは説明がつかない。収益性が低ければ、長期的なイノベーション活動に充てるキャッシュも減ってしまう。そして、投資家のリターンが少なければ、物言う投資家が台頭し、資本がグローバルに移動する現在の資本市場においては、日本企業が資本調達することが困難になってしまう。これを打破するためには、資本効率を高め、資本市場で評価されるよう企業価値を高める必要がある。

　資本効率を測定する指標の１つとして、ROE（Return On Equity＝自己資本利益率）が挙げられる。日本企業のROEは低いといわれるが、それは、資本回転率やレバレッジではなく、低い収益性（売上高利益率）に起因する。日本企業は、付加価値向上やコストダウンに取り組んでいるにもかかわらず、収益性が低いのはなぜなのか。その要因として、持続的成長企業の競争力の源泉となる差別化やポジショニング、事業ポート

フォリオの最適化等の対応が、不十分であることが考えられる。何が何でもROEを最重要視せよというわけではないし、ROEの向上が企業価値向上とイコールでもない。しかし、投資家等から得た資本効率を高めるためには、ROEのような指標が自社の資本コストを上回り、そのうえで、事業ポートフォリオの見直しや、設備投資・研究開発投資・人材投資等を含む経営資源の配分等の果断な経営判断を行っていくことが重要となるのである。

ここで、**資本コスト**とは、資本（有利子負債および株主資本）の調達コストである。有利子負債の調達コストは、「支払い利子」として損益計算書に明示されるが、株主資本の調達コスト（株主資本コスト）は、損益計算書に出ることがないため、日本企業の多くは、長年にわたって「配当金負担」が株主資本の調達コストに当たると誤解してきた経緯がある。本来、株主資本コストは、投資家の期待リターンであり、投資家が高いリスクを負担している分、期待リターンは、8～10％と高いにもかかわらず、日本企業には、資本効率が低くても「よし」とする風潮があった。その結果、資産効率の低い低収益事業が温存され続け、事業ポートフォリオ戦略において「選択と集中」が進まず、結果的に日本企業の国際競争力低下の要因の1つとなっているとの指摘もある。そして、投資家のために、形式的に資本効率を測定する指標目標を掲げるだけでなく、適切な事業領域への進出や、適切な商品開発・提供等により、持続的成長への競争力を高め、継続的にキャッシュフローを創出・増加することが重要である。

（2）投資家等との対話

顧客市場において企業価値を評価するのは顧客、社内においては従業員、そして、資本市場においては潜在的・顕在的な投資家である。一般に、投資家への広報活動全般をIR（Investor Relations）という。すなわち、IRとは、企業が投資家に対して、経営成績・財務状況や今後の見通し等、投資の判断に必要な情報を提供していくことをいう。

　1990年代半ば以降、多くの日本企業はIRに積極的に取り組み、投資家に対しては、自己資本利益率（ROE）や経済的付加価値（EVA）等の資本市場が重視する経営指標を目標に掲げる等して説明してきた。ところが、社内ではこのような指標ではなく、従来から使っている、使い勝手がよい売上高や利益率等の経営指標を目標にしている傾向が見られた。こうした経営指標の「ダブルスタンダード」による経営では、投資家が最も重視する資本効率性の向上につながらず、次第に資本市場でもダブルスタンダードが見透かされるようになってきたのである。

　企業が顧客市場において顧客の声に耳を傾けるように、資本市場で投資家の声に耳を傾け、投資家と対話をすることは、株式という商品を買ってくれた顧客の声を聴き、対話をすることにほかならない。製品・サービスに欠陥がある場合は保証が見込めるが、株式は紙切れになってしまうおそれすらある。そもそも企業も投資家も、企業価値創造という点では、共通の目的を持っているのである。紙切れになるかもしれない株式を購入してくれる投資家は、その企業の成長を期待し、支援しているとさえいえる。そして、紙切れになるかもしれない株式であるからこそモニタリングが必須であり、経営者と投資家が同じ視点、つまり社内と社外で同じ経営指標を使ってモニタリングを行うことが重要となるのである。同じ経営指標によるモニタリングを通して、初めて企業と投資家が本当の意味で対話できるのであり、こうした対話を通して企業は、気づきやヒントを得て、さらに経営に磨きをかけ、企業価値創造につなげていくことができる。そのためにも「従来型の指標」を重視することから脱却し、「資本効率を図る指標」も重視するように、経営者と従業員の双方のマインドセットをすることが必要となるのである。

（3）ステークホルダーとの長期視点からの対話

　最近では、投資家に対してだけでなく、顧客、取引先や社会コミュニティ等に対して経営戦略や活動成果・社会貢献活動等を伝えることも、IRのねらいの１つとなっている。そして、企業は、IRを通じて投資家や

顧客等と対話し、お互いの理解を深めて信頼関係を構築し、資本市場でも正当な評価を得ることができる。また、外部のステークホルダーからの厳しい評価を受けることで、経営の質を高め、顧客価値・従業員価値等を含む企業価値創造に資することができる。

しかし、現実的にはIRにおいて、一方的な説明や質問への回答に終始する等の課題が残されている。日本企業は、従来、資本市場の投資家をあまり重視してこなかったし、ややもすると企業と投資家は敵対関係のようにもとらえられることもある。オーディエンス（投資家）との意思疎通を図る説明会等の進め方も、日本人は苦手であるように思われる。しかし、「対話」という点では、阿吽の呼吸で行動でき、相手の立場を尊重しながら話を進めることが上手な日本人は、もともとは対話上手のはずである。双方向の対話を回避せず、すべてのステークホルダーの価値を念頭に、目的をもって長期的視点からの対話を図っていくことが必要なのである。

そして、マクロの日本経済を改善するためには、ミクロの企業レベルでの持続的な収益力を高める必要がある。企業がステークホルダーのための持続的な企業価値創造プロセスを構築することが、日本経済の長期的持続的成長にもつながるのである。

ただし、流れが変わってきたとはいえ、**(2)** の投資家等との活発な対話や経営指標のダブルスタンダードの実質的な解消、あらゆるステークホルダーとの長期視点からの対話等は、これから本格的に取り組むべき事項であり、課題も残されている。

（4）ESGからSDGsにつながる企業価値創造

ESGとは、環境（Environment）、社会（Social）、ガバナンス（Governance）の頭文字を取ったもので、企業の長期的な成長のためには、この3つの観点が重要であるという考え方である。ESGへの配慮が低い企業は、長期的な成長ができない企業と判断される。

投資の意思決定においてESGも考慮に入れる手法は、「ESG投資」と呼ばれ、ESG投資は広がりを見せている。大学研究者や金融機関実務者

から、社会や環境等を意識した投資は、財務リターンが高く投資リスクが小さい、という実証研究が発表されたことが、こうした広がりの要因の1つとして挙げられる。また、ESG投資の推進となったものに、国連責任投資原則（Principles for Responsible Investment＝PRI）も挙げられる。PRIとは、国連機関である国連環境計画（UNEP）と国連グローバル・コンパクト（UNGC）が推進している原則で、投資家に対して、企業の分析や評価を行ううえで長期的な視点を持ち、ESG情報を考慮した投資行動をとることを求める原則である。年金基金等アセットオーナーや運用会社が、自主的にPRIに署名している。日本においては、年金積立金管理運用独立行政法人（GPIF）が2015年9月にPRIに署名し、2017年7月にESG投資を行ったことで、ESG投資に拍車がかかった。ESG投資に対しては、日本政府も後押ししており、2014年2月に金融庁が発表した「日本版スチュワードシップ・コード」、2015年6月に金融庁と東京証券取引所が発表した「コーポレートガバナンス・コード」は、ともにESG投資を推進する内容となっている。

　さらに、近年は、SDGs（Sustainable Development Golas＝持続可能な開発目標）が注目されている。SDGsとは、2015年9月に国連がまとめた持続可能な開発目標を指し、2016年から2030年までに世界で達成すべき目標を17項目に分けて提示したものである。SDGsは、持続可能な世界を目指すことを目的に、企業のみならず、国・地方公共団体等を含んだ最終目標を掲げたものである。企業の利益を最優先にするのではなく、SDGsが掲げている目標実現を目指すことで、持続的に企業価値が向上するという考え方である。

　ESGは、企業によるステークホルダー（投資家、顧客、従業員、取引先、社会・地域コミュニティ等）への配慮として考えられており、企業の長期的な成長に影響する要素という考え方である。企業がESGに配慮して日々の活動を展開することが、SDGsの目標達成にもつながるという関係にあり、両者はセットで語られることも多い。

　ESGやSDGsに取り組む企業は、これらが掲げる環境や人権等を広く

配慮することで、企業イメージアップにつながるだけでなく、これらに取り組む中で、将来のリスクを抽出し、これをマネジメントすることからリスクを最小限に抑えることができ、収益機会をとらえることができ、ひいては企業価値創造につながるのである。従来は、短期的なリターンを求めていた投資家もこのような動きを反省し、長期的な視点で企業を見守るようになってきた。ESGやSDGsへの取り組みを企業の経営レベルに根づかせるのには、まだ時間がかかると考えられるが、長期的な企業の持続的成長によって、持続可能な世界の実現につながることが期待されている。

5 企業価値創造のPDCA

（１）企業価値創造のための経営戦略

　顧客価値、従業員価値、取引先価値および社会コミュニティ価値等のステークホルダー全体の価値を高めることは、株主価値の向上、企業価値の中長期的向上につながる。株主価値とその他のステークホルダー価値の関係について、伊藤レポートにおいて、次の２つの考え方が示されている。

　１つは、「価値分配説・社会貢献説（Working for the benefits of society）」とでもいうべきものであり、それぞれのステークホルダーに分配された価値を独立的に見る考え方である。取引先への供給責任を果たすための生産在庫余力、顧客のための高品質・安価な製品・サービスの提供、従業員には雇用維持、株主への還元等の各ステークホルダーの価値が個別に認識される。したがって、企業価値は、株主以外のステークホルダーに分配された価値の総和に、株主価値あるいは経済価値（時価総額またはDCF価値）を加えたものということになる。

　２つ目は「価値創造説・社会的責任説（Benefits of socially responsible behavior）」とでもいうべきものであり、幅広いステークホルダーの価値を高めることが、収益力や財務的な競争力を高め、結果的に株主価値を高めるという考え方である。この考え方によれば、取引先への供給

責任を果たすことで得た信頼価値が取引価格に反映され、高価格で高品質な製品・サービスを顧客に提供することが高水準の収益性確保につながり、それが従業員の安定雇用や優秀な人材の確保となり、さらに収益性と競争力向上、株主還元につながることになる。

　投資家は、株式という比較的リスクが高いものに投資し、企業は、その投資を元手に顧客価値、従業員価値、取引価値等を高め、活動を通じて社会コミュニティ価値を高め、そうして獲得した利益を投資家にリターンとして返還する。そこで、投資家は、企業が投資をどのように使うのか、そこからどれくらいのリターンを期待することができるのかを判断して投資をすることになる。企業は、できるだけこの期待に応えるために企業価値創造を図ろうとする。そして、この企業活動の中長期的な基本設計が経営戦略にほかならない。

　株主価値向上のためには財務戦略、顧客価値向上には事業戦略、従業員価値向上には人事戦略といったように、経営戦略を分割してステークホルダー別に対応させて策定することもできる（価値分配説・社会貢献説）。しかし、個別に対応させず、これらの戦略のほか、営業戦略、生産戦略、広報戦略や組織戦略等の戦略を総動員して企業価値を創造することができる（価値創造説・社会的責任説）。換言すれば、企業価値創造は、どのような経営戦略を策定するかにかかっているともいえる。

　そして、企業価値創造のためには、経営理念が必須である。企業価値創造のためなら何をやってもよいというわけではない。経営理念、すなわちミッションのもとでどのような経営姿勢を貫き、社会に貢献するかというスタンスに沿った企業価値創造でなければ、顧客、従業員や取引先のみならず、投資家からも共感が得られないし、目先の利益だけを追い求めても長期的・持続的な企業価値創造にはつながらない。

（2）企業価値創造のためのモニタリング

　企業価値創造を実現するためには、その設計図として経営戦略が必要

となる。経営戦略をPDCAとして運営していくためには、何らかのモニタリングの指標が必要となる。企業価値創造というと、ROEやEVA等の指標目標が先に定められているように考えられがちであるが、一定の指標に限定されるものではない。確かに投資家が重きを置く指標は重要であるが、そのような指標を目標に経営したとしても、企業価値創造に必ずしも直結しないのであれば、企業独自に指標を設定すべきである。また、社内と社外向けの指標を分けて設定すべきではない。

さらに、投資家は同じ指標でいくつもの企業を比較し、評価する傾向にあるが、企業価値創造のためであれば、必ずしも投資家のこのような要望に合わせて指標を設定する必要はない。たとえば、1つの企業であっても、戦略的に投資の時期なのか、回収の時期なのか等によって、指標の数値が増減することになるが、必ずしも外部からは増減理由が明確となっていないこともある。このようなときには、外部に十分な説明を行うとともに、外部からの単純な同業他社比較等の結果に惑わされずに、自社が設定した経営指標により、中長期的な企業価値創造のための経営に注力すべきである。つまり、経営指標を設定する際には、事業や企業の特徴を反映した指標とすることが重要である。

日本企業の多くは、主に損益計算書の売上げや売上原価等をベースに経営指標を設定して管理していたが、これでは企業経営における資金調達や投資効率を考慮せずに経営していることになる。もっと貸借対照表にも目を向け、負債と資本という資金調達の面、資産という投資の面も考慮して指標を設定し、モニタリングする必要がある。この点については、売上げや売上原価は部門単位で把握しているが、資産や負債、特に資本は部門単位で把握していない企業があると考えられる。しかし、資産や負債の帰属部門をできるだけ明確にして割り振ることで、部門単位の貸借対照表を作成することができる。細かい配分方法等をどのように設計するかについては、事業特性や財務戦略を踏まえて企業ごとに工夫することがポイントになる。

さらに、変化の激しい経営環境において長期的な経営方針を経営へ反

映させたり、重要なリスク軽減を図るためには、財務情報よりも非財務情報による企業評価が有用なこともある。たとえば、経営目標として社会や環境問題に関する事項を設定し、これを管理・運用するとともに投資家等へ公表することが、投資家等への付加価値の高い情報提供ともなる。

（3）企業価値創造の舞台

　従来、経営者は、対外的に公表する ROE や ROA 等といった指標目標はトップ・マネジメントが認識していればよく、従業員 1 人ひとりまでが理解していなくてもよいと認識していた。従業員サイドにも、たとえば、自分は製造畑なので財務についてはわからなくてもよい、といった風潮が見受けられた。しかし、企業価値を創造するためには、トップ・マネジメントと従業員は同じ認識を持ち、同じ方向を向いて活動しなければ、大きな効果は得られない。従業員の 1 人ひとりが経営戦略はもちろん、財務戦略を認知していなければならないし、自分の企業が掲げている経営指標と自分の業務目標の関係についても理解しておかなければならない。経営指標に基づく業務目標を達成するためには、財務情報を読み解き、理解するための従業員教育をすべきであるし、従業員個人の目標管理と結びつけておくことも必要であろう。そして、従来型の売上げや売上原価といった指標のみの管理から脱却するために、トップ・マネジメントと従業員の意識改革も重要である。

　今後、日本企業は、資本市場で企業価値の評価を受け、投資家と真の対話を展開していくことが求められる。とはいえ、企業価値創造の舞台は資本市場ではなく、あくまで企業が日常の活動の中で実現していくべきものである。舞台上の経営者には、経営に対する確固たる信念、迅速で的確な判断力、そして、投資家をはじめ、すべてのステークホルダーと対峙する人間力が必要である。また、同様に舞台上の従業員が、自分の担当している業務が企業価値創造にどのように貢献するのかを理解し、企業全体を俯瞰する能力を養い、将来、誰でも経営者になれるセンスを磨く必要がある。

6 企業価値創造の事例

　東京証券取引所が実施している企業価値向上表彰制度で、第７回（2018年度）大賞を受賞したダイキン工業株式会社について紹介する。

> ダイキン工業株式会社　会社概要
> 創業：1924年（2024年に100周年）
> 従業員数：グループで76,000名（2019年３月期）
> 連結子会社：約300社、90％海外（海外展開150カ国以上）
> 連結売上高：２兆4,811億円（2018年度）、空調90％、化学８％、油機・特機・
> 　　　　　　電子システム２％、海外売上げ76％
> 時価総額：20年間で10倍（1995年1,955億円→2015年２兆3,584億円）

（１）経営戦略

　1996年から５年ごとに、他社の中期計画に相当する戦略経営計画「FUSION」を作成している。これは、グループ経営理念・現状認識をもとに、５年先のありたい姿・イメージを中心に方向性を定め、３年先の定量目標を設定し、アクションプランを展開するとともに、定量目標の達成にこだわった運用をしている。なお、FUSIONとは「融合」という意味で、短期と長期の両立、国内外グループ会社との連携、他社との連携・提携、それから開発・生産・販売・サービス等の一体というさまざまな局面での融合という意味合いを持たせている。

　同社の経営は、「FUSION」と年度の経営計画が、そのときの状況や方針とうまく連動しながら回すというイメージである。そして、企業が社会貢献を続けていくためには、企業自身が存続し、常に成長・発展することが必要である。利益が究極の目的ではないが、利益がなければ、投資、従業員の処遇の問題、投資家への還元、それから地域貢献等、何もできない。つまり、短期・年度の利益創出ということと、成長・発展の投資ということとを両立させることを経営の大前提としている。

（2）予算管理の特徴（方針）

同社の予算管理の特徴として、以下の6点が挙げられる。

① 予算を1つの経営管理ツールとして使っている。

② 当初予算、改訂予算、見直し予算という形で、年に何度も予算の見直しをしている。環境変化に応じて行動計画を変えていかなければならないと考え、行動計画を見直していくことで課題が抽出でき、その結果として予算の修正となる。

③ 全社目標は必達する。マイナスの部門が出たら、その部門で挽回策を考えるが、うまくいかないときはほかでカバーし、外部にコミットメントした目標を守る。

④ 予算の目標設定は、努力・挑戦して初めて達成できるレベルが望ましい。

⑤ 月次管理によって、アクションにつながる項目を主体的に見ていく。

⑥ 中長期的な課題解決のための施策を同時に展開するために、18カ月予算と称し、9月の改訂予算作成時に、翌年に向けての重要課題とアクションプランを作成フォローし、翌年以降の基盤づくりのアクションと当年予算達成のためのアクションの両立を図っている。

（3）率の経営

FUSION経営を導入した1996年からグローバル展開を本格的に開始し、グローバル企業No.1、No.2になることを目標として掲げ、「事業規模」の拡大を志向した。このような場合、ややもすれば、売上高、営業利益の「金額」を重視し、損益計算書（PL）重視の経営（従来型の経営）となりがちである。しかし、1999年に改定したFUSION5において、さらなる飛躍を目指すためには「企業価値を高めるべきだ」と判断し、「人・資本・情報をひきつける魅力ある企業の実現」を掲げ、事業規模の拡大・売上高や営業利益の「金額」だけでなく、「率」を目標にしよう、損益計算書（PL）だけでなく貸借対照表（BS）もしっかり見ていこうと、営業利益「率」・収益性・財務体質を意識した「率の経営」を開始した。この

ときのエピソードの1つとして、外部には公表していなかったが、社内的には時価総額の目標を掲げた。時価は市場が決める価値であるため、社内目標たり得るのかという意見もでたが、1つのシンボリックな目標として時価総額1兆円をターゲットに掲げて、時価総額、株主価値を意識する経営を標榜した。

ROE、ROAに加えて、FCF（Free Cash Flow）、DVA（ダイキン流経済的付加価値）等を「率の経営」指標とし、「キャッシュ・バランス・財務体質」をセットで管理した。近年は、DVAは全部門で黒字化したため、資本コストをベースとした指標から在庫削減をはじめとした資本効率を見る指標として、部門ごとの管理はROIC（Return on Invested Capital）、FCFにシフトしてきている。

（4）DVA（ダイキン流経済的付加価値）

DVA（ダイキン流経済的付加価値）とは、率の経営を始めた当初、資本コストの概念が不明確であったため、EVAを簡便化した、従業員にわかりやすく浸透しやすい指標として採用したものである。「1年間の事業活動から得た利益が、資本コストを上回ることが企業価値を高める」として、従業員に浸透させた。従業員へ浸透させるためには、社内報を活用する等の工夫を行った。

DVA計算式
DVA＝税引後営業利益－資本コスト（投下資本（総資産－現預金）×資本コスト率）
※投下資本を「総資産から事業活動に投入されていない現預金だけを除く」計算式とし、EVA計算の投下資本（有利子負債＋株主資本）を簡便化した。

（5）ROIC

最近は、ROIC（Return on Invested Capital＝投下資本利益率）を社内管理の指標の1つとして導入し、内容をよりシンプルにして、従業員の行動・実行につながることを目指している。ROICを分解し、自分の

行動はROICのこの部分につながっているので、これを頑張ってよくしたらROICがよくなる、企業価値が向上するということを示し、従業員1人ひとりが理解できるようにしている。2019年度・2020年度の全社重点的テーマ10のうち、7つ（①〜⑦）がROICツリーとつながっている。そして、ROICツリーでしっかり管理することが収益性と資産効率の両方の向上になり、キャッシュフローの増加につながる。キャッシュフローを増やすことは、将来の発展に向けた先行投資と株主還元にもつながっていく。このようなことを、できるだけ従業員にわかりやすい形で説明している。→図表15-2-1

図表15-2-1 ●ROICツリー

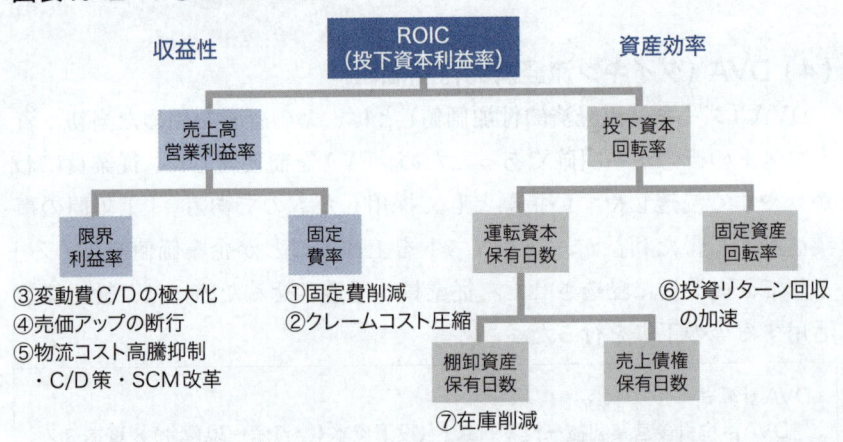

出所：ダイキン工業株式会社　常務執行役員経理財務本部長　髙橋孝一「企業価値向上経営セミナー「率の経営」の深化と社内浸透」（株）東京証券取引所ホームページ（2019年12月）

第3節 経営戦略とCSR

学習のポイント

◆近年、経営戦略は、CSR活動や経営理念を踏まえ、企業の社会的意義を明確にしたパーパスを立案すべきである。

1 企業における社会貢献活動の歴史

(1) 近年のCSR活動

相次ぐ企業不祥事の発覚から、企業の社会的責任（以下、CSR：Corporate Social Responsibility）が注目されている。しかしながら、その国における習慣、宗教などから、CSRについての国際的な一般化は難しい。概要としては、企業が社会の持続可能性を考えながら、その事業活動において利益を優先するだけではなく、消費者、株主、従業員、取引先、地域社会など、多様な利害関係者（ステークホルダー）との関係を重視しながら果たす社会的責任と考えられる。

"European Commission"（2001）では「企業が社会及び環境に関する配慮を企業活動及びステークホルダーとの相互作用の中に自発的に取り入れようとする概念」とも定義されている*。特にEUでは、加盟国の企業の価値を高めるため、EUそのものの成長の基礎にCSRを位置づけている。

＊2011年10月にはその定義が改定されている。「企業の社会的影響に対する責任」と再定義し、「株主、広くはその他ステークホルダーと社会の間で共通価値の創造を最大化すること」「企業の潜在的悪影響を特定、防止、軽減すること」の2つを推進する。（http://ec.europa.eu/enterprise/policies/sustainable-business/corporate-social-responsibility/index_en.htm.）

　また世界においては、2010年11月に発行された社会的責任（以下、SR：Social Responsibility）の国際規格である「ISO26000 社会的責任規格」がある。ISO26000に関しては、企業というカテゴリーに限らず、広く"組織の社会的責任"に対応した規格となっている。本規格を策定するにあたっては、企業のみならず、消費者、労働組合、政府、NGO、その他有識者の6つのカテゴリーから幅広いセクターを超えた利害関係者が参加し、策定している。

　CSRを構成する主要素に企業が社会的責任を果たすための3要素として「トリプルボトムライン」という考え方がある。企業のパフォーマンスの測り方としては主に経済面が重視されてきた。企業の活動は、社会や環境への貢献や負荷を含めて総合的に評価されるべきであり、経済的成功だけでなく、社会的価値と環境への配慮も重要である。この考え方は、企業の社会的責任（CSR）や持続可能性の観点から重要であり、世界的に広まってきた。これまで経済面に偏っていた企業活動の評価に、持続可能な未来に向けて飛躍的に変化するための道筋であり、社会や環境への貢献や負荷を考慮することで、企業が再生・修復型の経済秩序に変えていく必要性を示している。

　トリプルボトムラインは、以下の3つの側面で語られる。

① 　経済的側面…コンプライアンス（法令遵守）、コーポレートガバナンス、情報開示、利益の配分のあり方など

② 　社会的側面…従業員への福利厚生、ワークライフバランスなどの労働問題、または発展途上国での強制労働・児童労働の問題、製品の安全性など

③ 　環境的側面…環境経営、環境配慮型商品の開発、環境レポートの発行、京都協議書への取り組みなど

　上記3つの要素をバランスよく実行し、対外的に報告・発信することにより、企業価値に反映させ、企業価値を高める、というのが近年のCSRの考え方である。

（2）三方よし

　一方、以上のような考え方は、古来日本にも存在した。「三方よし」という "売り手よし"、"買い手よし" そして "世間よし" という近江商人の精神を表した概念である。それは商売をうまく運ぶために行う、また地域のため、社会のためを思って行うという理由だけではない。古くからの歴史や文化に育まれてきた近江独特の生活規範に裏づけられた理念でもある。

　近江（滋賀県）に本店を置き、封建体制の時代に活躍をした近江商人は、他国での円滑な商業活動のために、自己の利益を優先する以前に、商行為を行う地域のためを思う気持ちを視野においた商いを行っていた。その大きな理由としては、やはり本拠地を離れた他国・他地域での行商を主体としていたからである。売り手、買い手は当然として、地域社会などを意味する「世間」は決して忘れてはならないものであった。異国で商売をし、成功を収めるためには、訪れた国・地域での取引先、消費者の信頼を得ることは必須だったのである。具体的には、無償で橋をかけたり、学校を建てたりと、利益の社会還元を進んで行っていた。以上を考えれば、特に現代では海外進出を目指す企業においては忘れてはならない概念である。近年、サービスドミナントの戦略を実現するために、顧客や取引先との価値共有と共創を重視する「三方よしの経営」が、企業の理念戦略として再評価されている。

（3）メセナとフィランソロピー

　過去を振り返れば、多くの企業による社会貢献活動を確認することは可能であろう。しかし、一般に日本企業がCSRに期待するものは「企業の持続的発展」であるが、その概念を社会の持続的発展のための基盤戦略と考えるところまでは到達していない。かつてCSRは、企業の社会的貢献や企業イメージの向上を図る諸活動のように考えられ、企業収益を実現した後の活動のみを指すものと誤解されている現実もあった。その中で有名な活動が、企業におけるメセナ活動とフィランソロピー活動で

あった。

　メセナとは、「芸術文化支援」を意味するフランス語である。西欧では古代からルネッサンス、絶対王政時代を経て今日まで、国や富裕な市民、そして企業が文化擁護を行ってきた歴史がある。日本では、1990（平成2）年に企業メセナ協議会が発足し、「即効的な販売促進・広告宣伝効果を求めるのではなく、社会貢献の一環として行う芸術文化支援」という意味で「メセナ」を導入している（公益社団法人企業メセナ協議会ホームページ）。以上はのちに「企業の行う社会貢献活動」と、広義の解釈に変わった。

　一方、フィランソロピーとは、ギリシャ語のフィリア（愛）とアンソロポス（人類）を語源とする合成語であり、日本では特に企業が行う社会貢献活動（企業自体の貢献、企業社員による貢献、および企業が一般市民の貢献の媒介となる活動）を指して使われることでこの言葉が広まった。日本フィランソロピー協会では「企業やそこに働く従業員をはじめ、一人ひとりが主体的に責任をもって社会づくりに参加し、ボランティアや寄付などを通して社会のさまざまな問題解決のためにできることをすること」とも述べている。

　以上のように歴史をひもとけば、企業における社会に対しての活動は多く行われてきたのである。

2　持続的な発展のために

（1）ソーシャル・エンタープライズという考え方

　現在、社会的課題の解決に取り組む企業、また企業が行う社会的な活動への取り組みに注目が集まっている。谷本（2006）では社会的事業に取り組み、社会的課題の解決に向けて新しい商品・サービスを生み出し、その提供のしくみなどを考える新しいスタイルの事業体をソーシャル・エンタープライズ（社会的企業）とし、分類を行っている。ただ社会に向けて活動を行う企業に関しては、種々の定義が存在し、定訳*はまだない。

＊谷本（2006）ではその社会的なミッション、ビジネスの形にし、継続的に活動をすること、既存の社会経済システムの変革を行うことをソーシャル・エンタープライズの要件として挙げている。

谷本が定義するソーシャル・エンタープライズはより広義であり、事業型NPO、社会志向型企業＊、中間形態の事業体（営利と非営利の中間）、一般企業の社会的事業（CSR）を含むものとなっている。つまり、何らかのCSR活動を行っている企業は、ソーシャル・エンタープライズといえなくはないのである。ここで、企業におけるCSR活動とは、①経営活動のあり方（経営活動のプロセスに、社会的公正性・倫理性、環境などへの配慮を組み込む）、②社会的事業への取り組み（社会的商品・サービス、社会的事業の開発）、③社会貢献活動（企業の経営資源を活用したコミュニティへの支援活動）、を行っていくものを指している。

＊社会的課題の解決をミッションとして持ち、設立された会社を社会志向型企業（socially responsible business）という。アメリカにおいて1970〜80年に存在し、あくまでビジネスとして活動を行っていた。

以上のように、分類だけを見るとCSR活動は多岐にわたる。近年になり、企業ひいては社会問題を解決していこうとする組織を取り巻く環境は複雑化している。持続可能な社会の実現のためには、企業単独の活動だけではなく、多くの主体が協力し、活動を行うことが求められてきている。そのような中、効果的かつ効率的なCSR活動を展開するため、近年では企業単体で活動を行うよりも、社会の現場を知るNPO・NGOとの協働の中で（特に事業型NPOとの）活動を行う例が増えてきている。CSRを徹底していくためには、当然企業努力も必要であるが、それと同時に、その情報を理解し、利用するNPOなど市民の目線も必要である。

（2）NPO・NGOとの協働

企業がCSRを実行する中でNPOに期待する1つの活動に、ステークホルダー・ダイアログ（監視・批判型（アドボカシー型）のNPOへの期待）がある。

　谷本（2006）はNPOの出生を大きく２つに分けており、その活動としては、社会に向けて行う活動と、自己のための活動（自助的な）がある。さらに、より具体的にその活動を分けるのであれば、

①　慈善型NPO…寄付やボランティアをベースに、チャリティーとして活動する伝統的なもの

②　監視・批判型（アドボカシー型）NPO…企業、政府などを監視する

③　事業型NPO…有償・有料にて社会的サービスを提供する

という分類がされる（谷本、2006）。この３つの活動はそれぞれに社会に対して期待される活動となるが、その中でも、まず企業においては②監視・批判型（アドボカシー型）のNPOとの協働が期待される。

　ステークホルダー・ダイアログは、企業が利害関係者の考えを経営に反映するため、多くの利害関係者を集め、双方向の形で対話をすることを指す。NPOやNGOとの対話を通し、批判的な声を企業活動に積極的に取り入れる活動である。また、**ステークホルダー・エンゲージメント**という言葉もあり、企業が事業活動や意思決定を行う際、利害関係者の要請や期待、関心、評価などを十分に理解して反映させる取り組み全般を指す。ステークホルダー・エンゲージメントを実現するための１つの活動が、ステークホルダー・ダイアログなのである。

　次に、近年ではBottom of Pyramid（以下、BOP）を解決するために③事業型NPOとの協働が期待されている。BOPとしての定義はいまだ定まりはないが、広く知れわたっているものに2007年、国際金融公社と世界資源研究所が発表した"The next 4 Billion market : market size and business strategy at the base of the pyramid"がある。そこでは、BOPとは「開発途上地域において購買力平価換算での１人当たりの年間所得が3,000ドル未満の人々を指す」と定義されている。BOP解決には主に４者－①製品・サービスを消費・購入する顧客（多くは消費者、場合によっては企業）、②製品・サービスを提供する企業、③実際の支援を行う団体（広義のNPO）、④支援を受ける人々、全員がWinとなる関係の構築が必要とされる（小林ほか、2011）。その中でも現場での活動は重

要であり、さらに効果的な活動のためには、情報の共有といま何が必要とされているかの認知が必要となる。BOP層にはその層における常識がある。必要なものの勝手な思い込みは避けたいところである。その齟齬（そご）を埋めるのが現場で活動をしている事業型のNPOである。

特に、日本においてNPOやNGOに対する認知は上がってきているものの、ビジネスをする相手としてはまだ与信判断の難しさがある。しかし、現地のニーズ理解にたけたNPO・NGOを通して、生活価値観、消費実態、生活スタイルの理解は必須であろう。以上のように、企業のCSR活動に対して協働相手としてのNPOの存在感は増している。

（3）コストを考える

企業の社会的責任（CSR）は、企業が利益追求だけでなく、環境や人権に向けて配慮した行動を実践し、法律や社会規範を遵守し、企業情報を開示し、企業活動の透明性を高め、顧客・従業員・株主・地域社会などへの説明責任を果たすことで信頼性を高めていく考え方である。

CSRは企業経営に欠かせない要素であり、環境や人権に配慮する姿勢が重要視されている。企業の社会的責任は、業績だけでなく、社会的課題への取り組みも評価される時代になっている。

コストを考える際、企業の努力だけでなく、市民側の理解と協力も必要である。CSR活動は企業だけで完結させず、市民や消費者と連携して地域問題の解決や社会的弱者の支援に取り組むべきであるからである。市民にも社会的責任が求められる。

CSR活動は企業による取り組みだけでは完結しない。それ相応のコストも市民側に負担してもらう必要がある。CSRは企業みずからの経営資源を有効活用することで、市民や消費者・従業員の理解と協力を得ながら地域問題の解決や社会的弱者の支援に一緒に取り組んでいく。そして、それをもって自社の競争力にもつなげていこうとする活動である。そこには、市民に求めなければならない社会的責任も存在するのである。

（4）企業の持続性と理念戦略

　ある電子部品メーカーの社長が述べた「雇用の創出こそが企業の最大の社会貢献」という言葉は有名だが、社会貢献をどのように考えるかを検討すべきである。企業は雇用維持だけでなく、企業活動を通じて社会的貢献を果たすことが求められている。そのため、企業経営者は持続可能な企業経営を遂行する責任を負っている。

　利益優先の経営を行うと、経営者とともに組織全体が、見えないところで違反行為を行う結果を招くことは自明である。そのようにして利益を得た企業は、社会的信頼を得て持続成長が可能であろうか。持続的に成長させるためには、社会的信頼を築くことが不可欠である。信頼は一夜にして崩壊し、再び得ることはできない。大企業でさえも、企業不祥事が原因で倒産あるいは買収されている例が多々ある。会社の利益率が高い場合でも、社会的信頼を築くためにはさらなる努力が必要なのである。

　サービス・ドミナントの戦略においては、従業員のやる気と貢献度を高めるために、パーパス経営が必要となる。なぜなら、プロダクト・ドミナントな戦略志向やプロセス重視、顧客重視の戦略には限界があることが認識されてきたからである。サービス・ドミナントの戦略へ転換をするためには、顧客とともに価値創造するビジネスモデルへの変革が求められる。顧客と企業との共創的な価値創造は、便利で心地良さを提供する社会イノベーションを目指すことになるからである。

　さらに、プロダクト・イノベーション、プロセス・イノベーション、ビジネスモデル・イノベーション、ソーシャル・イノベーションといった概念も重要である。これらのイノベーションは企業の持続性と理念戦略においてカギとなる。顧客に信頼される価値提供を共創する戦略を明確に示すことで、企業は社会を変革し、求められる存在となることができる。CSRの次に求められ始めているのは、価値観を共有する理念戦略である。→図表15-3-1

図表15−3−1 ●企業に求められるイノベーションの概念

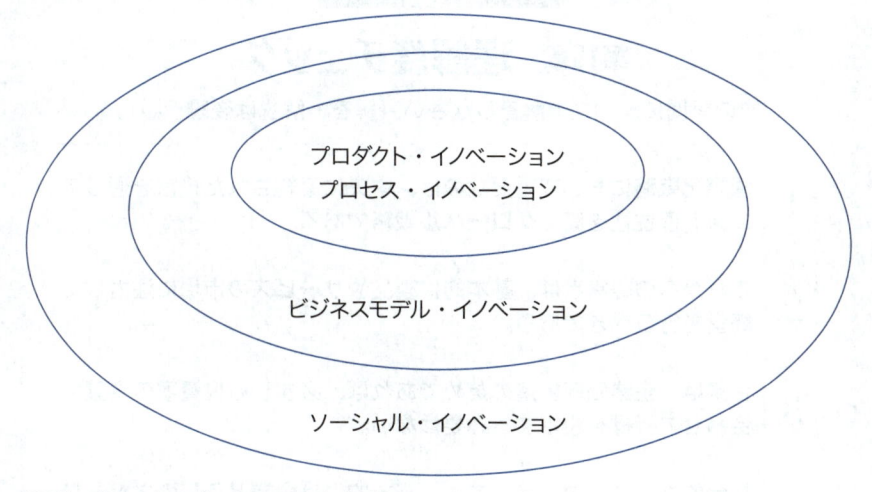

プロダクト・イノベーション
プロセス・イノベーション

ビジネスモデル・イノベーション

ソーシャル・イノベーション

出所：寺本（2022）、p. 220より作成

第15章 　理解度チェック

次の設問に、〇×で解答しなさい（解答・解説は後段参照）。

1 国際化戦略において重要なのは、中央に集約された経営を通じて
コスト優位性を築くグローバル戦略である。

2 これからの経営者は、基本的に製品やサービスの市場に注力して
経営を行うべきである。

3 企業は、企業価値創造のためであれば、必ずしも投資家の要望に
合わせて指標を設定する必要はない。

4 社会的な問題解決においても、基本的には企業どうしのネットワー
クによって解決を図ることができる。

第15章　理解度チェック

1　×
世界規模で効率性と同時に柔軟性と学習能力を発揮するトランスナショナル戦略が重要である。

2　×
これからの経営者は、製品やサービスの市場だけでなく、企業そのものの資本市場での価値、すなわち「企業価値」について意識していく必要がある。

3　○
投資家は同じ指標でいくつもの企業を比較し評価する傾向にあるが、企業価値創造のためであれば、企業は必ずしも投資家の要望に合わせて指標を設定する必要はない。外部からの単純な同業他社比較等の結果に惑わされずに、自社が設定した経営指標により、中長期的な企業価値創造のための経営に注力すべきである。

4　×
政府、NPO、NGO、ソーシャル・エンタープライズなど、多様な主体との協議を広げていく必要がある。

┃ 参考文献 ┃

アベグレン，J.（山岡洋一訳）『日本の経営〔新訳版〕』日本経済新聞社、2004年

アンゾフ，H. I.（広田寿亮訳）『企業戦略論』産業能率大学出版部、1985年

アンゾフ，H. I.（中村元一監訳）『戦略経営論〔新訳〕』中央経済社、2007年

アンドリュース，K.（山田一郎訳）『経営戦略論』産業能率短期大学出版部、1976年

エイベル，D. F.（石井淳蔵訳）『〔新訳〕事業の定義－戦略計画策定の出発点』碩学舎、2012年

オスターワルダー，A. & ピニュール，V.（小山龍介訳）『ビジネスモデル・ジェネレーション：ビジネスモデル設計書 ビジョナリー、イノベーターと挑戦者のためのハンドブック』朝日新聞出版、2014年

オライリー，C. A. & タッシュマン，M. I.（入山章栄監修）『両利きの経営（増補改訂版）－「二兎を追う」戦略が未来を切り拓く』東洋経済新報社、2022年

キム，W. C. & モボルニュ，R.（有賀裕子訳）『ブルー・オーシャン戦略 競争のない世界を創造する』ランダムハウス講談社、2005年

キャプラン，R. & ノートン，D. P.『キャプランとノートンの戦略バランスト・スコアカード』東洋経済新報社、2001年

コープランド，T.，コラー，T. & ミュリン，J.（伊藤邦雄訳）『企業評価と戦略経営』、日本経済新聞社、1993年

コトラー，P.（村田昭治監修）『マーケティング・マネジメント』プレジデント社、1983年

スチュワート，T. A.（大川修二訳）『知識構築企業』ランダムハウス講談社、2004年

チェスブロウ，H.（大前恵一朗訳）『オープンイノベーション』産能大出版部、2004年

チャンドラー，A. D.（三菱総合研究所訳）『経営戦略と組織』実業之日本社、1967年

チャンドラー，A. D.（有賀裕子訳）『組織は戦略に従う』ダイヤモンド社、2004年

ティース, D. (菊澤研宗・橋本倫明・姜理恵訳『ダイナミック・ケイパビリティの企業理論』中央経済社、2019年)

ドラッカー, P. F. (上田惇生訳)『ドラッカー名著集1　経営者の条件』ダイヤモンド社、2006年

バートレット, C. A. ＆ゴシャール, S. (梅津祐良訳)『MBAのグローバル経営』日本能率協会マネジメントセンター、1998年

バーナード, C. I. (山本保次郎訳)『経営者の役割』ダイヤモンド社、1968年

バーニー, J. B. (岡田正大訳)『企業戦略論【上】基本編』ダイヤモンド社、2003年

バーゲルマン, R. ＆セイルズ, A. (小林肇監訳)『企業内イノベーション』ソーテック社、1987年

バルーク, R. ＆フェン, G.『会計の再生』中央経済社、2018年

ハメル, G. ＆プラハラード, C. K. (一條和生訳)『コア・コンピタンス経営』日本経済新聞社、1995年

ピータース, M. ＆ウォーターマン, R. (大前研一訳)『エクセレント・カンパニー』講談社、1983年

ポーター, M. E. (土岐坤他訳)『競争優位の戦略』ダイヤモンド社、1985年

ポーター, M. E. (土岐坤・中辻萬治・小野寺武夫訳)『競争の戦略』ダイヤモンド社、1995年

マイルズ, R. E. ＆スノー, C. C. (土屋守章他訳)『戦略型経営－戦略選択の実践シナリオ』ダイヤモンド社、1983年

マグレイス, R. G. (鬼澤忍訳)『競争優位の終焉：市場の変化に合わせて、戦略を動かし続ける』日経BPマーケティング（日本経済新聞出版；New版）、2014年

マグレイス, R. G. (入山章栄監修・大浦千鶴子訳)『ディスカバリー・ドリブン戦略－かつてないほど不確実な世界で「成長を最大化」する方法』東洋経済新報社、2023年

ミンツバーグ, H. (奥村哲史・須貝栄訳)『マネジャーの仕事』白桃書房、1993年

ラッシュ, R. F. & バーゴ, S. L.（井上崇通訳）『サービス・ドミナント・ロジックの発想と応用』同文舘出版、2016年

ルメルト, R. P.（村井章子訳）『良い戦略、悪い戦略』日本経済新聞出版社、2012年

ロジャース, E. M.（三藤利雄訳）『イノベーションの普及』翔泳社、2007年

ゴシャール, S. & ウェストニー, D. E.（江夏健一監訳・IBI国際ビジネス研究センター訳）『組織理論と多国籍企業』文眞堂、1998年

バートレット, C. A. & ゴシャール, S.（グロービス経営大学院訳）『新装版 個を活かす企業－自己変革を続ける組織の条件－』ダイヤモンド社、2007年

イアンシティ, M. & レビーン, R.（杉本幸太郎訳）『キーストーン戦略：イノベーションを持続させるビジネス・エコシステム』翔泳社、2007年

浅川和宏『グローバル経営入門』日本経済新聞社、2003年

淺羽茂『競争と協力の戦略』有斐閣、1995年

天野倫文『東アジアの国際分業と日本企業：新たな企業成長への展望』有斐閣、2005年

網倉久永・新宅純二郎『経営戦略入門』日本経済新聞出版社、2011年

石井淳蔵・加護野忠男・奥村昭博・野中郁次郎『経営戦略論〔新版〕』有斐閣、1996年

伊丹敬之『人本主義企業－変わる経営変わらぬ原理』筑摩書房、1993年

伊丹敬之・加護野忠男・伊藤元重編『日本の企業システム〔2〕組織と戦略』有斐閣、1993年

伊丹敬之・加護野忠男『ゼミナール経営学入門〔第3版〕』日本経済新聞社、2003年

伊丹敬之『経営戦略の論理〔第4版〕』日本経済新聞出版社、2012年

大前研一『企業参謀』講談社、1985年

奥村昭博『日本のトップ・マネジメント－変貌する戦略・組織・リーダーシップ』ダイヤモンド社、1982年

奥村昭博『企業イノベーションへの挑戦』日本経済新聞社、1986年

奥村昭博『経営戦略』日本経済新聞社、1989年

長内厚・榊原清則『アフターマーケット戦略』白桃書房、2012年

加護野忠男・野中郁次郎・榊原清則・奥村昭博『日米企業の経営比較』日本経済新聞社、1983年

企業研究会『トップ・ゼネラルスタッフ組織』1989年

企業研究会『企画コアスタッフ』1990年

企業研究会『意思決定機構の革新と権限委譲・組織権限規定の実際』1994年

北地達明・北爪雅彦『M＆A入門〔第3版〕』日本経済新聞社、2005年

桑田耕太郎・田尾雅夫『組織論〔補訂版〕』有斐閣アルマ、2010年

古賀純一郎『CSRの最前線』NTT出版、2005年

小林慎和・高田広太郎・山下達朗・伊部和晃『BPO超巨大市場をどう攻略するか』日本経済新聞出版社、2011年

紺野登・野中郁次郎『知力経営』日本経済新聞社、1995年

嶋口充輝『戦略的マーケティングの論理』誠文堂新光社、1984年

嶋口充輝『統合マーケティング』日本経済新聞社、1986年

嶋口充輝・石井淳蔵『現代マーケティング〔新版〕』有斐閣、1995年

嶋口充輝・和田充夫・池尾恭一・余田拓郎『ビジネススクール・テキストマーケティング戦略』有斐閣、2004年

嶋口充輝・内田和成・黒岩健一郎『1からの戦略論』碩学舎、2009年

須田敏子（2005）『HRMマスターコース－人事スペシャリスト養成講座』慶應義塾大学出版会、2005年

須田敏子『戦略人事論』日本経済新聞出版社、2010年

髙橋孝一『企業価値向上経営セミナー「率の経営」の深化と社内浸透』『講演録』株式会社東京証券取引所HP、2019年

高山誠『イノベーションの必勝・必敗の法則』日本経営学会叢書「日本企業のイノベーション」千倉書房、2009年

谷本寛治『ソーシャル・エンタープライズ－社会的企業の台頭』中央経済社、2006年

寺本義也・大森信編著、曽根秀一・小沢貴史・矢寺顕行・髙井透他『新経営戦

略論〔第3版〕(21世紀経営学シリーズ)』学文社、2022年

寺本義也・近藤正浩・岩崎尚人『ビジネスモデル革命3－グローバルな「ものがたり」への挑戦〔第3版〕』生産性出版、2011年

寺本義也・中西晶（著）ハリウッド大学院大学（監修）『サービス経営学入門：顧客価値共創の戦略経営』同友館、2017年

中村公一『M&Aマネジメントと競争優位』白桃書房、2003年

永田晃也・隅蔵康一編『MOTテキストシリーズ　知的財産と技術経営』丸善、2005年

沼上幹・軽部大・加藤俊彦・田中一弘・島本実『組織の〈重さ〉－日本的企業組織の再点検』日本経済新聞出版社、2007年

沼上幹『経営戦略の思考法』日本経済新聞出版社、2009年

延岡健太郎『MOT［技術経営］入門』日本経済新聞出版社、2006年

延岡健太郎『価値づくり経営の論理－日本製造業の生きる道』日本経済新聞出版社、2011年

野中郁次郎『経営管理』日本経済新聞社、1980年

野中郁次郎・竹内弘高『知識創造企業』東洋経済新報社、1996年

藤本隆宏『日本のもの造り哲学』日本経済新聞社、2004年

松永達也『図解　バランス・スコアカード』東洋経済新報社、2006年

三品和宏『戦略不全の論理－慢性的な低収益の病からどう抜け出すか』東洋経済新報社、2004年

三谷宏治『ビジネスモデル全史』ディスカヴァー・レボリューションズ、2014年

宮川壽夫『企業価値の神秘』中央経済社、2016年

吉原英樹編『国際経営論への招待』有斐閣、2002年

(株)KPMMGFAS『企業価値評価のすべて』日本実業出版社、2011年

寺本義也他、編著『新 経営戦略論〔第3版〕(21世紀経営学シリーズ)』学文社、2022年

伊藤邦雄『持続的成長への競争力とインセンティブ～企業と投資家の望ましい関係構築』プロジェクト（伊藤レポート）最終報告書、2014年

金融庁『投資家と企業の対話ガイドライン』2021年

（株）東京証券取引所『コーポレートガバナンス・コード～会社の持続的な成長と中長期的な企業価値の向上のために～』2021年

（株）東京証券取引所上場部『コーポレート・ガバナンス白書2021年』2021年

（財）中小企業総合研究機構『企業革新のための中小企業の企業間ネットワークに関する研究』中小企業総合研究機構、1996年

日本取引所グループ／東京証券取引所編、伊藤邦雄・津村信也・スコットキャロン・澤上篤人・円谷昭一『企業価値を高める経営』日本経済新聞社、2018年

日本公認会計士協会『企業価値評価ガイドライン』経営研究調査会研究報告第32号、2013年

スチュワードシップ・コード及びコーポレートガバナンス・コードのフォローアップ会議『コーポレートガバナンス・コードと投資家と企業の対話ガイドラインの改訂について』、2021年

Bratton, J. and Gold, J., *Human Resource Management: Theory and Practice* Lawrence Erlbaum Assoc Inc 3rd ed, 2003.（上林憲雄・原口恭彦・三崎秀央・森田雅也訳『人的資源管理－理論と実践』文眞堂、2009年）

Burgelman, R. A., "Corporate Entrepreneurship and Strategic Management; Insights from a Process Study", *Management Science*, Vol. 29, No. 12, 1983.

Cristensen, C. M., *The Innovator's Dilemma*, President and Fellows of Harvard College, 1997.（伊豆原弓訳『イノベーションのジレンマ〔増補改訂版〕』翔泳社、2001年）

Deal, T. E. and Kennedy, A. AA., *Corporate Culture*, Addison-Wesley, 1982.（城山三郎訳『シンボリック・マネジャー』新潮社、1983年）

Galbraith, J. and Nathanson, D. A., *Strategy Implementation: The Role of Structure and Process*, West, 1978.

Galbraith, J. R., *Designing Complex Organizations*, Addison-Wesley, 1973.（梅津

祐良訳『横断組織の設計』ダイヤモンド社、1980年)

Green Paper — *Promoting a European framework for Corporate Social Responsibility*

Hunt, M. S., *Competition in the Major Home Appliance Industry*, Harvard University Press, 1972.

Hymer, S., *The international operations of national firms, a study of direct foreign investment, doctoral dissertation, MIT Press* (pub. in 1976), (宮崎義一編訳『多国籍企業』岩波書店、1979年)

Iansiti, M., "Technology Integration : Managing the Interaction between Applied Science and Product Development", *Research Policy*, Vol. 24, Issue 4, 1995.

Kirkpatrick, D. L. and Kirkpatrick, J. DD., *Evaluating Training Programs: The Four Levels*, Berrett-Koehler. 2005.

Kogut, B., Zander, U., "Knowledge of the Firm, Combinative Capabilities, and the Replication of Technology. "Organization Science, 3 (3), 383-397, 1992

Kogut, B., Zander, U., "What's Firms Do? : Coordination, Identity, and Learning." Organization Science, 7 (5), 502-518, 1996

Levitt, T., "Marketing Myopia", *Harvard Business Review*, July-Aug, 1960.

Lovelock, C. H. and Yip, G. S., "*Developing Global Strategies for service Businesses*", California Management Review, Vol. 38, No22, pp64-86, 1996.

March, J. G. and Olsen, J. P., *Ambiguity and Choice in Organization*, Universitetsforlaget, 1976.

Markides, C., "Disruptive innovation: In need of better theory. "*Journal of product innovation management*, 23 (1), 19-25, 2006

Miner, J. B. & Steiner, G. A., *Management Policy and Strategy*, 1977.

MintzBerg, H. & Waters, J. A., "Of Strategy, Deliberate and Emergent", *Strategic Management Journal*, Vol. 6, 1985.

Peters, T. J., "Strategy Follows Structure: Developing Distinctive Skills", *California Management Review*, Vol. 24, No. 3, 1984.

Quinn, J. B., *Strategies For Change: Logical Incrementalism*, Richard D. Irwin, 1980.

Rumelt, R. P., *Strategy, Structure, and Economic Performance*, Harvard Business School, 1974.（鳥羽欽一郎訳『多角化戦略と経済効果』東洋経済新報社、1977年）

Selznick, P., *Leadership in Action*, Harper & Row, 1957.（北野利信訳『組織とリーダーシップ』ダイヤモンド社、1963年）

Stopford, J. M., *Growth and Organization Change in the Multinational Firms*, Arno Press, 1980.

Schuler, R. S. and Jackson, S. E., *Linking Competitive Strategies with Human Resource Practices*," Academy of Management Executive, 1, 3. 1987.

Thompson, J. D., *Organizations in Action: Social Science Bas of Administrative Theory*, McGraw-Hill Book Company, 1967.（大月博司・廣田俊郎訳『行為する組織』同文舘出版、2012年）

Tidd, J., Bessant, JJ., & Pavitt, K. *Managing innovation: Integrating technological, market and organizational change*. John Wiley & Sons, 2001.

Vernon, R., *Sovereignty at Bay: TheMulti-national Spread of U. S. Enterprises*, Basic Books, 1971.（霍見芳浩訳『多国籍企業の新展開－追いつめられる国家主権』ダイヤモンド社、1973年）

Wenger, E. & McDermott, R. & Snyder, W. M., *Cultivating Communities of Practice*. Boston: Harvard Business School Press, 2002.（野村恭彦監修『コミュニティ・オブ・プラクティス』翔泳社、2002年）

Gereffi, G. *Global Value Chains and Development:* Redefining the Contours of 21st Century Capitalism（Development Trajectories in Global Value Chains）Cambridge University Press, 2018.

——ビジネス・キャリア検定試験のご案内——

（令和6年4月現在）

●等級区分・出題形式等

等級	等級のイメージ	出題形式等
1級	企業全体の戦略の実現のための課題を創造し、求める目的に向かって効果的・効率的に働くために、一定の専門分野の知識及びその応用力を活用して、資源を統合し、調整することができる。（例えば、部長、ディレクター相当職を目指す方）	①出題形式　論述式 ②出　題　数　2問 ③試験時間　150分 ④合否基準　試験全体として概ね60%以上、かつ問題毎に30%以上の得点 ⑤受　験　料　12,100円（税込）
2級	当該分野又は試験区分に関する幅広い専門知識を基に、グループやチームの中心メンバーとして創意工夫を凝らし、自主的な判断・改善・提案を行うことができる。（例えば、課長、マネージャー相当職を目指す方）	①出題形式　5肢択一 ②出　題　数　40問 ③試験時間　110分 ④合否基準　出題数の概ね60%以上の正答 ⑤受　験　料　8,800円（税込）
3級	当該分野又は試験区分に関する専門知識を基に、担当者として上司の指示・助言を踏まえ、自ら問題意識を持ち定例的業務を確実に行うことができる。（例えば、係長、リーダー相当職を目指す方）	①出題形式　4肢択一 ②出　題　数　40問 ③試験時間　110分 ④合否基準　出題数の概ね60%以上の正答 ⑤受　験　料　7,920円（税込）
BASIC級	仕事を行ううえで前提となる基本的知識を基に仕事の全体像が把握でき、職場での円滑なコミュニケーションを図ることができる。（例えば、学生、就職希望者、内定者、入社してまもない方）	①出題形式　真偽法 ②出　題　数　70問 ③試験時間　60分 ④合否基準　出題数の概ね70%以上の正答 ⑤受　験　料　4,950円（税込）

※受験資格は設けておりませんので、どの等級からでも受験いただけます。

●試験の種類

試験分野	試験区分			
	1 級	2 級	3 級	BASIC級
人事・人材開発・労務管理	人事・人材開発・労務管理	人事・人材開発	人事・人材開発	
		労務管理	労務管理	
経理・財務管理	経理・財務管理	経理	経理（簿記・財務諸表）	
			経理（原価計算）	
		財務管理（財務管理・管理会計）	財務管理	
営業・マーケティング	営業・マーケティング	営業	営業	
		マーケティング	マーケティング	
生産管理	生産管理	生産管理プランニング	生産管理プランニング	生産管理
		生産管理オペレーション	生産管理オペレーション	
企業法務・総務	企業法務	企業法務（組織法務）	企業法務	
		企業法務（取引法務）		
		総務	総務	
ロジスティクス	ロジスティクス	ロジスティクス管理	ロジスティクス管理	ロジスティクス
		ロジスティクス・オペレーション	ロジスティクス・オペレーション	
経営情報システム	経営情報システム	経営情報システム（情報化企画）	経営情報システム	
		経営情報システム（情報化活用）		
経営戦略	経営戦略	経営戦略	経営戦略	

※試験は、前期（10月）・後期（2月）の2回となります。ただし、1級は前期のみ、BASIC級は後期のみの実施となります。

●**出題範囲・試験日・お申し込み方法等**

　出題範囲・試験日・お申し込み方法等の詳細は、ホームページでご確認ください。

●**試験会場**

　全国47都道府県で実施します。試験会場の詳細は、ホームページでお知らせします。

●等級区分・出題形式等及び試験の種類は、令和6年4月現在の情報となっております。最新情報は、ホームページでご確認ください。

●**ビジキャリの学習体系**

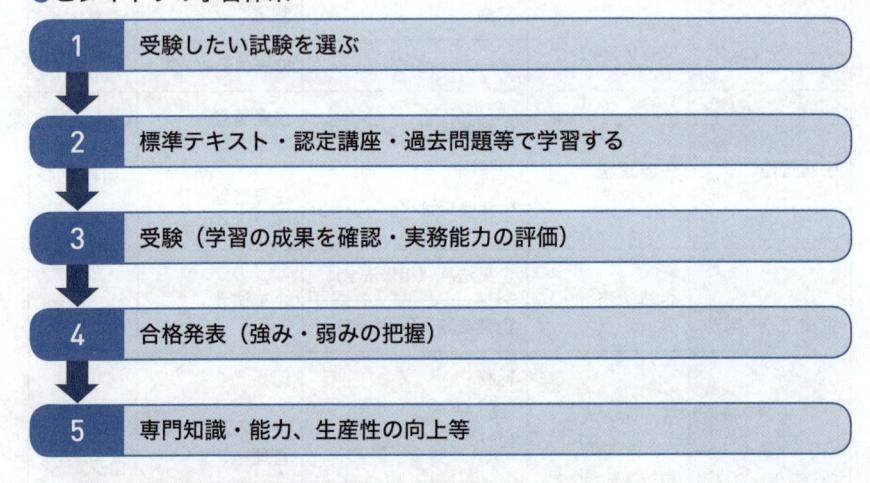

1	受験したい試験を選ぶ
2	標準テキスト・認定講座・過去問題等で学習する
3	受験（学習の成果を確認・実務能力の評価）
4	合格発表（強み・弱みの把握）
5	専門知識・能力、生産性の向上等

●**試験に関するお問い合わせ先**

実施機関	中央職業能力開発協会
お問い合わせ先	中央職業能力開発協会　能力開発支援部 ビジネス・キャリア試験課 〒160-8327 東京都新宿区西新宿7-5-25　西新宿プライムスクエア11階 TEL：03-6758-2836　FAX：03-3365-2716 E-mail：BCsikengyoumuka@javada.or.jp URL：https://www.javada.or.jp/jigyou/gino/business/index.html

経営戦略 **2 級**〔第3版〕
テキスト監修・執筆者一覧

監修者	

高山　誠　ハリウッド大学院大学　教授

小林 康一　高千穂大学 経営学部　教授

執筆者（五十音順）	

青山 隆治　税理士・(元)産業能率大学大学院兼任教員
…第14章（第3節）

小林 康一　高千穂大学 経営学部　教授
…第1章、第2章、第3章、第4章、第5章、第6章、第7章、第8章、
第9章、第10章、第11章（第2節〜第4節）、第14章（第2節）、
第15章（第1節・第3節）

高山　誠　ハリウッド大学院大学　教授
…第11章（第1節）、第12章、第13章、第14章（第1節）

矢野 奈保子　矢野公認会計士事務所　代表
…第15章（第2節）

（※1）所属は令和6年10月時点のもの
（※2）本書（第3版）は、初版及び第2版に発行後の時間の経過等により補訂を加えたものです。
　　　初版、第2版及び第3版の監修者・執筆者の各氏のご尽力に厚く御礼申し上げます。

経営戦略 **2級** 〔第2版〕

テキスト監修・執筆者一覧

監修者

高山　誠　新潟大学大学院 技術経営研究科　教授
　　　　　　新潟大学 経済学部　教授

小林 康一　高千穂大学 経営学部　准教授

執筆者（五十音順）

小林 康一　高千穂大学 経営学部　准教授

高山　誠　新潟大学大学院 技術経営研究科　教授
　　　　　　新潟大学 経済学部　教授

柳　在相　日本福祉大学 経済学部　教授

（※1）所属は平成28年4月時点のもの
（※2）本書（第2版）は、初版に発行後の時間の経過等により補訂を加えたものです。
　　　初版及び第2版の監修者・執筆者の各氏のご尽力に厚く御礼申し上げます。

経営戦略 **2級**〔初版〕
テキスト監修・執筆者一覧

監修者

奥村 昭博 　慶應義塾大学大学院 経営管理研究科　教授

執筆者（五十音順）

小林 康一 　慶應義塾大学大学院 経営管理研究科
　　　　　　東洋学園大学 現代経営学部　非常勤講師

柳　　在相 　日本福祉大学福祉経営学部 医療・福祉マネジメント学科　教授

（※1）所属は平成19年9月時点のもの
（※2）初版の監修者・執筆者の各氏のご尽力に厚く御礼申し上げます。

MEMO

MEMO

ビジネス・キャリア検定試験標準テキスト

経営戦略 2級

平成19年12月22日	初　版	発行
平成28年 4 月21日	第 2 版	発行
令和 6 年10月31日	第 3 版	発行

編　著	中央職業能力開発協会
監　修	高山 誠・小林 康一
発 行 所	中央職業能力開発協会
	〒160-8327　東京都新宿区西新宿7-5-25 西新宿プライムスクエア11階
発 売 元	株式会社 社会保険研究所
	〒101-8522　東京都千代田区内神田2-15-9 The Kanda 282
	電話：03-3252-7901（代表）

ISBN978-4-7894-9212-6 C2036 ¥3900E

©2024 中央職業能力開発協会 Printed in Japan